SERIE ESERCIZIARI
PER ESAMI UNIVERSITARI

ISIDORO MARTINELLI

ESERCIZI SVOLTI
per la prova scritta di
MICROECONOMIA

V EDIZIONE

EDIZIONI SIMONE ®

Gruppo Editoriale **Simone**

Di particolare interesse per i lettori di questo volume:

43/2	•	Esercizi svolti per la prova di statistica
44	•	Compendio di economia politica
44/2	•	Prepararsi per l'esame di economia politica
44/4	•	Compendio di microeconomia
44/5	•	Compendio di macroeconomia
44/6	•	Compendio di matematica per l'economia
44/7	•	Esercizi per la prova scritta di economia e finanza pubblica
44/8	•	Compendio di politica economica
44/9	•	Compendio di economia e finanza pubblica
44/10	•	Manuale di economia politica
44/11	•	Compendio di economia internazionale
44/12	•	Compendio di economia industriale
44/13	•	Compendio di storia del pensiero economico
44/15	•	Esercizi svolti per la prova scritta di macroeconomia
44/16	•	Compendio di economia monetaria
582	•	Dizionario di economia politica

Finito di stampare nel mese di maggio 2012
dalla «Officina Grafica Iride» - Via Prov.le Arzano-Casandrino, VII Trav., 24 - Arzano (NA)
per conto della SIMONE S.p.A. - Via F. Russo, 33/D - 80123 - Napoli

Grafica di copertina a cura di Giuseppe Ragno

PREFAZIONE ALLA QUINTA EDIZIONE

Come le passate, questa nuova edizione dell'eserciziario di microeconomia è stata rivista e arricchita con nuovi quesiti e problemi, senza stravolgerne però l'impianto originale. Scopo del volume, infatti, è quello di offrire un supporto pratico agli studenti, mostrando l'uso di alcuni strumenti matematici in economia (come ad esempio le *derivate di funzioni elementari*), necessario per affrontare la risoluzione di alcune tipologie di esercizi, e trattando via via tutti gli argomenti che sono generalmente oggetto dei corsi istituzionali.

Grazie alla metodologia risolutiva, che per ogni argomento richiama i concetti teorici fondamentali, e solo successivamente si concentra sugli aspetti "tecnici" dell'esercizio proposto, lo studente sarà in grado di affrontare con maggiore dimestichezza la prova scritta dell'esame di microeconomia.

L'Autore

PREFAZIONE ALLA PRIMA EDIZIONE

Questo libro è dedicato agli studenti delle Facoltà in cui è prevista la prova scritta di Microeconomia e costituisce un indispensabile complemento al manuale istituzionale. Gli esercizi proposti, infatti, affrontano tutti gli argomenti generalmente oggetto della prova scritta e, in alcuni casi, costituiscono la riproposizione di quesiti effettivamente somministrati in diverse Facoltà italiane.

Nell'elaborare i quesiti e nell'illustrarne lo svolgimento, ho immaginato un interlocutore che, per qualsiasi motivo, non disponesse di particolari abilità nell'utilizzo dello strumento matematico: ecco perché ho ritenuto opportuno esporre minuziosamente procedure e calcoli anche quando appaiono abbastanza ovvi.

Sarò grato per eventuali suggerimenti, anche al fine di apportare un costante aggiornamento al volume.

Agli studenti tutti, buon lavoro!

L'Autore

Capitolo 1

USO DELLE DERIVATE IN ECONOMIA

Sezione Prima
Derivate di funzioni elementari:
quadro riassuntivo e regole di derivazione

Si definisce derivata della funzione $y = f(x)$ nel punto x_0 del suo insieme di definizione, il limite del rapporto incrementale $\dfrac{f(x_0 + \Delta x) - f(x_0)}{\Delta x}$, quando l'incremento Δx tende a zero, cioè è infinitesimo o, come si dice in economia, la variazione è "marginale". Si potrà, quindi, scrivere:

$$\lim_{\Delta x \to 0} \frac{f(x_0 + \Delta x) - f(x_0)}{\Delta x} = f'(x_0)$$

Tavola 1 • *Prontuario riassuntivo delle derivate*
Funzioni di una variabile

Funzione $y = f(x)$	Derivata $y' = f'(x_0)$
$y = k \,(\text{costante})$	$y' = 0$
$y = x \,(\text{variabile})$	$y' = 1$
$y = x^n$	$y' = nx^{n-1}$
$y = x^{-1} = \dfrac{1}{x}$	$y' = -\dfrac{1}{x^2}$
$y = x^{-n}$	$y' = (-n)x^{-n-1} = (-n)\dfrac{1}{x^{n+1}}$
$y = x^{\frac{1}{2}} = \sqrt{x}$	$y' = \dfrac{1}{2\sqrt{x}}$
$y = a^x$	$y' = a^x \log a$
$y = x^{\frac{1}{3}} = \sqrt[3]{x}$	$y' = \dfrac{1}{3\sqrt[3]{x^2}}$

$y = a^x \, (a > 0)$	$y' = a^x \log_e a$
$y = \log_a x$	$y' = \dfrac{1}{x} \log_a e$
$y = e^x$	$y' = e^x$
$y = \ln x$	$y' = \dfrac{1}{x}$

Tavola 2

Regole di derivazione

Funzioni	Derivate
$y = kf(x)$	$y' = kf'(x)$
$y = f(x)g(x)$	$y' = f'(x)g(x) + f(x)g'(x)$
$y = f(x) + g(x)$	$y' = f'(x) + g'(x)$
$y = \dfrac{f(x)}{g(x)}$	$y' = \dfrac{f'(x)g(x) - f(x)g'(x)}{\left[g(x)\right]^2}$

Nota integrativa

La derivata in x_o può anche essere indicata con il simbolo $\dfrac{dy}{dx}$ che sta a significare: "derivata della funzione y rispetto alla variabile x".
In seguito, per indicare la derivata adopereremo esclusivamente questo simbolo.

Esercizio n. 1.1

Calcolare la derivata delle seguenti funzioni economiche:

a) $CMe = 3q^2 - 24q + 11$

b) $\pi = -q^2 + 10q - 23$

c) $RT = 10q - q^2$

dove:

CMe = Costo medio
π = Profitto
RT   = Ricavo totale

Risoluzione

a) $\dfrac{dCMe}{dq} = 2(3q) - 24 = 6q - 24$

b) $\dfrac{d\pi}{dq} = 2(-q) + 10 = -2q + 10$

c) $\dfrac{dRT}{dq} = 10 - 2q$

Nel caso di funzione composta della variabile x tramite la variabile z si calcola la derivata di ciascuna componente (procedendo da sinistra verso destra), considerando ogni volta la funzione componente che segue come se fosse una variabile indipendente.

Esempio a)
$$y = \log(1 + x^2)$$
Per facilitare il calcolo si fanno le seguenti posizioni:
$$y = \log z \quad e \quad z = 1 + x^2$$

Quindi:
$$\frac{dy}{dz} = \frac{1}{z} \quad e \quad \frac{dz}{dx} = 2x$$

Pertanto, si avrà:
$$\frac{dy}{dz} \cdot \frac{dz}{dx} \rightarrow \frac{1}{z} \cdot 2x \rightarrow \frac{2x}{1 + x^2}$$

Esempio b)
$$y = e^{3x-1}$$

Poniamo:
$$z = 3x - 1 \rightarrow y = e^z$$

Si ha
$$\frac{dy}{dx} = \frac{dy}{dz} \cdot \frac{dz}{dx} \quad \text{ossia} \quad e^z \cdot 3 \rightarrow 3e^{3x-1}$$

Esempio c)
$$y = e^{-x+1}$$

Poniamo:
$$z = -x + 1; \quad \text{si avrà} \quad y = e^z$$

Quindi:
$$\frac{dy}{dz} = e^{-x+1}; \quad \frac{dz}{dx} = -1$$

Si avrà, allora
$$\frac{dy}{dx} = \frac{dy}{dz} \cdot \frac{dz}{dx} \rightarrow e^{-x+1}(-1) \rightarrow -e^{-x+1}$$

Sezione Seconda
Massimo e minimo
di funzioni economiche in una variabile

Esercizio n. 2.1

Data la funzione:

[1.1] $y = -x^2 + 6x$

determinare il valore di x che massimizza la funzione.

Risoluzione

La funzione rappresenta una parabola con i rami rivolti verso il basso, perché il coefficiente di x^2 è negativo.

a) *1° procedimento* (**calcolo algebrico**)

Calcoliamo i valori necessari a costruire il grafico della funzione. Poniamo l'equazione:

[1.2] $-x^2 + 6x = 0$

$$\Delta = b^2 - 4ac = 36 - [4(-1) \times 0] = 36 > 0$$

$$x = \frac{-b \pm \sqrt{\Delta}}{2a}$$

$$x = \frac{-6 \pm \sqrt{36}}{-2} \diagup^{\displaystyle x_1 = \frac{-6+6}{-2} = 0}_{\diagdown \ \displaystyle x_2 = \frac{-6-6}{-2} = 6}$$

I valori $x_1 = 0$ ed $x_2 = 6$ rappresentano i punti d'intersezione della parabola con l'asse delle ascisse.

Calcoliamo adesso le coordinate del vertice della parabola:

$$V \begin{cases} V_x = -\dfrac{b}{2a} = -\left(\dfrac{6}{-2}\right) = 3 \\[3mm] V_y = -\dfrac{\Delta}{4a} = -\left(\dfrac{36}{-4}\right) = 9 \end{cases}$$

È possibile ora tracciare il grafico della funzione (*vedi Figura 1*)

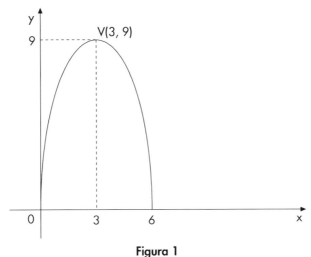

Figura 1

Il vertice della parabola in questo caso rappresenta il punto di massimo relativo della funzione.
Il valore *x* che massimizza la funzione è *x = 3*.

b) *2° procedimento (**calcolo differenziale**)*

In questo caso, si vuol ricercare il valore di *x* che massimizza la funzione senza tracciare il grafico, ma calcolando la derivata prima della funzione [1.1]:

[1.3] $\dfrac{dy}{dx} = -2x + 6$

Poniamo la condizione del primo ordine, cioè eguagliamo a zero la derivata prima, in pratica l'espressione [1.3]:

$-2x + 6 = 0$ da cui risolvendo si avrà

$-2x = -6 \Rightarrow x = \dfrac{-6}{-2} = 3$

Per stabilire se *x = 3* è un valore di massimo o di minimo relativo occorre verificare la condizione del secondo ordine, cioè si osserva il segno della derivata seconda:

$$\left(\dfrac{d^2 y}{dx^2} \right)$$

ottenuta calcolando la derivata della derivata prima.

Se il segno della derivata seconda è negativo, il valore di x è quello che rende il massimo relativo della funzione.

Se, invece, il segno è positivo esso è il valore per il quale la funzione presenta un minimo relativo.

Nel caso in esame sarà:

[1.4] $\left(\dfrac{d^2y}{dx^2}\right) = -2 < 0$

il punto $x = 3$, quindi, è il valore di x per cui la funzione presenta un massimo relativo.

Si osservi che questo secondo procedimento è più spedito del primo ed è quindi quello normalmente seguito nello svolgimento di problemi di massimo e di minimo relativi di funzioni economiche.

Esercizio n. 2.2

Verificare le condizioni di massimo e di minimo delle seguenti funzioni economiche:

a) $RT = 38q - q^2$

b) $\pi = -q^2 + 10q - 23$

c) $\pi = -\dfrac{1}{3}q^3 + 8q^2 - 39q - 50$

d) $CMe = 100 - 14q + q^2$

e) $CT = \dfrac{1}{3}q^3 - 4,5q^2 + 14q + 22$

Risoluzione

Si segue la seguente procedura:

1) si calcola la derivata della funzione;
2) la si uguaglia a zero, vale a dire che si impone la condizione del primo ordine per ottenere il punto di massimo o di minimo relativo;
3) si calcola la derivata seconda (operando sulla derivata prima già ottenuta);

4) se il segno della derivata seconda è negativo, il punto rappresenta un massimo relativo; se il segno è positivo, il punto rappresenta un minimo relativo. Questa verifica è anche detta condizione del secondo ordine.

a) $RT = 38q - q^2$

$$\frac{dRT}{dq} = 38 - 2q$$

$38 - 2q = 0$ **(condizione del primo ordine)**

$38 = 2q$

$$q = \frac{38}{2} = 19$$

$$\frac{d^2RT}{dq^2} = \frac{d(38 - 2q)}{dq} = -2 < 0 \quad \textbf{(condizione del secondo ordine)}$$

Pertanto $q = 19$ rappresenta un massimo relativo.

b) $\pi = -q^2 + 10q - 23$

$$\frac{d\pi}{dq} = -2q + 10$$

$-2q + 10 = 0$ **(condizione del primo ordine)**

$10 = 2q \Rightarrow q = 5$

$$\frac{d^2\pi}{dq^2} = \frac{d(-2q + 10)}{dq} \quad \textbf{(condizione del secondo ordine)}$$

$$\frac{d^2\pi}{dq^2} = -2 < 0$$

Pertanto $q = 5$ rappresenta un massimo relativo.

c) $\pi = -\frac{1}{3}q^3 + 8q^2 - 39q - 50$

$$\frac{d\pi}{dq} = 3\left(-\frac{1}{3}\right)q^2 + 16q - 39 = -q^2 + 16q - 39$$

$-q^2 + 16q - 39 = 0$ (**condizione del primo ordine**)

$q^2 - 16q + 39 = 0$

$\Delta = b^2 - 4ac = 256 - 4 \times 39 = 256 - 156 = 100$

$q = \dfrac{-b \pm \sqrt{\Delta}}{2a}$

$q = \dfrac{16 \pm \sqrt{100}}{2}$
$\qquad q_1 = \dfrac{16 + 10}{2} = 13$
$\qquad q_2 = \dfrac{16 - 10}{2} = 3$

$\dfrac{d^2\pi}{dq^2} = \dfrac{d\left(-q^2 + 16q - 39\right)}{dq} = -2q + 16$

Per *q = 13* la derivata seconda sarà $(-2)13 + 16 = -26 + 16 = -10 < 0$.
Quindi il valore *q = 13* rappresenta un massimo relativo.

Per *q = 3* la derivata seconda sarà $-2(3) + 16 = -6 + 16 = 10 > 0$; quindi, il valore *q = 3* rappresenta un minimo relativo.

d) $\dfrac{dCMe}{dq} = -14 + 2q$

$-14 + 2q = 0$ (**condizione del primo ordine**)

$2q = 14 \Rightarrow q = 7$

$\dfrac{d^2CMe}{dq^2} = \dfrac{d(-14 + 2q)}{dq} = 2 > 0$ (**condizione del secondo ordine**)

Pertanto, *q = 7* rappresenta un punto di minimo relativo.

e) $\dfrac{dCT}{dq} = 3\dfrac{1}{3}q^2 - 9q + 14$

$q^2 - 9q + 14 = 0$ (**condizione del primo ordine**)

$\Delta = 81 - 56 = 25$

$$q = \frac{9 \pm \sqrt{25}}{2} \Bigg/ \begin{array}{l} q_1 = \dfrac{9+5}{2} = 7 \\[2mm] q_2 = \dfrac{9-5}{2} = 2 \end{array}$$

$$\frac{d^2CT}{dq^2} = \frac{d\left(q^2 - 9q + 14\right)}{dq} = 2q - 9 \quad \textbf{(condizione del secondo ordine)}$$

Per $q = 7$ la derivata seconda assume il valore $2 \times 7 - 9 = 14 - 9 = 5 > 0$; quindi $q = 7$ rappresenta un punto di minimo relativo.

Per $q = 2$ la derivata seconda assume il valore $2 \times 2 - 9 = 4 - 9 = -5 < 0$; quindi $q = 2$ rappresenta un punto di massimo relativo. Pertanto $q = 2$ viene scartato in quanto massimizza il costo totale.

Sezione Terza
Funzioni di due variabili

Esercizio n. 3.1

Calcolare le derivate parziali delle seguenti funzioni in due variabili.

a) $y = x_1 + x_2$

b) $y = 3x_1 + 4x_2$

c) $y = 6x_1 + 8x_2$

d) $y = 5\sqrt{x_1} + x_2$

e) $y = \log x_1 + x_2$

f) $y = x_1^a + x_2^b$

g) $y = x_1^{\frac{1}{2}} + x_2^{\frac{1}{2}}$

h) $y = (x_1 + a)(x_2 + b)$

i) $y = (x_1 + 3)(x_2 + 5)$

l) $y = x_1 x_2$

m) $y = \log x_1 + \log x_2$

n) $y = x_1^c x_2^d$

o) $y = 2x_1 x_2$

p) $y = x_1^2 x_2$

q) $y = \sqrt{x_1 \cdot x_2}$

r) $y = \sqrt{x_1^2 + x_2^2}$

s) $y = x_1^{x_2}$

t) $y = \left(\sqrt{x_1} + \sqrt{x_2}\right)^2$

Risoluzione

Per calcolare le derivate parziali di una funzione di due variabili $y = f(x_1; x_2)$ si procede derivando la funzione rispetto ad x_1 (mantenendo fisso x_2) e rispetto ad x_2 (mantenendo fisso x_1).

a) $y = x_1 + x_2$

Le derivate parziali rispetto a ciascuna variabile sono, rispettivamente:

$$\frac{\partial y}{\partial x_1} = 1 \qquad\qquad \frac{\partial y}{\partial x_2} = 1$$

b) $y = 3x_1 + 4x_2$

$$\frac{\partial y}{\partial x_1} = 3 \qquad\qquad \frac{\partial y}{\partial x_2} = 4$$

c) $y = 6x_1 + 8x_2$

Questa funzione rappresenta una trasformazione monotonica della funzione di cui al punto b) ottenuta moltiplicando i coefficienti di x_1 e di x_2 per una grandezza positiva "t", detta scalare (in questo caso $t = 2$).

$$\frac{\partial y}{\partial x_1} = 6 \qquad\qquad \frac{\partial y}{\partial x_2} = 8$$

d) $y = 5\sqrt{x_1} + x_2$

$$\frac{\partial y}{\partial x_1} = 5\frac{1}{2\sqrt{x_1}} \qquad\qquad \frac{\partial y}{\partial x_2} = 1$$

e) $y = \log x_1 + x_2$

$$\frac{\partial y}{\partial x_1} = \frac{1}{x_1} \qquad\qquad \frac{\partial y}{\partial x_2} = 1$$

f) $y = x_1^a + x_2^b$

$$\frac{\partial y}{\partial x_1} = ax_1^{a-1} \qquad\qquad \frac{\partial y}{\partial x_2} = bx_2^{b-1}$$

g) $y = x_1^{\frac{1}{2}} + x_2^{\frac{1}{2}} \qquad \Rightarrow \qquad y = \sqrt{x_1} + \sqrt{x_2}$

$$\frac{\partial y}{\partial x_1} = \frac{1}{2\sqrt{x_1}} \qquad\qquad \frac{\partial y}{\partial x_2} = \frac{1}{2\sqrt{x_2}}$$

h) $y = (x_1 + a)(x_2 + b) = x_1 x_2 + x_1 b + a x_2 + ab$

$$\frac{\partial y}{\partial x_1} = x_2 + b \qquad\qquad \frac{\partial y}{\partial x_2} = x_1 + a$$

i) $y = (x_1 + 3)(x_2 + 5) = x_1 x_2 + 5 x_1 + 3 x_2 + 15$

$$\frac{\partial y}{\partial x_1} = x_2 + 5 \qquad\qquad \frac{\partial y}{\partial x_2} = x_1 + 3$$

l) $y = x_1 x_2$

$$\frac{\partial y}{\partial x_1} = x_2 \qquad\qquad \frac{\partial y}{\partial x_2} = x_1$$

m) $y = \log x_1 + \log x_2$

La funzione è equivalente a quella di cui al punto l). Ne rappresenta una trasformazione monotonica, ottenuta applicando il teorema del prodotto dei logaritmi.

$$\frac{\partial y}{\partial x_1} = \frac{1}{x_1} \qquad\qquad \frac{\partial y}{\partial x_2} = \frac{1}{x_2}$$

n) $y = x_1^c x_2^d$

$$\frac{\partial y}{\partial x_1} = c x_1^{c-1} x_2^d \qquad\qquad \frac{\partial y}{\partial x_2} = x_1^c d x_2^{d-1}$$

o) $y = 2 x_1 x_2$

$$\frac{\partial y}{\partial x_1} = 2 x_2 \qquad\qquad \frac{\partial y}{\partial x_2} = 2 x_1$$

p) $y = x_1^2 x_2$

$$\frac{\partial y}{\partial x_1} = 2 x_1 x_2 \qquad\qquad \frac{\partial y}{\partial x_2} = x_1^2$$

q) $y = \sqrt{x_1 x_2}$

Per semplificare la risoluzione della funzione proposta conviene scriverla

nella forma equivalente $y = x_1^{\frac{1}{2}} x_2^{\frac{1}{2}}$ ed, applicando i logaritmi in modo da farla rientrare nella tipologia *m)*, diventa:

$$y = \frac{1}{2}\log x_1 + \frac{1}{2}\log x_2$$

$$\frac{\partial y}{\partial x_1} = \frac{1}{2}\cdot\frac{1}{x_1} = \frac{1}{2x_1} \qquad\qquad \frac{\partial y}{\partial x_2} = \frac{1}{2}\cdot\frac{1}{x_2} = \frac{1}{2x_2}$$

r) $y = \sqrt{x_1^2 + x_2^2}$

$$\frac{\partial y}{\partial x_1} = \frac{x_1}{\sqrt{x_1^2 + x_2^2}} \qquad\qquad \frac{\partial y}{\partial x_2} = \frac{x_2}{\sqrt{x_1^2 + x_2^2}}$$

s) $y = x_1^{x_2}$

$$\frac{\partial y}{\partial x_1} = x_2 x_1^{x_2-1} \Rightarrow \frac{\partial y}{\partial x_2} = x_1^{x_2}\log x_1$$

t) $y = \left(\sqrt{x_1} + \sqrt{x_2}\right)^2$

Svolgendo il quadrato del binomio si ottiene, in forma equivalente

$$y = x_1 + 2\sqrt{x_1}\sqrt{x_2} + x_2$$

$$\frac{\partial y}{\partial x_1} = 1 + 2\frac{1}{2\sqrt{x_1}}\sqrt{x_2} = 1 + \frac{\sqrt{x_2}}{\sqrt{x_1}}$$

$$\frac{\partial y}{\partial x_2} = 2\frac{1}{2\sqrt{x_2}}\sqrt{x_1} + 1 = \frac{\sqrt{x_1}}{\sqrt{x_2}} + 1$$

Esercizio n. 3.2

Si calcolino le derivate parziali delle seguenti funzioni composte in due variabili:

a) $U = \left(2x_1 + x_2\right)^{\frac{1}{3}}$

b) $U = \log\left(x_1^2 + x_2^2\right)$

c) $U = \left(x_1 + 2x_2\right)^{\frac{1}{2}}$

Risoluzione

a) $U\left(2x_1 + x_2\right)^{\frac{1}{3}}$

$$\frac{\partial U}{\partial x_1} = \frac{1}{3}2\left(2x_1 + x_2\right)^{-\frac{2}{3}} \qquad \frac{\partial U}{\partial x_2} = \frac{1}{3}1\left(2x_1 + x_2\right)^{-\frac{2}{3}}$$

b) $U = \log\left(x_1^2 + x_2^2\right)$

$$\frac{\partial U}{dx_1} = \frac{1}{x_1^2 + x_2^2}2x_1 \qquad \frac{dU}{\partial x_2} = \frac{1}{x_1^2 + x_2^2}2x_2$$

c) $U = \left(x_1 + 2x_2\right)^{\frac{1}{2}}$

$$\frac{\partial U}{\partial x_1} = \frac{1}{2}\left(x_1 + 2x_2\right)^{-\frac{1}{2}} \qquad \frac{\partial U}{\partial x_2} = \frac{1}{2}2\left(x_1 + 2x_2\right)^{-\frac{1}{2}}$$

Capitolo 2

LA TEORIA DEL CONSUMO

Sezione Prima
Ordinamento delle preferenze

Esercizio n. 1.1

Un consumatore esprime le sue preferenze tramite la funzione di utilità:

[1.1] $U = x_1 x_2$

Si determini Z affinché i panieri $w_1 = (8, 24)$ *e* $w_2 = (16, Z)$ *siano, per il consumatore, indifferenti.*

Risoluzione

Con il termine paniere di beni s'intende una qualunque combinazione possibile di beni (nel nostro esercizio sono due) o servizi all'interno del campo di scelta del consumatore.

Affinché i panieri forniscano la stessa utilità, e quindi siano ritenuti indifferenti dal consumatore, occorre che sussista l'eguaglianza:

[1.2] $U_{w_1} = U_{w_2}$

Ossia, l'utilità ritraibile dal consumo del paniere w_1 deve eguagliare quella che si può ottenere consumando il paniere w_2.

Pertanto sostituendo nell'espressione [1.2] le combinazioni dei beni x_1 e x_2 contenute nei panieri w_1 e w_2 si avrà:

[1.3] $8 \cdot 24 = 16 \cdot Z$

da cui $Z = \dfrac{192}{16} = 12$

Affinché, quindi, i panieri procurino la stessa utilità, dovranno avere la seguente composizione

$$w_1(8, 24) \quad e \quad w_2(16, 12)$$

Si può verificare che le funzioni di utilità corrispondenti ai due panieri di consumo sono, rispettivamente:

$$U_{w_1} = 8 \cdot 24 = 192$$

$$U_{w_2} = 16 \cdot 12 = 192$$

Esercizio n. 1.2

Due consumatori (che indichiamo con le lettere A e B) hanno preferenze che vengono espresse dalle rispettive funzioni di utilità:

[2.1] $U^A = \sqrt{x_1 x_2}$

[2.2] $U^B = x_1^{2} x_2$

Supponendo che possano scegliere fra i panieri di consumo w$_1$(4, 9) e w$_2$(9, 4) determinare la misura dell'utilità di ciascun consumatore.

Risoluzione

I valori di U^A ed U^B si ottengono sostituendo in ciascuna funzione i valori x_1 e x_2.

L'utilità del consumatore A quando utilizza w$_1$ (sostituiamo in pratica nella funzione [2.1] i valori associati al paniere w$_1$) sarà:

$$U_{w_1}^A = \sqrt{4 \cdot 9} = \sqrt{36} = 6$$

Consumando il paniere w$_2$ l'utilità rimane invariata, infatti:

$$U_{w_2}^A = \sqrt{9 \cdot 4} = \sqrt{36} = 6$$

Risulta, pertanto, per il consumatore A una sostanziale indifferenza fra l'utilizzazione dei panieri di consumo w$_1$ e w$_2$.

Calcoliamo ora l'utilità del consumatore B associata al consumo dei panieri w$_1$ e w$_2$, sostituendo le combinazioni dei beni in essi contenuti nella funzione [2.2]. Si avrà allora:

$$U_{w_1}^B = 4^2 \cdot 9 = 144$$

$$U_{w_2}^B = 9^2 \cdot 4 = 324$$

Evidentemente, per *B* non v'è indifferenza nella scelta dei due panieri di consumo.

Quindi, supponendo che si comporti razionalmente, sceglierà il paniere w_2, in quanto ne trae una maggiore utilità essendo $U^B_{w_2} > U^B_{w_1}$.

Esercizio n. 1.3

Le preferenze di un consumatore sono espresse dalla funzione di utilità:

[3.1] $U = x_1 x_2$

a) *determinare l'insieme dei panieri che risultano indifferenti al paniere* w(3, 4);
b) *posto che l'insieme ammissibile di scelta sia costituito dai seguenti panieri:*
   w$_1$(3, 4); w$_2$(7, 9); w$_3$(5, 6); w$_4$(2, 1); w$_5$(3, 2) *stabilire l'ordinamento delle preferenze;*
c) *indicare la scelta ottimale del consumatore.*

Risoluzione

Il luogo geometrico dei panieri che forniscono al consumatore uguale utilità (in questo caso *U = 12, vedi Figura 1*) forma una curva continua, "liscia" detta *curva d'indifferenza*.

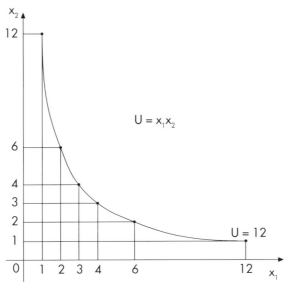

Figura 1

Per il consumatore è indifferente scegliere fra i punti della stessa curva d'indifferenza perché l'utilità derivante dal consumo di ciascun paniere è per lui uguale; quindi egli è indifferente alla scelta.

a) Poiché l'utilità connessa al consumo del paniere w(3, 4) è:

$$U = x_1 \cdot x_2 = 3 \cdot 4 = 12$$

i panieri che risultano indifferenti al paniere w(3, 4), perché forniscono la stessa utilità, pari a 12, sono i seguenti:

$$w_1 = (4, 3) \qquad w_4 = (12, 1)$$

$$w_2 = (2, 6) \qquad w_5 = (1, 12)$$

$$w_3 = (6, 2) \qquad w_6 = (3, 4)$$

b) L'ordinamento delle preferenze dipende dal valore dell'utilità ritraibile dal consumo di ciascun paniere di beni. Quindi, nella funzione di utilità $U = x_1 x_2$ vanno inseriti i valori di x_1 ed x_2 pertinenti ciascun paniere. Pertanto si avrà:

$$U_1 = x_1 \cdot x_2 = 3 \cdot 4 = 12$$

$$U_2 = x_1 \cdot x_2 = 7 \cdot 9 = 63$$

$$U_3 = x_1 \cdot x_2 = 5 \cdot 6 = 30$$

$$U_4 = x_1 \cdot x_2 = 2 \cdot 1 = 2$$

$$U_5 = x_1 \cdot x_2 = 3 \cdot 2 = 6$$

Le preferenze possono essere ordinate in senso crescente oppure decrescente.

In senso crescente l'ordinamento è il seguente:

$$U_4 < U_5 < U_1 < U_3 < U_2$$

c) La scelta ottimale di un consumatore razionale, è pari a 63 (utilità più alta) connessa al consumo del paniere w_2(7, 9).

Esercizio n. 1.4

Verificare la convessità delle curve d'indifferenza espresse dalle seguenti funzioni di utilità:

a) $U = xy$

b) $U = x + y$

c) $U = x^2 + y^2$

Risoluzione

a) Consideriamo un paniere qualsiasi, ad esempio il paniere $w_A(4, 2)$ e calcoliamo l'utilità della funzione:

$$U_A = xy \Rightarrow U_A = 4 \cdot 2 = 8$$

Consideriamo, adesso, un altro paniere $w_B(2, 4)$; l'utilità associata a tale paniere risulta essere:

$$U_B = xy \Rightarrow U_B = 2 \cdot 4 = 8$$

L'utilità relativa al secondo paniere è uguale a quella associata al primo; infatti, il paniere w_B è stato formato invertendo le quantità in esso contenute dei due beni.

Individuiamo, infine, un terzo paniere $w_C(3, 3)$ formato dalla media aritmetica delle rispettive quantità presenti nei panieri w_A e w_B, ossia:

$$\frac{4+2}{2} = 3 \quad e \quad \frac{2+4}{2} = 3$$

L'utilità connessa al paniere $w_C(3, 3)$ è:

$$U_C = 3 \cdot 3 = 9$$

Poiché l'utilità connessa al paniere intermedio w_C è maggiore di quella degli altri due panieri, si può concludere che la funzione presenta una stretta convessità.

b) Con identiche modalità di calcolo scegliamo i panieri w_A e w_B. Determiniamo poi il paniere intermedio w_C e operiamo il confronto fra quest'ultimo e i precedenti. Poiché la funzione di utilità è $U = x + y$ si avrà:

se $w_A(4, 2) \Rightarrow U_A = 4 + 2 = 6$

se $w_B(2, 4) \Rightarrow U_B = 2 + 4 = 6$

allora $w_C(3, 3) \Rightarrow U_C = 3 + 3 = 6$

Possiamo concludere che, poiché l'utilità associata ai panieri estremi è uguale a quella relativa al paniere intermedio, la funzione è convessa (non strettamente).

c) Impieghiamo ancora i panieri w_A e w_B, in questo caso l'utilità associata a ciascuno è:

$$w_A(4, 2) \Rightarrow U_A = 4^2 + 2^2 = 20$$

$$w_B(2, 4) \Rightarrow U_B = 2^2 + 4^2 = 20$$

$$w_C(3, 3) \Rightarrow U_C = 3^2 + 3^2 = 18$$

Poiché l'utilità connessa ai panieri estremi è maggiore di quella relativa al paniere intermedio, la funzione di utilità risulta concava.

Sezione Seconda
Curve d'indifferenza e saggio marginale di sostituzione

Esercizio n. 2.1

Dalla funzione di utilità:

[1.1] $U = 5x_1x_2$

ricavare la funzione della generica curva d'indifferenza.

Risoluzione

La funzione della generica curva d'indifferenza si ottiene esplicitando la funzione di utilità per x_2, lasciando costante U. Ossia:

$$x_2 = \frac{U}{5x_1}$$

Esercizio n. 2.2

Data la funzione di utilità:

[2.1] $U = x_1x_2 + 2x_2$

a) *ricavare la funzione della generica curva d'indifferenza;*
b) *calcolare il saggio marginale di sostituzione.*

Risoluzione

a) Esplicitiamo la funzione [2.1] rispetto ad x_2:

$$U = x_2(x_1 + 2)$$

[2.2] $$x_2 = U\frac{1}{x_1 + 2}$$

b) Il saggio marginale di sostituzione (*MRS*) rappresenta la pendenza della curva ed è espresso dal rapporto fra le utilità marginali dei due beni considerati (ossia x_1 e x_2). Calcoliamo, dunque, le utilità marginali:

$$UM_1 = \frac{dU}{dx_1} = x_2 \qquad UM_2 = \frac{dU}{dx_2} = x_1 + 2$$

[2.3] $$|MRS| = \frac{\dfrac{dU}{dx_1}}{\dfrac{dU}{dx_2}} \Rightarrow |MRS| = \frac{x_2}{x_1 + 2}$$

Sezione Terza
Funzioni di utilità

Esercizio n. 3.1

Date le seguenti funzioni di utilità:

a) $U = x_1 x_2$

b) $U = x_1 + x_2$

c) $U = \min(x_1; x_2)$

d) $U = \min(x_1; 2x_2)$

associare il rispettivo grafico scegliendolo fra quelli della Tabella 1.

Risoluzione

$U = x_1 x_2 \qquad \rightarrow \quad$ Figura 1
$U = x_1 + x_2 \qquad \rightarrow \quad$ Figura 2
$U = \min(x_1; 2x_2) \quad \rightarrow \quad$ Figura 3
$U = \min(x_1; x_2) \quad \rightarrow \quad$ Figura 4

―――――――――――――――――――――――――――――――――――――― *Tabella 1*

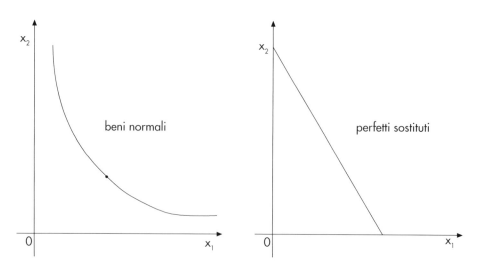

Figura 1   Figura 2

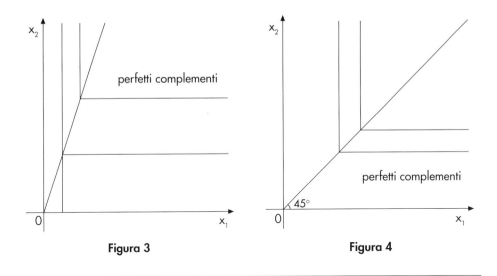

Figura 3   Figura 4

Esercizio n. 3.2

Un consumatore adopera la sua automobile ogni mattina per andare in ufficio.

Lo stress psico-fisico è funzione del tempo di percorrenza (x) secondo la seguente relazione:

[2.1] $y = 40x^2 - 94x + 10$

Qual è il tempo di percorrenza che minimizza la funzione (e quindi lo stress)?

Risoluzione

Come per l'esercizio n. 2.1 del Capitolo 1, Sezione Seconda, esponiamo due procedimenti risolutivi:

a) *1° procedimento (**per via elementare**)*

La funzione di stress considerata è una funzione di 2° grado che rappresenta una parabola con i rami rivolti verso l'alto poiché il coefficiente di x^2 è positivo.

Calcoliamo i valori necessari a tracciare il grafico della parabola, ponendo l'espressione [2.1] uguale a zero:

$40x^2 - 94x + 10 = 0$

e quindi:

[2.2] $\Delta = b^2 - 4ac;$ $\Delta = 94^2 - [4(40) \cdot 10] = 7.236$

[2.3] $x = \dfrac{-b \pm \sqrt{\Delta}}{2a}$

$x = \dfrac{94 \pm \sqrt{7.236}}{80}$

$x_1 = \dfrac{94 + 85,06}{80} = 2,23$

$x_2 = \dfrac{94 - 85,06}{80} = 0,11$

$V_x = -\dfrac{b}{2a} = -\left(-\dfrac{94}{80}\right) = \mathbf{1,17}$

$V_y = -\dfrac{\Delta}{4a} = -\dfrac{7.236}{4(40)} = -\dfrac{7.236}{160} = \mathbf{-45,22}$

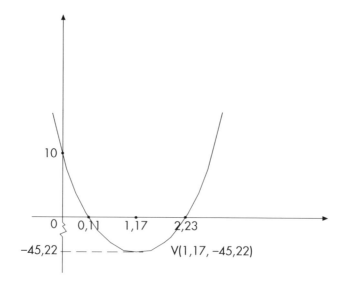

Figura 1

In questo caso il vertice della parabola (vedi *Figura 1*) rappresenta il minimo della funzione.
Il valore di x che minimizza la funzione è x = 1,17 (**minimo relativo**).

b) *2° procedimento (**calcolo differenziale**)*

Si vuole determinare il valore di x che minimizza la funzione senza tracciarne il grafico. Allora, troviamo il valore della derivata prima della funzione [2.1]:

[2.4] $\dfrac{dy}{dx} = 2 \cdot 40x - 94 = 80x - 94$

Poniamo la condizione del *primo ordine* cioè uguagliamo a zero la derivata prima ossia la [2.4]:

$$80x - 94 = 0 \Rightarrow 80x = 94 \Rightarrow x = \frac{94}{80} = 1,17$$

Per stabilire se si tratta di un punto di massimo o di minimo relativo, occorre porre la condizione del *secondo ordine*, ossia calcolare la derivata seconda della funzione. In pratica si tratta di calcolare la derivata della derivata prima [2.4] e di osservarne il segno: se esso è positivo trattasi di minimo relativo, se è negativo, invece, è punto di massimo relativo. Quindi sarà:

$$\frac{d^2y}{dx^2} = 80 \cdot 1 \Rightarrow 80 > 0$$

Pertanto il punto $x = 1,17$ è un punto di minimo relativo.

Esercizio n. 3.3

Date le funzioni di utilità:

a) $U = \min\{3x + y; 3y + x\}$

b) $U = \max\{3x + y; 3y + x\}$

c) $U = x + \min\{x, y\}$

d) $U = 3\min\{x, y\}$

tracciare le corrispondenti curve d'indifferenza e verificare se esse sono rappresentative di preferenze convesse.

Risoluzione

a) Dalla condizione di ottimo si ottiene:

$3x + y = 3y + x$

$2x = 2y$

$x = y$

vale a dire che il consumatore massimizza la sua funzione di utilità per quantità eguali dei due beni (nel caso $x_1 = y_1$)

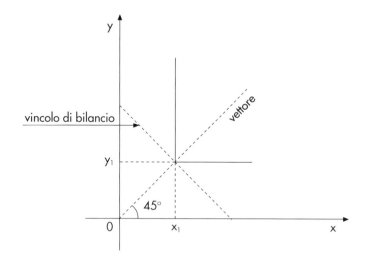

Figura 1

Poiché le preferenze sono ad angolo, l'unica scelta possibile è quella che realizza l'eguaglianza $x_1 = y_1$.
Pertanto, non ha senso parlare di «paniere medio preferito agli estremi», perché, in questo caso, il consumatore preferisce consumare sempre in proporzioni fisse.
Le preferenze sono convesse perché la curva d'indifferenza viene a trovarsi al di sopra dell'eventuale vincolo di bilancio.

b) $U = \max\{3x + y; 3y + x\}$

$3x + y = 3y + x$

$2x = 2y$

$x = y$

Le preferenze descritte da questa funzione di utilità sono concave perché la scelta ottima, che è sempre un punto angoloso, si trova al di sotto dell'eventuale vincolo di bilancio.

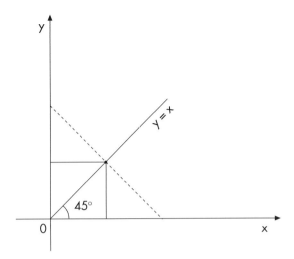

Figura 2

c) $U = x + \min\{x, y\}$

Ponendo la condizione di ottimo $x + x = y$ si ottiene:

$y = 2x$

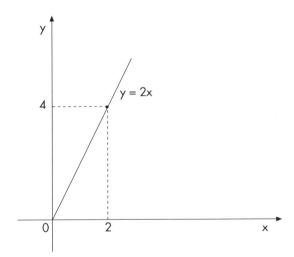

Figura 3

Per costruire il grafico della funzione poniamo:

$y(0) = 2(0) = 0$

$y(2) = 2(2) = 4$

d) $U = 3\min\{x, y\} + y$

Operando una trasformazione monotòna avremo:

$U = \min\{x, y\} + y$

Poniamo adesso la condizione di ottimo:

$$x = 2y \Rightarrow y = \frac{1}{2}x$$

che potrà esprimersi graficamente dopo aver determinato le coordinate dei due punti.

$$y(0) = \frac{1}{2}(0) = 0$$

$$y(2) = \frac{1}{2}(2) = 1$$

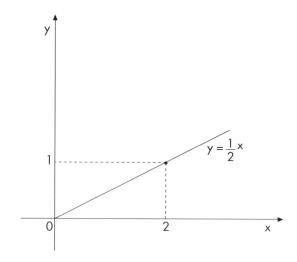

Figura 4

Sezione Quarta
Il vincolo di bilancio

Esercizio n. 4.1

Un consumatore dispone di un reddito $m = 200$.

Egli può acquistare quantità del *bene 1* e del *bene 2* aventi, rispettivamente, i prezzi $p_1 = 8$ e $p_2 = 2$.

Determinare:

a) *la retta di bilancio e l'insieme delle possibilità di consumo;*

b) *la retta di bilancio e l'insieme delle possibilità di consumo se è prevista una spesa aggiuntiva fissa, pari a 6 euro per poter disporre del* bene 1 *e di 2 euro per poter disporre del* bene 2.

Risoluzione

Il vincolo di bilancio rappresenta l'ammontare massimo di reddito che il consumatore può destinare all'acquisto di un determinato paniere di beni.

Ponendo alcune restrizioni all'analisi è possibile studiare l'andamento del vincolo di bilancio.

Si supponga allora che il consumatore possa acquistare solo due beni, il *bene 1* e il *bene 2*, i cui prezzi sono rispettivamente p_1 e p_2. Indicando con m il reddito a disposizione, dati i prezzi dei beni, per quanto detto in precedenza, il consumatore può acquistare una combinazione dei due beni $(x_1; x_2)$, tale che la spesa al massimo eguagli il reddito. In formula:

$$p_1 x_1 + p_2 x_2 \leq m$$

L'espressione su scritta non è altro che il **vincolo di bilancio**.

a) L'equazione della **retta di bilancio** è rappresentata dalla seguente espressione:

$$p_1 x_1 + p_2 x_2 = m$$

ossia

[1.1] $8x_1 + 2x_2 = 200$

Esplicitando l'equazione per x_2 si raccolgono utili informazioni sul valore dell'intercetta sull'asse delle ordinate e sull'inclinazione (**coefficiente angolare**) della retta stessa:

$$2x_2 = 200 - 8x_1$$

[1.2] $x_2 = 100 - 4x_1$

L'inclinazione della retta di bilancio è quindi pari a (– 4). Alla stessa conclusione si può pervenire effettuando il rapporto tra i prezzi ossia:

[1.3] $-\dfrac{p_1}{p_2} = -\dfrac{8}{2} = -4$

Il segno dell'espressione [1.3] è negativo e dunque la funzione è decrescente. L'intercetta sull'asse delle ordinate è individuata dal termine noto della [1.2] in questo caso *100*, oppure utilizzando le seguenti relazioni che rappresentano **funzioni di domanda marshalliane** e che legano la quantità domandata di un bene con il proprio prezzo:

[1.4] $x_1 = \dfrac{m}{p_1} = \dfrac{200}{8} = 25$

[1.5] $x_2 = \dfrac{m}{p_2} = \dfrac{200}{2} = 100$

Per individuare l'area di scelta occorre tener presente che il vincolo di bilancio deve soddisfare la seguente disuguaglianza:

[1.6] $8x_1 + 2x_2 \leq 200$

quindi, le possibilità di consumo sono tutte le combinazioni dei due beni (**panieri di consumo**) rientranti nell'area tratteggiata più scura in *Figura 1*, e al massimo, sui punti che costituiscono la retta di bilancio (**frontiera delle possibilità di consumo**). Infine si può verificare che il semipiano inferiore della retta di bilancio è l'insieme dei punti che soddisfano la disequazione [1.6].

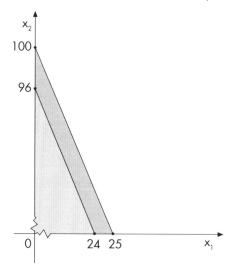

Figura 1

b) Riscriviamo la retta di bilancio tenendo presente le spese fisse. Si avrà:

[1.7] $8x_1 + 2x_2 + 8 = 200$

oppure

[1.8] $8x_1 + 2x_2 = 192 \Rightarrow 4x_1 + x_2 = 96 \Rightarrow x_2 = 96 - 4x_1$

Si può osservare nella *Figura 1* che la nuova retta di bilancio conserva la stessa inclinazione (−4) ma il valore delle intercette (quantità x_1, e x_2) è minore rispetto alla configurazione di cui al punto *a)*. Infatti:

[1.9] $x_1 = \dfrac{m}{p_1} = \dfrac{192}{8} = 24$

[1.10] $x_2 = \dfrac{m}{p_2} = \dfrac{192}{2} = 96$

Ciò si giustifica in quanto il reddito disponibile è diminuito da *200* a *192*.

Esercizio n. 4.2

Un consumatore è dotato di *8* unità del *bene 1* e di *10* unità del *bene 2*.
Dispone di un reddito monetario *m = 2*.
Il prezzo del primo bene è p_1 = *1*, quello del secondo p_2 = *1*.

Tracciare la retta di bilancio nel caso in cui:

a) *il prezzo del bene 1 è* p_1 = 1;
b) *il prezzo del bene 2 diventa* p_2 = 2.

Risoluzione

a) Il consumatore dispone di un reddito complessivo così composto:

Ricavo della vendita del *bene 1*
Ricavo = prezzo unitario per quantità:
Ricavo (1) = € 1 · 8 unità   = 8 euro
Ricavo (2) = € 1 · 10 unità   = 10 euro
Reddito   = 2 euro

Reddito complessivo   20 euro

La retta di bilancio potrà essere scritta come segue:

[2.1] $p_1 x_1 + p_2 x_2 = m$

ossia

[2.2] $x_1 + x_2 = 20$

Possiamo calcolare le intercette della retta di bilancio con gli assi cartesiani con le relazioni:

[2.3] $x_1 = \dfrac{m}{p_1} = 20$

[2.4] $x_2 = \dfrac{m}{p_2} = 20$

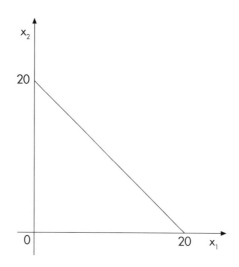

Figura 1

b) Seguendo lo stesso schema di cui al punto *a)* e considerando, adesso, il prezzo $p_2 = 2$ si avrà:

Ricavo (1) = € 1 · 8 unità   = 8 euro
Ricavo (2) = € 2 · 10 unità   = 20 euro
Reddito   = 2 euro

Reddito complessivo   30 euro

[2.5] $x_1 + 2x_2 = 30$ **(equazione della retta di bilancio)**

$x_1 = \dfrac{m}{p_1} = 30$ **(valore dell'intercetta)**

$$[2.6] \quad x_2 = \frac{m}{p_2} = \frac{30}{2} = 15 \text{ (valore dell'intercetta)}$$

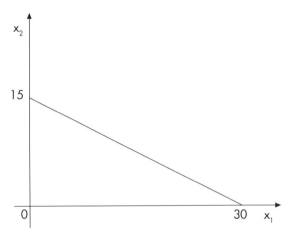

Figura 2

Esercizio n. 4.3

Siano $p_1 = 8$ e $p_2 = 5$ i prezzi unitari di due beni le cui quantità indichiamo con x_1 ed x_2:

a) *tracciare in un riferimento cartesiano la retta di bilancio di un consumatore che ha un reddito m = 40; indicare le intercette ed il valore del coefficiente angolare (inclinazione della retta di bilancio);*

b) *come si modifica la retta di bilancio se il prezzo corrispondente al bene 2 varia da 5 a 10?*

c) *come si modifica l'andamento della retta di bilancio se i prezzi dei due beni raddoppiano?*

Risoluzione

a) Scriviamo l'equazione generica della retta di bilancio:

$$[3.1] \quad p_1 x_1 + p_2 x_2 = m$$

Esplicitando l'espressione [3.1] rispetto ad x_2 si ha che:

$$[3.2] \quad x_2 = \frac{m - p_1 x_1}{p_2} \Rightarrow x_2 = \frac{m}{p_2} - \frac{p_1}{p_2} x_1$$

Si può osservare che l'espressione m/p_2 rappresenta il valore dell'intercetta sull'asse delle ordinate (nel nostro caso $40/5 = 8$) e $-p_1/p_2$ è il coefficiente angolare, che rappresenta la pendenza della retta di bilancio, nel nostro caso è pari a $-8/5$.

Per tracciare la retta occorrono due punti. Conviene individuare le intercette della retta con gli assi cartesiani, in questo modo saranno determinati i valori dei due punti.

Le intercette, ossia i valori x_1 ed x_2, si ottengono, come visto nell'esercizio precedente, dalle relazioni:

[3.3] $x_1 = \dfrac{m}{p_1} = \dfrac{40}{8} = 5$

[3.4] $x_2 = \dfrac{m}{p_2} = \dfrac{40}{5} = 8$

che esprimono le quantità domandate in funzione del reddito e dei relativi prezzi. Infatti, le intercette rappresentano l'intersezione fra la retta (di bilancio) e gli assi cartesiani, cioè il sistema lineare:

$\begin{cases} p_1 x_1 + p_2 x_2 = m & \textbf{(equazione della retta di bilancio)} \\ x_2 = 0 & \textbf{(equazione dell'asse } x_1) \end{cases}$

$p_1 x_1 = m \Rightarrow x_1 = \dfrac{m}{p_1}$

$\begin{cases} p_1 x_1 + p_2 x_2 = m & \textbf{(equazione della retta di bilancio)} \\ x_1 = 0 & \textbf{(equazione dell'asse } x_2) \end{cases}$

$p_2 x_2 = m \Rightarrow x_2 = \dfrac{m}{p_2}$

b) Nella relazione [3.4] si sostituirà il nuovo livello di prezzo, cioè $p_2 = 10$:

$x_2 = \dfrac{m}{p_2} = \dfrac{40}{10} = 4$

c) $x_1 = \dfrac{40}{16} = 2,5$

$x_2 = \dfrac{40}{10} = 4$

Pertanto, si potrà tracciare il grafico delle rette di bilancio:

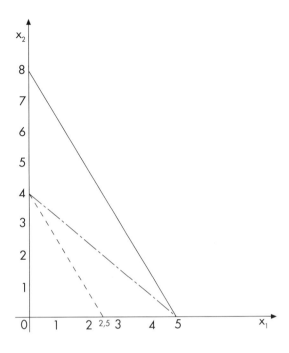

Figura 1

Sezione Quinta
Scelta ottima

Esercizio n. 5.1

Determinare la scelta ottima del consumatore data la funzione di utilità:

[1.1] $U = x_1 x_2$

dove x_1 e x_2 sono rispettivamente la quantità del *bene 1* e del *bene 2* acquistate dal consumatore. Si supponga, inoltre, che il reddito sia $m = 5$, il prezzo del *bene 1* sia $p_1 = 2$ e del *bene 2* sia invece $p_2 = 3$.

Risoluzione

Qui di seguito proponiamo diverse metodologie per la risoluzione di questo «classico» problema:

a) *1° procedimento (**per via algebrica**)*

Scriviamo l'equazione della retta di bilancio nella sua forma generica

[1.2] $p_1 x_1 + p_2 x_2 = m$

Inseriamo nell'espressione [1.2] i dati a nostra disposizione:

[1.3] $2x_1 + 3x_2 = 5$

Conviene, adesso, esplicitare l'equazione [1.3] rispetto ad x_2:

$$3x_2 = 5 - 2x_1 \Rightarrow x_2 = \frac{5 - 2x_1}{3} \Rightarrow x_2 = \frac{5}{3} - \frac{2}{3}x_1$$

Possiamo facilmente osservare due elementi caratteristici dell'equazione, ossia il **termine noto** ($5/3 = 1,66$) che fornisce il valore dell'intercetta della retta sull'asse delle x_2 ed il **coefficiente angolare** ($-2/3$) che misura l'inclinazione della retta.

In pratica, il coefficiente angolare non è altro che il rapporto tra i prezzi dei due beni considerati, mentre il termine noto è pari al rapporto m/p_2.

Per tracciare il grafico della retta di bilancio è necessario calcolare anche l'intercetta sull'asse delle x_1. A tale scopo basta porre:

[1.4] $\begin{cases} 2x_1 + 3x_2 = 5 \\ x_2 = 0 \end{cases}$

$$2x_1 + 3 \cdot 0 = 5 \Rightarrow 2x_1 = 5 \Rightarrow x_1 = 5/2 = 2,5$$

In pratica, ciò significa che se il consumatore destinasse tutto il suo reddito per l'acquisto del *bene 1* la quantità massima acquistabile sarebbe $x_1 = 2,5$.

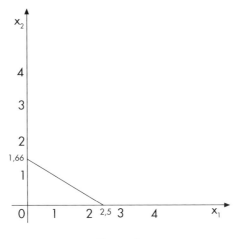

Figura 1

Pertanto la congiungente le due intercette $x_1 = 2,5$ e $x_2 = 1,66$ rappresenta graficamente la retta di bilancio (vedi *Figura 1*).

Le coordinate del punto di massimo della funzione di utilità $U = x_1x_2$ si ottengono in corrispondenza del punto di tangenza fra la curva della funzione di utilità e la retta $2x_1 + 3x_2 = 5$ (condizione necessaria ma non sufficiente).

Impostando e risolvendo il sistema fra le due funzioni:

[1.5] $\begin{cases} U = x_1x_2 \\ 2x_1 + 3x_2 = 5 \end{cases}$ [1.6] $\begin{cases} x_2 = \dfrac{U}{x_1} \\ 3x_2 = 5 - 2x_1 \end{cases}$

$$\begin{cases} x_2 = \dfrac{U}{x_1} \\ x_2 = \dfrac{5 - 2x_1}{3} \end{cases}$$

Essendo uguali i primi membri delle equazioni, lo saranno anche i secondi, per cui potremo scrivere:

[1.7] $\dfrac{U}{x_1} = \dfrac{5 - 2x_1}{3}$

e svolgendo si avrà:

$$3U = x_1(5 - 2x_1) \Rightarrow 3U = 5x_1 - 2x_1^2 \Rightarrow 2x_1^2 - 5x_1 + 3U = 0$$

Risolvendo l'equazione si avrà:

$$\Delta = b_2 - 4ac = 25 - [4(2)(3U)] = 25 - 24U$$

Affinché si abbia tangenza fra la retta e la curva occorre imporre la condizione:

$\Delta = 0$, quindi sarà:

$$25 - 24U = 0 \Rightarrow 25 = 24U \Rightarrow U = \frac{25}{24}$$

Sostituendo il valore $U = 25/24$ nell'espressione [1.7], si avrà:

$$\frac{\frac{25}{24}}{x_1} = \frac{5 - 2x_1}{3}$$

$$\frac{25}{24} \cdot \frac{1}{x_1} = \frac{5 - 2x_1}{3}$$

$$\frac{25}{24x_1} = \frac{5 - 2x_1}{3}$$

$$25 = 8x_1(5 - 2x_1)$$

$$25 = 40x_1 - 16x_1^2$$

$$16x_1^2 - 40x_1 + 25 = 0$$

$$\Delta = b_2 - 4ac = 1600 - 4(16 \cdot 25) = 1600 - 1600 = 0$$

$$x_1 = \frac{-b \pm \sqrt{\Delta}}{2a} = \frac{40 \pm 0}{2 \cdot 16} = \frac{40}{32} = \frac{5}{4}$$

Sostituendo il valore $x_1 = 5/4$ nella [1.6] si avrà:

$$x_2 = \frac{U}{x_1} = \frac{\frac{25}{24}}{\frac{5}{4}} = \frac{25}{24} \cdot \frac{4}{5} = \frac{5}{6}$$

Il punto di tangenza fra la retta di bilancio e la curva d'indifferenza ha coordinate

$$w^* \left(\frac{5}{4}; \frac{5}{6} \right)$$

La scelta ottima del consumatore (vedi *Figura 2*) considerato il suo vincolo di bilancio è:

$$x_1^* = \frac{5}{4} = 1,25 \Rightarrow x_2^* = \frac{5}{6} = 0,83$$

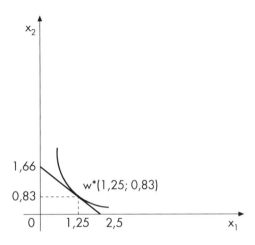

Figura 2

b) *2° procedimento (**metodo di sostituzione**)*

$U = x_1 x_2$　　　　funzione di utilità

$2x_1 + 3x_2 = 5$　　vincolo di bilancio

Esplicitiamo il vincolo di bilancio rispetto ad x_2, ossia:

[1.8]　$3x_2 = 5 - 2x_1$

$$x_2 = \frac{5 - 2x_1}{3}$$

il valore x_2 trovato va inserito nella funzione di utilità [1.1]; si avrà, pertanto:

[1.9]　$U = x_1 \left(\frac{5 - 2x_1}{3} \right) \Rightarrow U = \frac{5x_1 - 2x_1^2}{3}$

Calcoliamo la derivata della funzione di utilità, ovvero dell'espressione [1.9]:

$$\frac{dU}{dx_1} = \frac{5 - 2 \cdot 2x_1}{3} = \frac{5 - 4x_1}{3}$$

Poniamo la condizione del primo ordine:

$$\frac{5 - 4x_1}{3} = 0$$

e risolvendo, si ottiene:

$$5 - 4x_1 = 0 \Rightarrow 5 = 4x_1$$

$x_1 = \dfrac{5}{4} = 1,25$ questo valore va sostituito nella [1.8] per ottenere:

$$x_2 = \frac{5 - 2 \cdot \dfrac{5}{4}}{3}$$

$$x_2 = \frac{\dfrac{10 - 5}{2}}{3}$$

$$x_2 = \frac{5}{2} \cdot \frac{1}{3} = \frac{5}{6} = 0,83$$

Per verificare se i valori di x_1 e x_2 (ossia il paniere w) costituiscono punti di massimo o minimo occorre calcolare la derivata seconda della funzione di utilità:

$$U = \frac{5 - 4x_1}{3}$$

e verificare il segno (condizione del secondo ordine)

$$\frac{d^2U}{dx_1^2} = \frac{0 - 4}{3} = -\frac{3}{4} < 0$$

Poiché il segno della derivata è negativo, si può concludere che w (1,25; 0,83) rappresenta il punto massimo vincolato.
Pertanto w* (1,25; 0,83) viene anche detto paniere ottimo o scelta ottima del consumatore.

c) *3° procedimento (imposizione dell'uguaglianza fra il saggio marginale di sostituzione MRS ed il rapporto fra i prezzi p_1/p_2)*
Questa metodologia risolutiva si avvale del concetto di MRS (saggio marginale di sostituzione ovvero *Marginal Rate of Substitution*).

Il MRS tra il *bene 2* ed il *bene 1*, misura il rapporto tra la variazione marginale del *bene 2*, ossia x_2 e la variazione marginale del *bene 1*, ossia x_1 quando il consumatore si sposta lungo la stessa curva d'indifferenza. Il MRS è dato dal rapporto tra l'utilità marginale del *bene 1* e l'utilità marginale del *bene 2*.

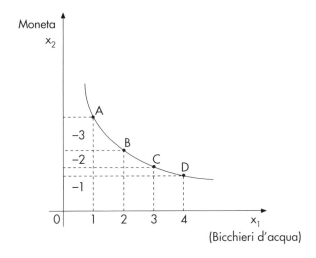

Figura 3

Dal grafico 3 si può osservare che il consumatore per acquisire un'unità aggiuntiva del *bene 1* (quindi per passare da A a B) è disposto a cedere 3 unità del *bene 2*.

Per acquisire un'ulteriore unità del *bene 1* (cioè per passare da B a C) è disposto a cedere due unità del *bene 2* e, per passare da C a D è disposto a cederne una sola. In generale la quantità di soddisfazione addizionale che un consumatore trae da un maggior consumo di un bene decresce al crescere del consumo del bene stesso (legge dell'utilità marginale decrescente). Conseguentemente le curve d'indifferenza sono convesse.

È evidente che il consumatore che desidera un altro bicchiere d'acqua passa dalla posizione A alla posizione B della curva essendo disposto a diminuire il suo reddito di 3 monete.

Nel passare da B a C, la sete è stata parzialmente soddisfatta ed egli è disposto ad acquistare un ulteriore bicchiere d'acqua rinunziando a sole 2 monete.

Per un ulteriore bicchiere d'acqua, che lo porterebbe nel punto D della curva della sete, il consumatore è disposto a cedere non più di una sola moneta in quanto ormai il suo bisogno di bere è quasi totalmente soddisfatto.

La variazione da *A* a *B* è una variazione marginale (**infinitesima**). Pertanto il MRS si ottiene dal rapporto fra le utilità marginali.

[1.10] $\quad MRS = -\dfrac{\dfrac{dU}{dx_1}}{\dfrac{dU}{dx_2}}$

$$\frac{dU}{dx_1} = x_2; \qquad \frac{dU}{dx_2} = x_1$$

$$MRS = -\frac{x_2}{x_1}$$

In corrispondenza del paniere ottimo (o della scelta ottima) il MRS tra x_2 ed x_1 è uguale al rapporto tra i prezzi dei due beni.

Il paniere ottimo del consumo può essere calcolato ponendo a sistema la condizione di uguaglianza fra (MRS) e rapporto fra i prezzi $-p_1/p_2$ con il vincolo di bilancio. Il segno negativo del coefficiente angolare risulta evidente nelle forma esplicita della retta:

$$x_2 = \frac{5}{3} - \frac{2}{3} x_1$$

Essendo entrambi negativi saranno considerati in valore assoluto:

[1.11] $\quad \begin{cases} |MRS| = \left| -\dfrac{p_1}{p_2} \right| \\ p_1 x_1 + p_2 x_2 = m \end{cases} \qquad \begin{cases} \dfrac{x_2}{x_1} = \dfrac{p_1}{p_2} \\ p_1 x_1 + p_2 x_2 = m \end{cases}$

Sostituendo i valori numerici si avrà:

$$\begin{cases} \dfrac{x_2}{x_1} = \dfrac{2}{3} \\ 2x_1 + 3x_2 = 5 \end{cases} \qquad \begin{cases} 3x_2 = 2x_1 \\ 2x_1 + 3x_2 = 5 \end{cases}$$

[1.12] $\quad \begin{cases} x_2 = \dfrac{2x_1}{3} \\ 2x_1 + 3x_2 = 5 \end{cases}$

$$2x_1 + 3\frac{2x_1}{3} = 5 \text{ e quindi}$$

$$2x_1 + 2x_1 = 5 \Rightarrow 4x_1 = 5 \Rightarrow x_1 = \frac{5}{4}$$

Il valore x_1 trovato inserito nella [1.12] darà:

$$x_2 = \frac{2 \cdot \dfrac{5}{4}}{3} = \frac{\dfrac{5}{2}}{3} = \frac{5}{2} \cdot \frac{1}{3} = \frac{5}{6}$$

Pertanto, il paniere ottimo sarà composto dalle seguenti quantità:

$$w^* \left(\frac{5}{4} = 1,25; \ \frac{5}{6} = 0,83 \right)$$

d) *4° procedimento*

La funzione di utilità di tipo Cobb-Douglas si presenta nella forma:

[1.13] $U = x_1^c \cdot x_2^d$

Possiamo utilizzare le seguenti formule risolutive abbreviate che permettono di ottenere le quantità ottime di ciascun bene componente il paniere:

[1.14] $x_1^* = \dfrac{c}{c+d} \cdot \dfrac{m}{p_1}$

[1.15] $x_2^* = \dfrac{d}{c+d} \cdot \dfrac{m}{p_2}$

Nel caso in esame i dati sono $c = 1$; $d = 1$; $m = 5$; $p_1 = 2$; $p_2 = 3$.

Sostituendo nelle [1.14] e [1.15] i dati del problema si avrà:

$$x_1^* = \frac{1}{1+1} \cdot \frac{5}{2} = \frac{1}{2} \cdot \frac{5}{2} = \frac{5}{4}$$

$$x_2^* = \frac{1}{1+1} \cdot \frac{5}{3} = \frac{1}{2} \cdot \frac{5}{3} = \frac{5}{6}$$

Quindi il paniere ottimo (o la scelta ottima) è $w^* = \left(x_1^*, x_2^* \right) = \left(\dfrac{5}{4}, \dfrac{5}{6} \right)$.

e) *5° procedimento* (massimizzazione della funzione $U = x_1 x_2$ mediante il moltiplicatore di Lagrange).

Adoperando il moltiplicatore di Lagrange «L», la funzione di utilità viene espressa mediante la relazione:

[1.16] $F(x_1; x_2; L)$

Il vincolo di bilancio è:

$$2x_1 + 3x_2 = 5 \qquad \text{ossia} \qquad 2x_1 + 3x_2 - 5 = 0$$

Quindi:

$$F(x_1; x_2; L) = x_1 x_2 + L(2x_1 + 3x_2 - 5)$$

$$F(x_1; x_2; L) = x_1 x_2 + 2x_1 L + 3x_2 L - 5L$$

Calcoliamo le derivate parziali ed imponiamo la condizione del primo ordine:

$$\frac{\partial F}{\partial x_1} = x_2 + 2L = 0$$

$$\frac{\partial F}{\partial x_2} = x_1 + 3L = 0$$

$$\frac{\partial F}{\partial L} = 2x_1 + 3x_2 - 5 = 0$$

Impostiamo e risolviamo il sistema in tre equazioni e tre incognite:

$$\begin{cases} x_2 + 2L = 0 \\ x_1 + 3L = 0 \\ 2x_1 + 3x_2 - 5 = 0 \end{cases}$$

Dalla prima equazione si ricava il valore:

[1.17] $x_2 = -2L$

che va sostituito nella terza equazione, quindi:

$$\begin{cases} x_1 + 3L = 0 \\ 2x_1 + 3(-2L) - 5 = 0 \end{cases} \Rightarrow \begin{cases} x_1 + 3L = 0 \\ 2x_1 - 6L - 5 = 0 \end{cases}$$

Esplicitando la prima equazione del sistema rispetto a x_1, si avrà:

[1.18] $x_1 = -3L$

sostituendo il valore di x_1, nella seconda equazione si avrà:

$$2(-3L) - 6L - 5 = 0$$

da cui: $-12L = 5$

e quindi: $L = -\dfrac{5}{12}$

Il valore di L così trovato inserito nelle espressioni [1.17] e [1.18] fornisce il valore di x_1 e x_2:

$$x_1^* = -3\left(-\frac{5}{12}\right) = \frac{5}{4}$$

$$x_2^* = -2\left(-\frac{5}{12}\right) = \frac{5}{6}$$

Esercizio n. 5.2

Si consideri la funzione di utilità:

[2.1] $U = 2x_1x_2$

Il prezzo del *bene 2* sia $p_2 = 5$.

Quale dovrebbe essere il reddito del consumatore ed il prezzo del bene 1 affinché il paniere w (10; 20) sia ottimale?

Risoluzione

La funzione di utilità assegnata è del tipo Cobb-Douglas. Pertanto (cfr. Esercizio 5.1 punto d) si avrà la seguente relazione:

[2.2] $x_2^* = \dfrac{d}{c+d} \cdot \dfrac{m}{p_2}$

cioè:

$$20 = \frac{1}{2}\frac{m}{5} \Rightarrow 20 = 0,10m \Rightarrow m = 200$$

Quindi, possiamo porre:

[2.3] $x_1^* = \dfrac{c}{c+d} \cdot \dfrac{m}{p_1}$

cioè:

$$10 = \frac{1}{2} \times \frac{200}{p_1} \Rightarrow 10p_1 = 100$$

$$p_1 = \frac{100}{10} = 10$$

Esercizio n. 5.3

Un consumatore possiede un reddito m e fronteggia la seguente funzione di utilità:

[3.1] $\quad U = x_1^{\alpha} \cdot x_2^{\beta} \cdot x_3^{\gamma}$

riguardante tre beni.

Indicando con p_1; p_2 e p_3 il prezzo di ciascun bene, *individuare la quantità ottima corrispondente a ciascun bene.*

Risoluzione

La funzione di utilità [3.1] è del tipo Cobb-Douglas, per cui le quantità ottime di ciascun bene possono essere immediatamente individuate dalle seguenti relazioni:

[3.2] $\quad x_1^{*} = \dfrac{\alpha}{\alpha + \beta + \gamma} \dfrac{m}{p_1}$

[3.3] $\quad x_2^{*} = \dfrac{\beta}{\alpha + \beta + \gamma} \dfrac{m}{p_2}$

[3.4] $\quad x_3^{*} = \dfrac{\gamma}{\alpha + \beta + \gamma} \dfrac{m}{p_3}$

Esercizio n. 5.4

Data la funzione di utilità:

[4.1] $\quad U = \sqrt{x_1 x_2}$

il reddito $m = 12$ e i prezzi dei beni pari a $p_1 = p_2 = 2$, calcolare:

a) *la scelta ottima del consumatore;*
b) *la scelta ottima se il reddito diventa* m = 16;
c) *il valore dell'utilità per il caso previsto in b).*

Risoluzione

a) Conviene effettuare una trasformazione monotonica della funzione di utilità in modo da poterla riscrivere nella forma Cobb-Douglas.

Quindi, per una nota proprietà dei radicali:

$$U = \sqrt{x_1 x_2} = \sqrt{x_1}\sqrt{x_2} = x_1^{\frac{1}{2}} x_2^{\frac{1}{2}} \quad \textbf{(forma Cobb-Douglas)}$$

[4.2] $\quad x_1^* = \dfrac{c}{c+d} \cdot \dfrac{m}{p_1} = \dfrac{1}{2} \cdot \dfrac{12}{2} = 3$

[4.3] $\quad x_2^* = \dfrac{d}{c+d} \cdot \dfrac{m}{p_2} = \dfrac{1}{2} \cdot \dfrac{12}{2} = 3$

b) Nel caso di $m = 16$ sarà:

[4.4] $\quad x_1^* = \dfrac{c}{c+d} \cdot \dfrac{m}{p_1} = \dfrac{1}{2} \cdot \dfrac{16}{2} = 4$

[4.5] $\quad x_2^* = \dfrac{d}{c+d} \cdot \dfrac{m}{p_2} = \dfrac{1}{2} \cdot \dfrac{16}{2} = 4$

c) [4.6] $\quad U = \sqrt{x_1 x_2} = \sqrt{4 \cdot 4} = \sqrt{16} = 4$

Esercizio n. 5.5

Le preferenze di un consumatore sono espresse dalla funzione di utilità:

[5.1] $U = x_1 + x_2$

a) *ricavare la mappa delle curve d'indifferenza;*
b) *calcolare la scelta ottima se il reddito è* $m = 200$, $p_1 = 2$ *e* $p_2 = 8$.

Risoluzione

a) Dalla funzione di utilità [5.1] si può ricavare la mappa delle curve d'indifferenza. Infatti, esplicitando per x_2 sarà:

[5.2] $\quad x_2 = U - x_1$

L'insieme delle rette aventi inclinazione pari a (-1) rappresenta, quindi, in corrispondenza dei diversi valori di U, la mappa delle curve d'indifferenza.

b) Scriviamo l'equazione della retta di bilancio:

[5.3] $\quad 2x_1 + 8x_2 = 200$

Essendo l'inclinazione della retta di bilancio pari a $-\dfrac{p_1}{p_2} = -\dfrac{2}{8}$, diversa da quella della curva d'indifferenza, la soluzione ottimale sarà nel punto di frontiera A (si veda la *Figura 1*), in cui si incontrano la retta di bilancio e la curva d'indifferenza più alta.

Si può anche osservare che, si tratta di una funzione di utilità rappresentativa di beni «perfetti sostituti» (cfr. Tabella 1, Sezione Terza). Nel caso di beni perfetti sostituti, dunque, le curve d'indifferenza non sono convesse come per i beni normali, ma la mappa d'indifferenza è formata da una serie di rette parallele tra loro. Il saggio marginale di sostituzione lungo la stessa curva di indifferenza relativa a due beni perfetti sostituti è costante, nel nostro esercizio è pari (−1). In pratica, per il consumatore è indifferente il consumo dell'uno o dell'altro bene oppure combinazioni intermedie dei due beni, in quanto gli arrecano lo stesso benessere; la sua scelta, quindi, non può che dipendere dai prezzi dei beni. Nel nostro esempio, poiché $p_1 < p_2$ la scelta del consumatore razionale ricadrà sul *bene 1*.

Pertanto, acquistando un quantitativo $x_2 = 0$ partendo dalla retta di bilancio, si avrà:

$$2x_1 + 8x_2 = 200$$

$$2x_1 + 8 \cdot 0 = 200$$

$$2x_1 = 200$$

$$x_1^* = 100$$

La scelta ottima del consumatore può essere determinata, in questo caso, imponendo l'uguaglianza tra il saggio marginale di sostituzione e il rapporto tra i prezzi dei due beni:

$$\frac{dU}{dx_1} = 1$$

$$\frac{dU}{dx_2} = 1$$

Il saggio marginale di sostituzione sarà costante, trattandosi di perfetti sostituti:

$$[5.4] \quad |MRS| = \frac{\dfrac{dU}{dx_1}}{\dfrac{dU}{dx_2}} = \frac{1}{1} = 1$$

Determiniamo adesso il rapporto fra i prezzi:

$$\left|\frac{p_1}{p_2}\right| = \frac{2}{8} = 0,25$$

Si osservi che il MRS rappresenta l'inclinazione della curva d'indifferenza mentre il rapporto fra i prezzi rappresenta l'inclinazione della retta di bilancio.

Essendo $|MRS| > \left|\frac{p_1}{p_2}\right|$, infatti $1 > 0,25$, la scelta ottimale è un paniere contenente esclusivamente unità del bene 1 cioè $x_1^* = 100$.

In questo caso, infatti, la curva d'indifferenza più elevata compatibile con il vincolo di bilancio è quella passante per il punto A (100; 0) che risulta, quindi, essere la soluzione ottimale (d'angolo) al problema del consumatore.

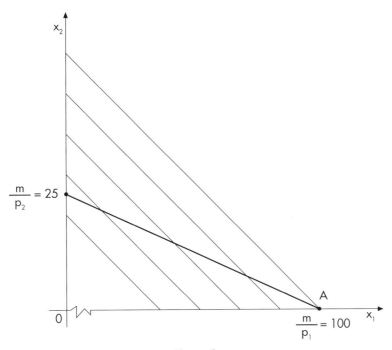

Figura 1

Un altro approccio alla scelta ottima nel caso di perfetti sostituti consiste nel **confronto tra le utilità marginali ponderate dei due beni**.

Abbiamo visto che le utilità marginali dei due beni sono pari ad 1, sappiamo inoltre che il prezzo del bene x_1 è pari a 2 mentre il prezzo del bene x_2 è pari a 8. Ricordando che l'utilità marginale ponderata di un bene è il rapporto tra l'utilità marginale del bene e il suo prezzo, allora avremo:

$$UMpon_1 = \frac{1}{2}; \quad UMpon_2 = \frac{1}{8}$$

Dal confronto tra le utilità marginali ponderate dei due beni si evince che quella del bene x_1 è maggiore di quella del bene x_2, infatti $\frac{1}{2} > \frac{1}{8}$; la scelta del consumatore cade dunque sul bene x_1 nella quantità:

$$\frac{m}{p_1} = \frac{200}{2} \Rightarrow 100$$

Esercizio n. 5.6

Data la funzione di utilità:

[6.1] $U = 2x_1 + x_2$

i prezzi $p_1 = p_2 = 5$ ed il reddito del consumatore $m = 20$:
a) *rappresentare la mappa delle curve d'indifferenza;*
b) *determinare la scelta ottima.*

Risoluzione

a) Partendo dalla funzione di utilità, la [6.1], e esplicitandola rispetto a x_2 si avrà:

[6.2] $x_2 = U - 2x_1$

La mappa delle curve d'indifferenza è, dunque, l'insieme di tutte le rette aventi la medesima inclinazione, −2.

b) Le intercette della retta di bilancio sono:

[6.3] $x_1 = \frac{m}{p_1} = \frac{20}{5} = 4$

[6.4] $x_2 = \frac{m}{p_2} = \frac{20}{5} = 4$

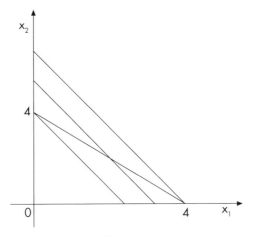

Figura 1

Il punto in cui la retta di bilancio coincide con la più alta curva d'indifferenza (cioè con quella più a destra possibile) ha per coordinate (4, 0) che rappresentano il paniere ottimo del consumatore.

Possiamo, inoltre, osservare che essendo $|MRS| > \dfrac{p_1}{p_2}$ il consumatore massimizzerà la funzione acquistando il bene x_1. Infatti:

$$\frac{dU}{dx_1} = 2; \quad \frac{dU}{dx_2} = 1$$

$$|MRS| = 2$$

Il rapporto fra i prezzi è:

$$\left|\frac{p_1}{p_2}\right| = \frac{5}{5} = 1$$

quindi, essendo $|MRS| > \left|\dfrac{p_1}{p_2}\right|$, la scelta ottima sarà: $w^*(4, 0)$

Esercizio n. 5.7

Le preferenze di un consumatore sono espresse dalla funzione di utilità:

[7.1] $U = x_1^2 + x_2^2$

Si determini la scelta del consumatore che ha un reddito m = 1 *quando il prezzo del bene 1 è* p_1 = 2 *e quello del bene 2 è* p_2 = 1.

Risoluzione

Per determinare la scelta ottima calcoliamo l'utilità marginale della funzione di utilità rispetto ad x_1 e poi rispetto ad x_2. Quindi:

[7.2] $\dfrac{dU}{dx_1} = 2x_1$

[7.3] $\dfrac{dU}{dx_2} = 2x_2$

Il saggio marginale di sostituzione (MRS) sarà:

[7.4] $|MRS| = \dfrac{2x_1}{2x_2} = \dfrac{x_1}{x_2}$

Determiniamo, adesso, le intercette della retta di bilancio, $2x_1 + x_2 = 1$, con gli assi cartesiani ponendo le relazioni:

$x_1 = \dfrac{m}{p_1}$ ed $x_2 = \dfrac{m}{p_2}$

inserendo nelle su scritte relazioni i rispettivi valori monetari si avrà:

$x_1 = \dfrac{1}{2} = 0,5; \quad x_2 = 1$

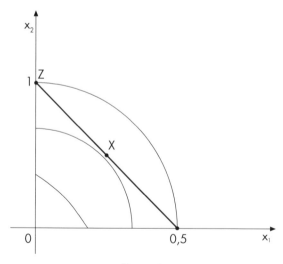

Figura 1

X = ottimo interno

Z = ottimo di frontiera, preferito all'ottimo interno perché si trova su una curva d'indifferenza più alta.

Pertanto dalla [7.4] si ottiene:

$$|MRS| = \frac{x_1}{x_2} = \frac{0,5}{1} = 0,5$$

Essendo il rapporto fra i prezzi pari a:

$$\left|\frac{p_1}{p_2}\right| = \frac{2}{1} = 2 \quad \text{risulta}$$

$$|MRS| < \frac{p_1}{p_2} \quad \text{infatti} \quad 0,5 < 2$$

In questo caso si determina un ottimo di frontiera: la soluzione ad angolo porta il il consumatore a massimizzare la sua utilità consumando esclusivamente il bene 2.

Alla stessa conclusione si giunge considerando il maggior valore espresso dall'utilità marginale che il bene 2 arreca al consumatore. Infatti, inserendo le quantità x_1 ed x_2 nelle relazioni [7.2] e [7.3] si avrà rispettivamente:

$$\frac{dU}{dx_1} = 2x_1 = 2(0,5) = 1$$

$$\frac{dU}{dx_2} = 2(1) = 2$$

Risulta evidente che:

$$\frac{dU}{dx_2} > \frac{dU}{dx_1}$$

D'altro canto, trattandosi di beni perfetti sostituiti, il consumatore razionale sceglierà di acquistare quello avente il prezzo più basso, ossia il bene 2.

Infine, come si può osservare dalla *Figura*, le curve d'indifferenza espresse dalla funzione di utilità $U = x_1^2 + x_2^2$ hanno forma di circonferenze concentriche.

Esercizio n. 5.8

Data la funzione di utilità:

[8.1] $U = x^2 + y^2$

determinare la scelta ottima essendo noti i valori monetari $p_x = 1$ *(prezzo del bene x),* $p_y = 2$ *(prezzo del bene y) e il reddito del consumatore m = 4.*

Risoluzione

Calcoliamo le utilità marginali relative ai due beni:

[8.2] $\dfrac{dU}{dx} = UM_x = 2x$

[8.3] $\dfrac{dU}{dy} = UM_y = 2y$

Scriviamo l'equazione della retta di bilancio:

$x + 2y = 4$

che possiamo rappresentare graficamente congiungendo le sue intercette con gli assi cartesiani, ossia.

$x = \dfrac{m}{p_x} = \dfrac{4}{1} = 4$ (intercetta sull'asse x)

$y = \dfrac{m}{p_y} = \dfrac{4}{2} = 2$ (intercetta sull'asse y)

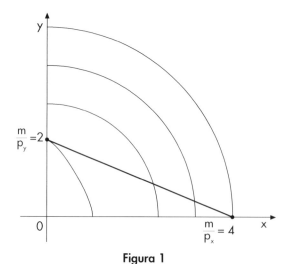

Figura 1

Inserendo i valori di x e y nelle relazioni [8.2] e [8.3] avremo:

$UM_x = 2(4) = 8$ (utilità marginale del bene x)

$UM_y = 2(2) = 4$ (utilità marginale del bene y)

Siccome l'utilità marginale del bene x è maggiore di quella ottenibile col bene y, il consumatore acquisterà il bene x che ha un prezzo più conveniente rispetto al prezzo di y.

Possiamo inoltre osservare che essendo:

$$|MRS| > \frac{p_x}{p_y}$$

il consumatore massimizzerà la funzione acquistando il bene x.

Infatti dalle relazioni [8.2] e [8.3] si ottiene:

$$|MRS| = \frac{UM_1}{UM_2} = \frac{2x}{2y} = \frac{x}{y} = \frac{4}{2} = 2$$

mentre $\left|\frac{p_x}{p_y}\right| = \frac{1}{2}$

Pertanto la scelta ottima sarà:

$$w^*(4,0)$$

Esercizio n. 5.9

Sia la funzione di utilità di un consumatore:

[9.1] $U = x_1^{\frac{1}{2}} + x_2^{\frac{1}{2}}$

il reddito uguale a m = 9.000, il prezzo del bene 1 p_1 = 3; il prezzo del bene 2 p_2 = 2.

Determinare la scelta ottima.

Risoluzione

In via preliminare conviene trasformare la funzione nella forma:

$$U = \sqrt{x_1} + \sqrt{x_2}$$

Calcoliamo, poi, l'utilità marginale del bene 1:

[9.2] $\dfrac{dU}{dx_1} = \dfrac{1}{2\sqrt{x_1}}$

Analogamente per il *bene 2*:

[9.3] $\dfrac{dU}{dx_2} = \dfrac{1}{2\sqrt{x_2}}$

Pertanto il MRS sarà:

[9.4] $|MRS| = \dfrac{\dfrac{dU}{dx_1}}{\dfrac{dU}{dx_2}} = \dfrac{1}{2\sqrt{x_1}} \cdot 2\sqrt{x_2} = \dfrac{\sqrt{x_2}}{\sqrt{x_1}}$

Scriviamo adesso il vincolo di tangenza fra la curva d'indifferenza e la retta di bilancio:

[9.5] $|MRS| = \dfrac{p_1}{p_2}$

ossia $\dfrac{\sqrt{x_2}}{\sqrt{x_1}}$ da cui

$$\left(\sqrt{\dfrac{x_2}{x_1}}\right)^2 = \left(\dfrac{3}{2}\right)^2$$

$$\dfrac{x_2}{x_1} = \dfrac{9}{4}$$

Scriviamo il vincolo di bilancio:

[9.6] $p_1 x_1 + p_2 x_2 = m; \quad 3x_1 + 2x_2 = 9.000$

Impostiamo e risolviamo il sistema formato dai due vincoli:

$$\begin{cases} \dfrac{x_2}{x_1} = \dfrac{9}{4} \\ 3x_1 + 2x_2 = 9.000 \end{cases}$$

$$\begin{cases} 4x_2 = 9x_1 \\ 3x_1 + 2x_2 = 9.000 \end{cases} \Rightarrow x_2 = \dfrac{9}{4}x_1$$

$$3x_1 + 2\dfrac{9}{4}x_1 = 9.000$$

$$6x_1 + 9x_1 = 18.000$$

$$15x_1 = 18.000$$

$$x_1 = \frac{18.000}{15} = 1.200$$

$$x_2 = \frac{9}{4}1.200 = 2.700$$

Esercizio n. 5.10

Data la funzione di utilità:

[10.1] $U = x_1x_2 + x_1 + x_2$

sia, inoltre, il reddito del consumatore $m = 10$ e i prezzi $p_1 = 1$ e $p_2 = 1$.

Determinare la scelta ottima di consumo.

Risoluzione

Per la massimizzazione della funzione vincolata si procederà come segue:

[10.2] $\dfrac{dU}{dx_1} = x_2 + 1$

[10.3] $\dfrac{dU}{dx_2} = x_1 + 1$

[10.4] $|MRS| = \dfrac{x_2 + 1}{x_1 + 1}$

Imponendo l'uguaglianza fra il saggio marginale di sostituzione e il rapporto fra i prezzi (vincolo di tangenza) e formando il sistema con il vincolo di bilancio avremo:

$$\begin{cases} \dfrac{x_2+1}{x_1+1} = \dfrac{p_1}{p_2} \\ p_1x_1 + p_2x_2 = m \end{cases} \Rightarrow \begin{cases} \dfrac{x_2+1}{x_1+1} = 1 \\ x_1 + x_2 = 10 \end{cases}$$

$$\begin{cases} x_2+1 = x_1+1 \\ x_1 + x_2 = 10 \end{cases} \Rightarrow \begin{cases} x_2 = x_1+1-1 \\ x_2 = 10-x_1 \end{cases} \Rightarrow \begin{cases} x_2 = x_1 \\ x_1 = 10-x_2 \end{cases}$$

$$x_1 = 10 - x_1 \Rightarrow 2x_1 = 10 \Rightarrow x_1 = 5$$

$$x_2 = 5$$

Quindi, il paniere ottimo sarà: $w^*(5, 5)$.

Esercizio n. 5.11

Tizio consuma due beni «perfetti sostituti» il cui $|MRS| = 3$.
a) *Scrivere la funzione di utilità;*
b) *se* $p_1 = 2$; $p_2 = 4$; m = 100 *individuare la scelta ottima.*

Risoluzione

a) Ricordiamo che la funzione di utilità per i beni perfetti sostituti è del tipo $U = ax_1 + bx_2$ (cfr. Tabella 1, Sezione Terza).

Dovendosi verificare che $|MRS| = 3$ la funzione di utilità sarà del tipo:

[11.1] $U = 3x_1 + x_2$

Infatti, calcolando l'utilità marginale rispetto a x_1 e poi a x_2 si ha:

[11.2] $\dfrac{dU}{dx_1} = 3$

[11.3] $\dfrac{dU}{dx_2} = 1$

e quindi:

$|MRS| = 3$

Naturalmente, qualsiasi trasformazione monotonica della funzione di utilità [11.1], ad es. $U = 12x_1 + 4x_2$, lascerebbe invariato il valore del *MRS*.

b) Trattandosi di beni «perfetti sostituti» il consumatore razionale opterà per il consumo del bene avente il minor prezzo, cioè il *bene 1* il cui prezzo è $p_1 = 2$.
Pertanto:

[11.4] $x_1 = \dfrac{m}{p_1} \Rightarrow \dfrac{100}{2} = 50$

Risulta, quindi, un paniere ottimo formato da $w^*(50; 0)$.
La relazione [11.4] si giustifica in base alla seguente considerazione.

Poiché il vincolo di bilancio è:

$2x_1 + 4x_2 = 100$

oppure

$x_1 + 2x_2 = 50$

e si acquista la quantità $x_2 = 0$ (in quanto $p_2 > p_1$), il vincolo di bilancio può essere riscritto come segue:

$x_1 + 2 \cdot 0 = 50 \Rightarrow x_1 = 0$

Graficamente risulta, infatti, che la scelta ottima si determinerà nel punto A (punto di frontiera):

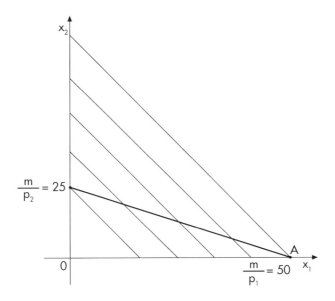

Figura 1

L'inclinazione delle curve d'indifferenza (in questo caso le curve sono lineari) si ottiene esplicitando la funzione di utilità come segue:

[11.5] $x_2 = U - 3x_1$

Quindi l'insieme di rette (parallele) aventi coefficiente angolare pari a (-3) rappresenta la mappa delle curve d'indifferenza, ottenuta in corrispondenza dei diversi valori di utilità.

Esercizio n. 5.12

Si consideri la funzione di utilità:

[12.1] $U = \min\{1,5x_1; x_2\}$

rappresentativa di beni perfettamente complementari. Siano inoltre i prezzi dei due beni considerati pari a $p_1 = 3$ e $p_2 = 18$ e il reddito del consumatore $m = 60$.

Determinare la scelta ottima.

Risoluzione

Impostiamo il sistema:

$$\begin{cases} 1,5x_1 = x_2 & \text{(condizione di ottimo)} \\ 3x_1 + 18x_2 = 60 & \text{(vincolo di bilancio)} \end{cases}$$

Risolvendo si avrà:

$3x_1 + 18(1,5\,x_1) = 60$

$3x_1 + 27x_1 = 60$

oppure:

$x_1 + 9x_1 = 20$

$10x_1 = 20 \Rightarrow x_1 = 2$

$x_2 = 1,5 \cdot 2 = 3$

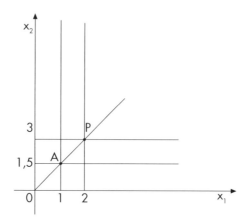

Figura 1

Per tracciare le curve d'indifferenza (curve ad *L*) prendiamo in considerazione l'equazione che esprime la condizione di ottimo:

$x_2 = 1,5x_1$

Questa funzione per $x_1 = 0$ rende $x_2 = 0$ (punto 0)
                per $x_1 = 1$ rende $x_2 = 1,5$ (punto A)

Unendo il punto 0 con il punto A si ottiene l'andamento del vettore $\overline{OP}$ sul quale è situato il punto *P* che rappresenta la scelta ottima.

Esercizio n. 5.13

Data la funzione di utilità:

[13.1] $U = \log x_1 + x_2$

il reddito *m* = 10, il prezzo del *bene 1* p_1 = 2, il prezzo del *bene 2* p_2 = 3.

Calcolare la scelta ottima del consumatore.

Risoluzione

Calcoliamo l'utilità marginale del *bene 1* operando sulla funzione di utilità [13.1]:

[13.2] $\dfrac{dU}{dx_1} = \dfrac{1}{x_1}$

Analogamente per il *bene 2*:

[13.3] $\dfrac{dU}{dx_2} = 1$

Pertanto, il MRS sarà:

[13.4] $|MRS| = \dfrac{\dfrac{dU}{dx_1}}{\dfrac{dU}{dx_2}} = \dfrac{1}{x_1}$

Scriviamo adesso la condizione di tangenza fra la curva d'indifferenza e la retta di bilancio:

[13.5] $|MRS| = \dfrac{p_1}{p_2}$

ossia:

$$\frac{1}{x_1} = \frac{2}{3}$$

Scriviamo il vincolo di bilancio:

$$p_1 x_1 + p_2 x_2 = m$$

Impostiamo e risolviamo il sistema formato dai due vincoli:

$$\begin{cases} \dfrac{1}{x_1} = \dfrac{2}{3} \\ 2x_1 + 3x_2 = 10 \end{cases} \qquad \begin{cases} 3 = 2x_1 \Rightarrow x_1 = \dfrac{3}{2} \\ 2x_1 + 3x_2 = 10 \end{cases}$$

$$2 \cdot \frac{3}{2} + 3x_2 = 10 \Rightarrow 3x_2 = 7$$

$$x_2 = \frac{7}{3}$$

La scelta ottima è rappresentata dal paniere $w^* \left(\dfrac{3}{2} ; \dfrac{7}{3} \right)$.

Esercizio n. 5.14

Data la funzione di utilità:

[14.1] $U = 5\sqrt{x_1} + x_2$

il reddito m = 100, il prezzo del primo bene p_1 = 2, il prezzo del secondo bene p_2 = 1.

   Calcolare la scelta ottima del consumatore.

Risoluzione

Calcoliamo l'utilità marginale del *bene 1* operando sulla funzione di utilità:

[14.2] $\dfrac{dU}{dx_1} = 5 \dfrac{1}{2\sqrt{x_1}}$

Analogamente, per il *bene 2* sarà:

[14.3] $\dfrac{dU}{dx_2} = 1$

Pertanto:

$$[14.4] \quad |MRS| = \frac{\frac{dU}{dx_1}}{\frac{dU}{dx_2}} = \frac{5}{2\sqrt{x_1}}$$

Scriviamo il vincolo di tangenza:

$$[14.5] \quad |MRS| = \frac{p_1}{p_2}$$

Scriviamo il vincolo di bilancio:

$$[14.6] \quad p_1 x_1 + p_2 x_2 = m$$

Impostiamo e risolviamo il sistema formato dai due vincoli:

$$\begin{cases} \dfrac{5}{2\sqrt{x_1}} = 2 \\ 2x_1 + x_2 = 100 \end{cases}$$

$$\begin{cases} 5 = 4\sqrt{x_1} \\ 2x_1 + x_2 = 100 \end{cases} \Rightarrow \begin{cases} 25 = 16x_1 \\ 2x_1 + x_2 = 100 \end{cases}$$

$$x_1 = \frac{25}{16}$$

sostituendo il valore di x_1 nella seconda equazione del sistema si avrà:

$$2 \cdot \frac{25}{16} + x_2 = 100$$

$$25 + 8x_2 = 800 \Rightarrow 8x_2 = 800 - 25$$

$$x_2 = \frac{775}{8}$$

La scelta ottima del consumatore è $w^*\left(\dfrac{25}{16}; \dfrac{775}{8}\right)$.

Esercizio n. 5.15

Data la funzione di utilità:

[15.1] $U = x_1 x_2 + 3x_1 + 6x_2$

il reddito del consumatore pari ad m = 200; il prezzo del *bene 1* è p_1 = 4 e quello del *bene 2* è p_2 = 2.

Calcolare:

a) *la scelta ottima ed il valore dell'utilità;*
b) *la scelta ottima se il reddito diventa m = 220.*

Risoluzione

a) Calcoliamo l'utilità marginale connessa all'utilizzo di ciascun bene

$$\frac{dU}{dx_1} = x_2 + 3; \qquad \frac{dU}{dx_2} = x_1 + 6$$

$$MRS = \frac{x_2 + 3}{x_1 + 6}$$

Scriviamo il vincolo di tangenza

$$|MRS| = \frac{p_1}{p_2}$$

ossia

$$\frac{x_2 + 3}{x_1 + 6} = \frac{4}{2}$$

Formiamo il sistema col vincolo di bilancio

$$4x_1 + 2x_2 = 200$$

Si avrà quindi

$$\begin{cases} \dfrac{x_2 + 3}{x_1 + 6} = \dfrac{4}{2} \\ 4x_1 + 2x_2 = 200 \end{cases} \qquad \begin{cases} x_2 + 3 = 2x_1 + 12 \\ 4x_1 + 2x_2 = 200 \end{cases}$$

$$\begin{cases} [15.2] \ x_2 = 2x_1 + 9 \\ 4x_1 + 2x_2 = 200 \end{cases}$$

$$4x_1 + 2(2x_1 + 9) = 200$$

$$4x_1 + 4x_1 + 18 = 200$$

$$8x_1 = 182 \Rightarrow x_1 = 22,75$$

E sostituendo nella [15.2] si ottiene

$$x_2 = 2(22,75) + 9 = 54,5$$

Pertanto, il valore dell'utilità, in base alla scelta ottima $w^*(22,75; 54,5)$, sarà:

$$U = x_1 x_2 + 3x_1 + 6x_2 = (22,75)(54,5) + 3(22,75) + 6(54,5) = 1635,12$$

b) L'unica variazione riguarda la retta di bilancio, per cui potremo scrivere il sistema tra vincolo di tangenza e vincolo di bilancio in base al nuovo livello di reddito:

$$\begin{cases} \dfrac{x_2 + 3}{x_1 + 6} = \dfrac{4}{2} \\ 4x_1 + 2x_2 = 220 \end{cases} \qquad \begin{cases} x_2 + 3 = 2x_1 + 12 \\ 4x_1 + 2x_2 = 220 \end{cases}$$

$$\begin{cases} x_2 = 2x_1 + 12 - 3 \\ 4x_1 + 2x_2 = 220 \end{cases} \qquad \begin{cases} [15.3] \ x_2 = 2x_1 + 9 \\ 4x_1 + 2x_2 = 220 \end{cases}$$

$$4x_1 + 2(2x_1 + 9) = 220$$

$$4x_1 + 4x_1 + 18 = 220$$

$$8x_1 = 220 - 18 \Rightarrow 8x_1 = 202 \Rightarrow x_1 = \frac{202}{8} = 25,25$$

Sostituendo nella [13.3] si ottiene

$$x_2 = 2(25,25) + 9 = 59,5$$

L'aumento del reddito ha, dunque, comportato una traslazione verso l'alto della retta di bilancio con conseguente aumento della quantità acquistata di entrambi i beni; infatti, la scelta ottima diventa:

$$w^*(25,25; 59,5)$$

Anche l'utilità del consumatore è aumentata, infatti:

$$U = x_1 x_2 + 3x_1 + 6x_2 = 25,25(59,5) + 3(25,25) + 6(59,5) = 1.935,12$$

Esercizio n. 5.16

Data la funzione di utilità $U = 2x_1x_2$, si conoscono i prezzi dei due beni $p_1 = 10$ e $p_2 = 5$ ma non il reddito del consumatore.

Calcolare la scelta ottima se il consumatore vuole conseguire un livello di utilità $U = 400$.

Risoluzione

Determiniamo il vincolo di tangenza

$$\frac{dU}{dx_1} = 2x_2; \qquad \frac{dU}{dx_2} = 2x_1$$

$$MRS = \frac{2x_2}{2x_1} = \frac{x_2}{x_1} = \frac{p_1}{p_2}$$

Imponiamo il vincolo di utilità:

$400 = 2x_1x_2$ oppure $200 = x_1x_2$.

Formiamo il sistema fra le due equazioni:

$$\begin{cases} \dfrac{x_2}{x_1} = \dfrac{10}{5} \\ 200 = x_1x_2 \end{cases} \qquad \begin{cases} \dfrac{x_2}{x_1} = 2 \\ 200 = x_1x_2 \end{cases}$$

$$\begin{cases} [16.1]\, x_2 = 2x_1 \\ 200 = x_1x_2 \end{cases}$$

$$200 = x_1 \cdot 2x_1$$

$$200 = 2x_1^2$$

$$x_1^2 = \frac{200}{2} = 100$$

$x_1 = \pm\sqrt{100} = 10$ (ovviamente non consideriamo la soluzione negativa)

Sostituendo il valore trovato nella [16.1]

$x_2 = 2 \cdot (10) = 20$ e quindi:

$w^*(10, 20)$

In modo alternativo, il problema può essere risolto minimizzando la funzione obiettivo (spesa minima o reddito minimo).

Pertanto si potrà scrivere:

$$\begin{cases} 10x_1 + 5x_2 = m & \textbf{(funzione obiettivo)} \\ [\textbf{16.2}] \, 400 = 2x_1 x_2 & \textbf{(vincolo di utilità)} \end{cases}$$

Esplicitiamo la [16.2] per x_2

$$[16.3] \quad x_2 = \frac{400}{2x_1} = \frac{200}{x_1}$$

Sostituiamo x_2 nella prima equazione del sistema

$$10x_1 + 5\left(\frac{200}{x_1}\right) = m$$

$$[16.4] \quad 10x_1 + \frac{1000}{x_1} = m$$

Occorre calcolare il minimo della funzione [16.4]

$$\frac{dm}{dx_1} = 10 + \frac{0(x_1) - 1000 \cdot (1)}{x_1^2}$$

Poniamo la condizione del primo ordine

$$10 + \frac{0 - 1000}{x_1^2} = 0$$

$$10x_1^2 - 1000 = 0$$

$$10x_1^2 = 1000 \Rightarrow x_1^2 = \frac{1000}{10} = 100$$

$$x_1 = \pm\sqrt{100} = 10$$

Anche in questo caso non consideriamo la soluzione negativa.

Il valore di x_2 si ottiene direttamente nella [16.3] per sostituzione, cioè:

$$x_2 = \frac{200}{x_1} = \frac{200}{10} = 20$$

$$w^*(10,20)$$

Sezione Sesta
Curva reddito-consumo

Esercizio n. 6.1

Data la funzione di utilità:

[1.1] $U = x_1 x_2^2$

a) *scrivere la funzione della curva di Engel relativa al* bene 1 *ed al* bene 2
   essendo $p_1 = 2$ e $p_2 = 1$;
b) *si dica, inoltre, se i beni sono normali od inferiori.*

Risoluzione

La posizione di equilibrio del consumatore individua la combinazione ottima fra due beni (o più beni, per semplicità di analisi si fa però sempre riferimento a due soli beni), che l'individuo può scegliere in relazione alle proprie preferenze, al reddito di cui dispone e al prezzo dei beni stessi. È chiaro però che quando cambia uno di questi elementi l'individuo si comporta in modo diverso rispetto alla posizione iniziale.

Supponendo, ad esempio, che il reddito diminuisca, mentre i prezzi dei due beni non variano, il consumatore potrà acquistare quantità minori dei due beni. Ciò significa, graficamente che la retta di bilancio *si sposterà verso* il basso, ma parallelamente a quella precedente (**cosiddetta traslazione**), in quanto i prezzi sono rimasti costanti e quindi la pendenza della retta (pari al rapporto fra i prezzi) è rimasta uguale (vedi *Figura 1*).

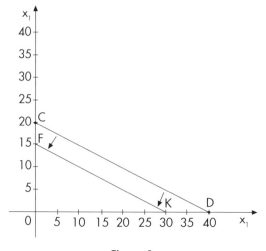

Figura 1

Se, al contrario, il reddito del consumatore aumenta, il vincolo di bilancio si sposta parallelamente verso l'esterno e l'area dei panieri accessibili diventa più grande.

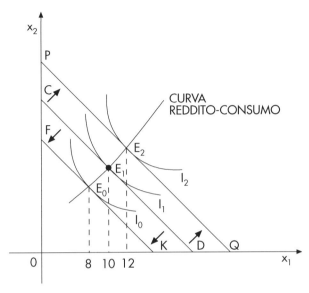

Figura 2

La *Figura 2* illustra il caso di variazioni, in aumento o in diminuzione, del reddito: partiamo da una situazione iniziale di equilibrio indicata con E_1 in cui il consumatore, con reddito espresso dal vincolo di bilancio *CD*, si colloca sulla curva di indifferenza I_1.

Una riduzione di reddito determina un abbassamento parallelo del vincolo di bilancio (*FK*), e quindi un nuovo punto di equilibrio in E_0 sulla curva di indifferenza I_0 a cui corrisponde un livello di benessere inferiore rispetto alla situazione iniziale. Al contrario, un aumento di reddito sposta il vincolo di bilancio parallelamente verso l'esterno (*PQ*) e la scelta ottimale per il consumatore, rappresentata dal punto di equilibrio E_2, giace su una curva di indifferenza I_2 di ordine più elevato.

Se congiungiamo questi punti di equilibrio otteniamo una curva, chiamata **curva reddito-consumo**, che descrive come cambiano le combinazioni di acquisto dei due beni *A* e *B* al variare del reddito dell'individuo, date le sue preferenze e dati i prezzi dei beni.

Possiamo però definire in modo più preciso le relazioni esistenti tra livelli di reddito del consumatore e scelte di acquisto limitando l'attenzione nei confronti di un solo bene, ad esempio il *bene 1*. Se riportiamo su un grafico i livelli di reddito corrispondenti ai diversi vincoli di bilancio della *Figura 2* e le quantità domandate del *bene 1* ad essi associate, indicate dalla curva reddito-consumo, otteniamo una curva, chiamata **curva di Engel**, che esprime come cambia la domanda di un dato bene da parte del consumatore al variare del suo reddito.

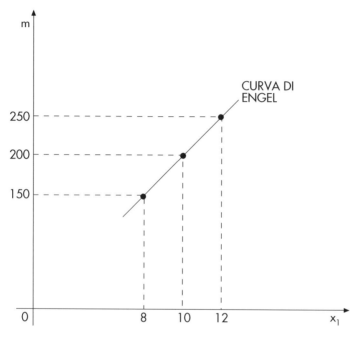

Figura 3

Supponendo, ad esempio, che il reddito iniziale, espresso dal vincolo di bilancio *CD* in *Figura 3* sia pari a 200, la curva reddito-consumo indica che per questo livello di reddito il consumatore domanda 10 unità del *bene 1*; se il suo reddito aumenta, passando a 250, anche la quantità domandata aumenta (da 10 a 12) mentre diminuisce (passando a 8 unità) se il reddito diminuisce (ad esempio, scendendo a 150). Congiungendo queste coppie di valori otteniamo una curva di Engel lineare ed inclinata positivamente, il che significa che al crescere del reddito cresce anche la quantità domandata del *bene 1*.

La forma e l'inclinazione della curva di Engel non sono però sempre quelle indicate nella *Figura 3* poiché ciò dipende dal tipo di beni che consideriamo.

Nel secolo scorso lo statistico tedesco Ernest Engel, analizzando le spese di consumo delle famiglie in relazione al loro reddito osservò che, tanto più una famiglia è povera tanto maggiore è la quota di reddito destinata all'acquisto di *beni di prima necessità*, come i generi alimentari (**legge di Engel**). Al crescere del reddito i consumatori non aumentano però proporzionalmente la spesa in beni di prima necessità ma spostano le loro scelte di consumo verso *beni superiori o di lusso.*

Non solo: al crescere del reddito alcuni beni, definiti come *beni inferiori,* presentano addirittura una relazione inversa rispetto al reddito: disponendo di maggiori risorse economiche le famiglie cessano di consumare questi beni, preferendo ad essi beni di qualità superiore.

Questo tipo di relazione fra consumo di alcune categorie di beni e reddito delle famiglie è valida ancora oggi ed è intuitivamente facile da comprendere.

La spesa in beni di prima necessità come il pane o il latte, ad esempio, non cresce nella stessa proporzione in cui cresce il reddito: oltre una certa soglia, se una famiglia vede raddoppiare il proprio reddito difficilmente raddoppierà anche il consumo di questi beni. Nello stesso tempo, però, se cresce il reddito, alcuni beni inferiori, come un tempo potevano essere la polenta o le patate consumate in sostituzione della carne o come ancora oggi può accadere nel caso di tagli di carne di bassa qualità, verranno sostituiti con altri beni di qualità superiore.

Infine, la disponibilità di maggiori risorse economiche spinge i consumatori ad orientare le proprie scelte verso beni superiori o di lusso come possono essere le automobili o le spese per il tempo libero. Oltre certi livelli di reddito, l'aumento della domanda di questi beni è più che proporzionale rispetto all'aumento del reddito.

La *Figura 4* riproduce la forma generalmente assunta dalle curve di Engel nei tre diversi casi: a) beni normali; b) beni inferiori; c) beni di lusso.

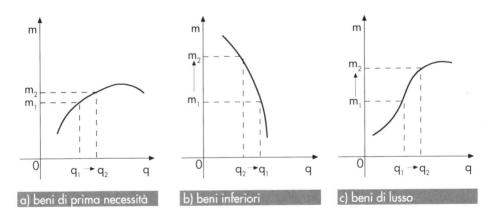

Figura 4

Come si può osservare, una variazione di reddito dello stesso ammontare (da m_1 a m_2) determina una variazione nelle quantità domandate diversa a seconda dei tre casi. La quantità domandata di un bene normale aumenta (da

q_1 a q_2) ma in misura inferiore rispetto all'aumento del reddito; diminuisce invece quando il bene è inferiore, mentre aumenta in misura più che proporzionale rispetto al reddito quando si tratta di un bene di lusso.

a) Calcoliamo il MRS della funzione di utilità, cioè:

[1.2] $\quad \dfrac{dU}{dx_1} = x_2^2$

[1.3] $\quad \dfrac{dU}{dx_2} = 2x_1 x_2$

[1.4] $\quad |MRS| = \dfrac{x_2^2}{2x_1 x_2} = \dfrac{x_2}{2x_1}$

Imponiamo la condizione di tangenza fra la curva di indifferenza e la retta di bilancio:

$$\begin{cases} \dfrac{x_2}{2x_1} = 2 \\ 2x_1 + x_2 = m \end{cases}$$

[1.5] $\quad \begin{cases} x_2 = 4x_1 \\ 2x_1 + x_2 = m \end{cases}$

$2x_1 + 4x_1 = m$

$6x_1 = m$

La funzione della curva di Engel per il *bene 1* è dunque:

$x_1 = \dfrac{1}{6} m$

La funzione di Engel per il *bene 2* sarà ottenuta dal sistema [1.5]:

$$\begin{cases} x_2 = 4x_1 \\ 2x_1 + x_2 = m \end{cases}$$

Esplicitiamo la prima equazione per x_1

$x_1 = \dfrac{1}{4} x_2$

$2\dfrac{1}{4} x_2 + x_2 = m$

$x_2 + 2x_2 = 2m$

$3x_2 = 2m$

L'equazione della curva di Engel per il *bene 2* è dunque:

$x_2 = \dfrac{2}{3}m$

b) Si dicono "normali" i beni il cui consumo aumenta all'aumentare del reddito; se il consumo, con l'aumento del reddito, diminuisce i beni si dicono "inferiori".

In entrambi i casi esaminati, poiché le quantità consumate risultano direttamente proporzionali al reddito i beni sono "normali".

Esercizio n. 6.2

Data la funzione di utilità:

$U = x + \log y$

il reddito del consumatore pari ad *m* ed i prezzi dei due beni, rispettivamente p_1 e p_2.

Determinare:

a) *la funzione della curva di reddito-consumo;*
b) *come varia la curva di reddito-consumo al variare del prezzo del bene;*
c) *l'elasticità della domanda del bene x rispetto al prezzo ed al reddito.*

Risoluzione

a) Per determinare la curva reddito-consumo per i beni x ed y occorre individuare come variano i panieri scelti al variare del reddito. Siccome la curva reddito-consumo è riferita al solo *bene x*, trovare questa curva equivale a trovare la curva di Engel rispetto al *bene x*.

Infatti, la curva di Engel rappresenta una relazione funzionale fra la domanda di uno dei due beni al variare del reddito fermi restando i prezzi.

Calcoliamo il saggio marginale di sostituzione fra i due beni:

$$[2.1] \quad |MRS| = \frac{\dfrac{dU}{dx}}{\dfrac{dU}{dy}} = \frac{1}{\dfrac{1}{y}} = y$$

Poniamo il sistema:

$$\begin{cases} |MRS| = \left|\dfrac{p_1}{p_2}\right| \\ p_x x + p_y y = m \end{cases}$$

ossia

$$\begin{cases} [2.2]\ y = \dfrac{p_1}{p_2} \\ [2.3]\ p_1 x + p_2 y = m \end{cases}$$

sostituendo la [2.2] nella [2.3] si avrà:

$$p_1 x + p_2 \cdot \dfrac{p_1}{p_2} = m$$

[2.4] $m = p_1 + p_1 x$

[2.5] $x = \dfrac{m - p_1}{p_1}$ (curva reddito-consumo fermo restando il prezzo p_1)

b) Si noti che all'aumentare del prezzo p_1 il valore di x espresso dalla relazione [2.5] diminuisce e contemporaneamente l'inclinazione della retta espressa dalla [2.4] aumenta a causa dell'aumento di valore del coefficiente angolare.

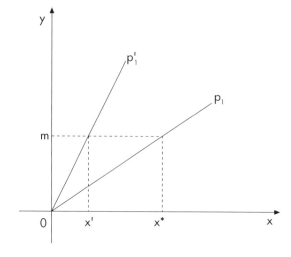

Figura 1

c) Calcoliamo la derivata prima della curva reddito-consumo rispetto al prezzo (del bene x)

$$x = \frac{m - p_1}{p_1}$$

$$\frac{dx}{dp_1} = \frac{-1 p_1 - (m - p_1) 1}{p_1^2} = \frac{-p_1 - m + p_1}{p_1^2}$$

il valore dell'elasticità della domanda rispetto al prezzo è dato dalla relazione

$$|\varepsilon_p| = \frac{p_1}{x} \frac{dx}{dp_1}$$

$$|\varepsilon_p| = \frac{p_1}{\dfrac{m - p_1}{p_1}} \left(-\frac{m}{p_1^2} \right)$$

$$|\varepsilon_p| = \frac{p_1^2}{m - p_1} \left(-\frac{m}{p_1^2} \right) = \left| -\frac{m}{m - p_1} \right|$$

L'elasticità rispetto al reddito sarà:

$$\varepsilon_r = \frac{m}{x} \frac{dx}{dm}$$

$$\varepsilon_r = \frac{m}{\dfrac{m - p_1}{p_1}} \frac{1 \cdot p_1 - 0}{p_1^2}$$

$$\varepsilon_r = m \frac{p_1}{m - p_1} \frac{p_1}{p_1^2} = m \frac{p_1^2}{(m - p_1) p_1^2} = \frac{m}{m - p_1}$$

Esercizio n. 6.3

Si consideri la funzione di utilità seguente:

[3.1] $U = \min\{x_1, x_2\}$

rappresentativa di due beni "perfetti complementi".

Sia, inoltre, $p_1 = 3$; $p_2 = 3$ ed $m = 42$.

Determinare la scelta ottima impiegando la relazione che esprime la curva di Engel.

Risoluzione

Nel caso di beni perfetti complementi si ha che $x_1 = x_2$, per il calcolo della scelta ottima può essere usata la relazione che esprime la curva di Engel:

$$[3.2] \quad x_1 = x_2 = \frac{m}{p_1 + p_2} \Rightarrow x_1 = x_2 = \frac{42}{6} = 7$$

Al medesimo risultato si giunge impostando il sistema:

$$\begin{cases} x_1 = x_2 & \text{(condizione di ottimo)} \\ 3x_1 + 3x_2 = 42 & \text{(vincolo di bilancio)} \end{cases} \Rightarrow \begin{cases} x_1 = x_2 \\ x_1 + x_2 = 14 \end{cases}$$

da cui, sostituendo la prima equazione del sistema nella seconda:

$$x_2 + x_2 = 14 \Rightarrow 2x_2 = 14 \Rightarrow x_2 = 7$$
$$x_1 = 7$$

Quanto appena trovato può essere espresso graficamente, tenendo conto che nel caso esaminato poiché $x_1 = x_2$ il punto in cui il consumatore massimizza la propria utilità è situato lungo la bisettrice del I° quadrante (cfr. *Figura 1*)

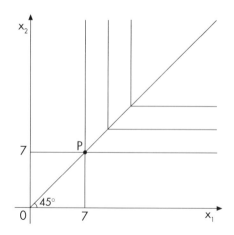

Figura 1

La scelta ottima è rappresentata dal punto P *(7; 7)* in *Figura 1*. Le curve d'indifferenza hanno una tipica forma ad L.

Sezione Settima
Curva prezzo-consumo

Esercizio n. 7.1

Le preferenze di un consumatore sono caratterizzate dal saggio marginale di sostituzione:

$$[1.1] \quad |MRS| = \frac{x_2}{x_1 + 1}$$

Il reddito destinato all'acquisto dei due beni è $m = 10$.
Si trovi la funzione prezzo-consumo per il bene 1 *se* $p_2 = 2$.

Risoluzione

Nella Sezione Sesta abbiamo visto come varia l'equilibrio del consumatore quando il suo reddito aumenta o diminuisce. Ora ci chiediamo cosa succede se, a parità di reddito e di preferenze, cambia il prezzo di uno dei due beni. Anche in questo caso possiamo ragionare in termini di vincolo di bilancio. Ritorniamo ancora alla situazione iniziale in cui il reddito è pari a 200 ed assumiamo che il prezzo del *bene 1* raddoppi, passando da 5 a 10, mentre p_2 non cambia. Calcolando con il solito procedimento i valori delle due intercette troveremo che quella sull'asse verticale resta immutata (poiché il reddito e il prezzo del *bene 2* non sono variati avremo ancora $m/p_2 = 20$) mentre cambia l'intercetta con l'asse orizzontale che diventa $m/p_1 = 20$.

Come risulta evidente nella *Figura 1* un aumento del prezzo del *bene 1*, fermo restando tutto il resto, determina una rotazione verso l'interno del vincolo di bilancio: l'area dei panieri accessibili si restringe.

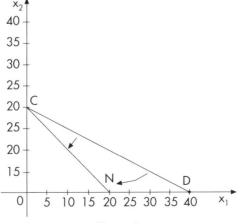

Figura 1

Se il prezzo del *bene 1* anziché aumentare diminuisce (ad esempio, passando da 5 a 3), senza che vi siano variazioni nel reddito del consumatore e nel prezzo del *bene 2*, il vincolo di bilancio mantiene ancora fissa l'intercetta sull'asse verticale ma ruoterà verso l'esterno, determinando un allargamento dell'area sottostante la retta di bilancio.

Rispetto al primo caso, in cui abbiamo analizzato gli spostamenti del vincolo di bilancio in presenza di variazioni di reddito, possiamo notare che la *variazione di prezzo modifica l'inclinazione della nuova retta di bilancio CN*. La ragione è facilmente comprensibile ricordando che l'inclinazione della retta è misurata dal rapporto p_1/p_2: se il numeratore aumenta (o diminuisce) anche il prezzo relativo si modifica e quindi la retta avrà una diversa inclinazione.

Come si modifica l'equilibrio del consumatore nelle due diverse situazioni? Anche in questo caso la risposta è semplice: è sufficiente sovrapporre una mappa di curve di indifferenza ai vincoli di bilancio che si vengono a determinare in seguito a variazioni di reddito o a variazioni di prezzo e individuare ancora i punti di tangenza.

Nella *Figura 2* sono rappresentate le modificazioni nell'equilibrio del consumatore in seguito a variazioni di prezzo del *bene 1*, fermo restando il reddito del consumatore, le sue preferenze e il prezzo del *bene 2*. Partendo da una situazione iniziale di equilibrio E_1, determinata dal punto di tangenza fra il vincolo di bilancio *CD* e la curva di indifferenza I_1: se p_1 subisce un aumento, il vincolo di bilancio ruota verso l'interno e il nuovo equilibrio E_0 si viene a determinare nel punto di tangenza tra il nuovo vincolo *CK* e la curva di indifferenza di livello più basso I_0. Se, al contrario, il prezzo del *bene 1* diminuisce, fermo restando tutto il resto, il vincolo di bilancio ruota verso l'esterno (*CQ*) e il paniere di equilibrio E_2 si colloca su una curva di indifferenza di ordine superiore.

Anche in questo caso, se congiungiamo tutti i panieri ottimali, otteniamo una curva, definita con il termine di **curva prezzo-consumo,** che *esprime come variano le scelte del consumatore al variare del prezzo di uno dei due beni, date le preferenze, il reddito e il prezzo dell'altro bene.*

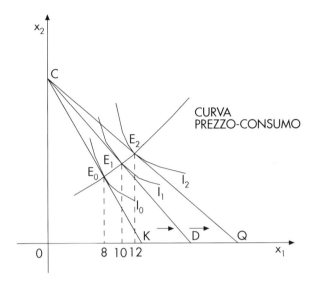

Figura 2

Si pone l'ugliaglianza fra il MRS ed il rapporto fra i prezzi $\dfrac{p_1}{p_2}$ cioè:

[1.2] $\left| \dfrac{x_2}{x_1 + 1} \right| = \dfrac{p_1}{2}$

da cui:

[1.3] $2x_2 = p_1 x_1 + p_1$ (**vincolo di tangenza**)

Imponiamo il **vincolo di bilancio**:

[1.4] $p_1 x_1 + 2x_2 = 10$

$2x_2 = 10 - p_1 x_1$

[1.5] $x_2 = \dfrac{10 - p_1 x_1}{2}$

Sostituendo l'espressione [1.5] nel vincolo di tangenza [1.3] avremo:

[1.6] $2\dfrac{10 - p_1 x_1}{2} = p_1 x_1 + p_1$

$10 - p_1 = 2 \cdot p_1 x_1$

$x_1 = \dfrac{10 - p_1}{2p_1}$

oppure:

[1.7] $\quad x_1 = 5\dfrac{1}{p_1} - \dfrac{1}{2}$

L'espressione [1.7] rappresenta la funzione prezzo-consumo del *bene 1*.

Esercizio n. 7.2

Data la funzione di utilità:

[2.1] $\quad U = x_1^2 x_2$

il prezzo del *bene 2* pari a $p_2 = 2.000$ e il reddito $m = 60.000$

a) *determinare la funzione della curva prezzo-consumo per il* bene 1;
b) *determinare la quantità domandata del* bene 1 *per* $p_1 = 1.000$.

Risoluzione

a) La curva prezzo-consumo è il luogo dei punti che individuano la scelta ottima del consumatore al variare del prezzo del *bene 1*, dato il prezzo del *bene 2* ed il suo reddito.

Calcoliamo il saggio marginale di sostituzione fra i due beni che sappiamo essere pari al rapporto fra le utilità marginali dei beni stessi, allora:

[2.2] $\quad \dfrac{dU}{dx_1} = 2x_1 x_2$

[2.3] $\quad \dfrac{dU}{dx_2} = x_1^2$

[2.4] $\quad |MRS| = \dfrac{2x_1 x_2}{x_1^2} = \dfrac{2x_2}{x_1}$

[2.5] $\quad |MRS| = \dfrac{p_1}{p_2}$ **(vincolo di tangenza)**

Sostituendo nella [2.5] i dati di cui disponiamo si avrà:

[2.6] $\quad \dfrac{2x_2}{x_1} = \dfrac{p_1}{2.000}$

oppure:

[2.7] $4.000x_2 = p_1x_1$

Imponiamo il vincolo di bilancio:

[2.8] $p_1x_1 + 2.000x_2 = 60.000$

Esplicitando per x_2 sarà:

$2.000x_2 = 60.000 - p_1x_1$

$$x_2 = \frac{60.000 - p_1x_1}{2.000}$$

Questo valore va inserito nella [2.7] per cui si avrà:

$$4.000\left(\frac{60.000 - p_1x_1}{2.000}\right) = p_1x_1$$

$120.000 - 2p_1x_1 = p_1x_1$

$120.000 = 3p_1x_1$

oppure:

$40.000 = p_1x_1$

[2.9] $x_1 = \dfrac{40.000}{p_1}$

L'espressione [2.9] rappresenta l'equazione della curva prezzo-consumo relativa al *bene 1*.

Si poteva giungere allo stesso risultato applicando la relazione:

$$x_1 = \frac{c}{c+d} \cdot \frac{m}{p_1}$$

$$x_1 = \frac{2}{3} \cdot \frac{60.000}{p_1} \Rightarrow x_1 = \frac{40.000}{p_1}$$

b) Per calcolare la quantità del *bene 1* acquistata al prezzo $p_1 = 1.000$ basta sostituire tale valore nella espressione [2.9]:

$$x_1 = \frac{40.000}{1.000} = 40$$

Al medesimo risultato si può pervenire impostando il consueto sistema di due equazioni in due incognite fra vincolo di tangenza e vincolo di bilancio.

Esercizio n. 7.3

Data la funzione di utilità $U = min\{x_1, x_2\}$, il prezzo $p_2 = 18$ e il reddito $m = 60$, determinare la funzione di domanda del bene 1.

Risoluzione

In termini generali, la funzione di domanda che mette in relazione reddito, prezzi e la stessa domanda, è la seguente:

$$x = \frac{m}{p_1 + p_2}$$

Nel caso in esame si avrà:

$$x_1 = \frac{60}{p_1 + 18}$$

Sezione Ottava
Effetto reddito ed effetto sostituzione

Esercizio n. 8.1

Un consumatore ha un reddito pari a *m = 600* e fronteggia la seguente funzione di utilità:

[1.1] $U = x_1^2 x_2$

Il prezzo del *bene 1* è $p_1 = 4$ e quello del *bene 2* è $p_2 = 10$.

Calcolare, a seguito della diminuzione del prezzo del *bene 2* da 10 a 8, l'effetto reddito e l'effetto sostituzione:

a) *con il metodo di Slutsky;*
b) *con il metodo di Hicks.*

Risoluzione

Quando il prezzo di un bene varia, due distinti effetti contribuiscono alla variazione della domanda del bene stesso (ed eventualmente dell'altro bene). Riferendoci al caso in cui il prezzo di un bene decresce, si ha:

— **effetto sostituzione**: il bene il cui prezzo è diminuito è ora relativamente meno costoso dell'altro bene il cui prezzo è rimasto immutato, per cui a parità di altre condizioni, generalmente, il consumatore sostituisce i due beni tra loro, aumentando il consumo del bene il cui prezzo è diminuito;
— **effetto reddito**, la diminuzione del prezzo di un bene implica, a parità di reddito monetario, un maggior reddito reale (cioè il reddito espresso in termini di unità di beni che il consumatore può effettivamente acquistare). Nel caso di beni normali, se aumenta il reddito reale (in pratica il potere d'acquisto del consumatore) la domanda aumenta.

Esistono due metodi per distinguere tra variazione della domanda dei due beni dovuta all'effetto sostituzione e variazione della domanda dovuta all'effetto reddito: il metodo di Slutsky e il metodo di Hicks.

Seguendo il metodo di Slutsky, il consumatore deve ricevere una compensazione (fittizia) di reddito in modo tale da ristabilire l'iniziale potere d'acquisto o, in altre parole, un reddito tale che ai nuovi prezzi il consumatore sia in grado di acquistare il paniere iniziale dei beni.

a) **Metodo di Slutsky**

Si calcola la scelta ottima iniziale:

$$[1.2] \quad x_1^* = \frac{c}{c+d} \quad \frac{m}{p_1} = \frac{2}{3} \quad \frac{600}{4} = 100$$

$$x_2^* = \frac{d}{c+d} \quad \frac{m}{p_2} = \frac{1}{3} \quad \frac{600}{10} = 20$$

la scelta ottima è $E^*(100, 20)$.

Si calcola, poi, la scelta ottima conseguente il mutamento di prezzo:

$$[1.3] \quad \hat{x}_1^* = \frac{c}{c+d} \quad \frac{m}{p_1} = \frac{2}{3} \quad \frac{600}{4} = 100$$

$$\hat{x}_2^* = \frac{d}{c+d} \quad \frac{m}{p_2} = \frac{1}{3} \quad \frac{600}{8} = 25$$

La scelta ottima è, dunque, $\hat{E}^* = (100; 25)$.

Com'era da aspettarsi la quantità acquistata del *bene 2* è aumentata di 5 unità (25 − 20) a seguito della diminuzione del suo prezzo.

La "nuova scelta ottima" è, quindi, $\hat{E}^* = (100; 25)$.

Si vuole valutare quanta parte della variazione totale (+ 5 unità) è connessa ad un effetto di reddito e quanta parte ad un effetto di sostituzione.

Calcoliamo, pertanto, il livello di reddito $\hat{m}$ necessario all'acquisto del paniere $E^*(100, 20)$ in base alla variazione del prezzo.

$$[1.4] \quad \hat{m} = 4(100) + 8(20) = 560$$

In base a questo livello di reddito potrebbe essere acquistato il seguente paniere di beni:

$$[1.5] \quad x_1^{**} = \frac{c}{c+d} \quad \frac{\hat{m}}{p_1} = \frac{2}{3} \quad \frac{560}{4} = 93,33$$

$$x_2^{**} = \frac{d}{c+d} \quad \frac{\hat{m}}{p_2} = \frac{1}{3} \quad \frac{560}{8} = 23,33$$

$$E^{**} = (93,33; 23,33)$$

Pertanto, la variazione totale di 5 unità del *bene 2* si ripartisce fra effetto di reddito ed effetto di sostituzione nel seguente modo:

Effetto di sostituzione del *bene 2* = $E^{**} - E^* = 23,33 - 20 = 3,33$

Effetto di reddito del *bene 2* = $\hat{E}^* - E^{**} = 25 - 23,33 = 1,67$

Effetto totale   + 5 unità del *bene 2*

b) **Metodo di Hicks**

In questo caso, si mantiene costante l'utilità invece del potere di acquisto. Il MRS della funzione di utilità è:

$$MRS = \frac{2x_1 x_2}{x_1^2}$$

Prendiamo i valori della scelta ottima già calcolati: $E^*(100, 20)$.

Impostiamo e risolviamo il sistema:

$$\begin{cases} MRS = \dfrac{p_1}{p_2} \\ U = x_1^2 x_2 \end{cases} \quad \begin{cases} MRS = \dfrac{p_1}{p_2} \\ x_1^2 x_2 = 100^2 \cdot 20 \end{cases} \quad \begin{cases} \dfrac{2x_1 x_2}{x_1^2} = \dfrac{4}{8} \\ x_1^2 x_2 = 200.000 \end{cases}$$

$$\begin{cases} \dfrac{2x_2}{x_1} = \dfrac{1}{2} \\ x_1^2 x_2 = 200.000 \end{cases}$$

$$\begin{cases} 4x_2 = x_1 \\ x_1^2 x_2 = 200.000 \end{cases} \quad \text{ossia } \left(4x_2\right)^2 x_2 = 200.000$$

$$16x_2^2\, x_2 = 200.000$$

$$16x_2^3 = 200.000$$

$$x_2^3 = \frac{200.000}{16}$$

Poiché ciò che ci interessa determinare è il valore di x_2 e non quello di x_2^3

porremmo $\sqrt[3]{x_2^3} = \sqrt[3]{\dfrac{200.000}{16}}$ e semplificando si avrà:

$$x_2 = \sqrt[3]{\frac{200.000}{16}} \Rightarrow x_2 = 23,20$$

che inserito nella prima equazione del sistema rende

$x_1 = 4(23,20) = 92,8$

La scelta sarà: $E^H(92,8; 23,20)$, dove E^H indica «equilibrio di Hicks».

La variazione totale (+ 5 unità del *bene 2*) può essere scomposta nell'effetto di sostituzione e nell'effetto di reddito.

Effetto di sostituzione	$E^H - E^* = 23,20 - 20 = 3,2$
Effetto di reddito	$\hat{E}^* - E^H = 25 - 23,20 = 1,8$
Variazione totale	+ 5 unità del *bene 2*

Sezione Nona
Variazione compensativa e variazione equivalente

Esercizio n. 9.1

Data la funzione di utilità:

$U = x_1 x_2$

nonché *m = 20; p₁ = 1; p₂ = 1*.

Se *p₁* aumenta a *2*, calcolare:
a) *la variazione compensativa;*
b) *la variazione equivalente.*

Risoluzione

a) In base ai prezzi iniziali la scelta ottima del consumatore sarà

$$[1.1] \quad x_1^* = \frac{c}{c+d} \ \frac{m}{p_1} = \frac{1}{2} 20 = 10$$

$$[1.2] \quad x_2^* = \frac{d}{c+d} \ \frac{m}{p_2} = \frac{1}{2} 20 = 10$$

c = l'esponente di x_1; d = l'esponente di x_2.

Il valore della funzione di utilità sarà:

$$[1.3] \quad U = x_1 x_2 = 10 \cdot 10 = 100$$

Consideriamo, adesso la variazione di prezzo e calcoliamo la scelta ottima nonché, in funzione di questa, il nuovo valore della funzione di utilità:

$$[1.4] \quad \hat{x}_1 = \frac{c}{c+d} \ \frac{m}{p_1} = \frac{1}{2} \ \frac{20}{2} = \frac{20}{4} = 5$$

$$[1.5] \quad \hat{x}_2 = \frac{d}{c+d} \ \frac{m}{p_2} = \frac{1}{2} \ 20 = 10$$

$$[1.6] \quad U' = x_1 x_2 = 5 \cdot 10 = 50$$

Andiamo adesso a calcolare il nuovo livello di reddito necessario a compensare l'aumento del prezzo p_1 se si vuole mantenere inalterato il valore dell'utilità anteriore all'aumento del prezzo. Imponiamo perciò l'eguaglianza:

[1.7] $\hat{x}_1 \hat{x}_2 = 100$

ossia:

$$\left(\frac{1}{2}\frac{\hat{m}}{2}\right)\left(\frac{1}{2}\hat{m}\right) = 100$$

$$\frac{\hat{m}}{4} \cdot \frac{\hat{m}}{2} = 100$$

$$\frac{\hat{m}^2}{8} = 100$$

$$\hat{m}^2 = 800 \Rightarrow \hat{m} = \sqrt{800} = 28,28 \text{ (nuovo livello di reddito)}$$

Pertanto, la variazione di reddito necessaria a compensare l'aumento di prezzo (volendo mantenere inalterata l'utilità iniziale) è pari a:

$$\hat{m} - m = 28,28 - 20 = +8,28 \text{ (variazione compensativa)}$$

b) Calcoliamo, adesso, quale dovrebbe essere la variazione di reddito, qualora si volesse conseguire l'utilità U' in base ai prezzi iniziali. Pertanto, imponiamo l'uguaglianza, per il calcolo della variazione equivalente:

[1.8] $U' = x_1 x_2 = 50$

Dalle [1.1] e [1.2] si ottiene:

$$x_1 = \frac{c}{c+d}\ \frac{m}{p_1} = \frac{1}{2}m \quad e \quad x_2 = \frac{d}{c+d} \cdot \frac{m}{p_2} = \frac{1}{2}m$$

quindi

$$U' = \left(\frac{1}{2}m\right)\left(\frac{1}{2}m\right) = 50 \text{ da cui}$$

$$\frac{1}{4}m^2 = 50 \Rightarrow m^2 = 200 \Rightarrow m = \sqrt{200} = 14,14$$

quindi: $20 - 14,14 = 5,86$ (variazione equivalente)

Sezione Decima
Funzione di domanda

Esercizio n. 10.1

Date le seguenti funzioni di domanda:

$$q = \frac{50}{p}$$ **(funzione di domanda marshalliana)**

$$q = 60 - 2p$$ **(funzione di domanda lineare)**

determinare i valori di p per i quali le funzioni di domanda hanno senso economico.

Risoluzione

La funzione ha senso economico per valori di *p* che soddisfano la disequazione:

$$p > 0$$

Si osservi che fra prezzo e quantità domandata esiste una relazione inversa; inoltre, per valori di *p* prossimi allo zero la quantità domandata tende $a + \infty$, invece, per valori di *p* tendenti $a + \infty$ la quantità domandata tende a zero.

Si ponga la condizione:

$$\begin{cases} q = 60 - 2p \\ q \geq 0 \end{cases} \quad \text{da cui}$$

$$60 - 2p \geq 0$$

$$-2p \geq -60$$

$$2p \leq 60 \Rightarrow p \leq 30$$

Esercizio n. 10.2

Noti i seguenti valori:

$q = 5$
$p = 10$
$\varepsilon = 7$ **(elasticità della domanda)**

scrivere la funzione di domanda diretta.

Risoluzione

In base ai dati possiamo impostare il sistema di due equazioni in due incognite per il calcolo dei parametri della funzione:

$$\begin{cases} q = a - bp \\ \varepsilon = b\dfrac{p}{q} \end{cases}$$

Sostituendo i valori noti nel sistema otteniamo i valori dei parametri a e b:

$$\begin{cases} 5 = a - b \cdot 10 \\ 7 = b \cdot \dfrac{10}{5} \Rightarrow b = \dfrac{7}{2} = 3,5 \end{cases}$$

da cui:

$5 = a - 3,5 \cdot 10$

$5 + 35 = a \Rightarrow a = 40$

La funzione di domanda nella forma generale è:

$q = a - bp$

In base ai parametri ottenuti si può scrivere:

$q = 40 - 3,5p$

Esercizio n. 10.3

Data la funzione di utilità:

[3.1] $U = 8x_1 - x_1^2 + x_2$

indichiamo con p_1 il prezzo del *bene 1* e con $p_2 = 6$, il prezzo del *bene 2*.

  Scrivere la funzione di domanda diretta e indiretta per il bene 1.

Risoluzione

Scriviamo la condizione di tangenza:

[3.2] $|MRS| = \dfrac{p_1}{p_2}$

Calcoliamo il valore del MRS che esprime il rapporto fra le utilità marginali del primo e del secondo bene, ossia:

$$\frac{dU}{dx_1} = 8 - 2x_1; \qquad \frac{dU}{dx_2} = 1$$

$$|MRS| = \frac{\dfrac{dU}{dx_1}}{\dfrac{dU}{dx_2}} = 8 - 2x_1$$

Pertanto, la relazione [3.2] può essere scritta come segue:

[3.3] $8 - 2x_1 = \dfrac{p_1}{6}$

$6(8 - 2x_1) = p_1$

$48 - 12x_1 = p_1$

$x_1 = \dfrac{48 - p_1}{12}$

$x_1 = \dfrac{48}{12} - \dfrac{1}{12}p_1$

[3.4] $x_1 = 4 - 0,08p_1$

La **relazione [3.4] esprime la funzione di domanda diretta** del *bene 1*.
Esplicitandola rispetto a p_1, si ottiene la funzione di domanda inversa (od **indiretta**) del *bene 1*:

$0,08p_1 = 4 - x_1$ e quindi

$p_1 = \dfrac{4 - x_1}{0,08} \Rightarrow p_1 = \dfrac{4}{0,08} - \dfrac{1}{0,08}x_1$

[3.5] $p_1 = 50 - 12,5x_1$

Esercizio n. 10.4

La funzione di domanda di un bene, che chiamiamo B, è:

[4.1] $q = 10 + \dfrac{m}{2p}$

Il consumatore dispone di un reddito $m = 300$; il prezzo iniziale del bene è $p = 2$.

Se il prezzo aumenta e diventa $p' = 6$:

a) *quale sarà il nuovo livello della domanda?*
b) *Quale parte della variazione della domanda è dovuta all'effetto di reddito e quale all'effetto sostituzione?*

Risoluzione

a) Calcoliamo il livello della domanda del *bene B* in funzione del prezzo iniziale $p = 2$, sostituendo nella [4.1] i dati a nostra disposizione:

$$[4.2] \quad q = 10 + \frac{300}{2 \cdot (2)} = 85$$

ed in funzione del nuovo prezzo $p' = 6$.

$$[4.3] \quad q' = 10 + \frac{300}{2(6)} = 35$$

Si può verificare che ad una variazione di prezzo $\Delta p = 6 - 2 = +4$ corrisponde una variazione nella quantità domandata

$$\Delta q = 35 - 85 = -50 \text{ unità}$$

Questa variazione rappresenta la variazione totale.

b) Ogni variazione di prezzo, è bene ribadirlo, influisce sul reddito, e quindi sul potere d'acquisto del consumatore.
   Vogliamo adesso valutare quanta parte della variazione totale Δq è riferibile all'effetto di reddito e quanta all'effetto di sostituzione.
   Calcoliamo, pertanto, la variazione (incremento) di reddito necessaria all'acquisto di 85 unità del *bene B*, posto che il suo prezzo è diventato $p' = 6$.
   Cioè:

$$[4.4] \quad q' = \frac{\Delta m}{\Delta p} \Rightarrow 85 = \frac{\Delta m}{4}$$

$$\Delta m = 340$$

Quindi il livello teorico di reddito $(\hat{m})$ necessario sarà:

$$[4.5] \quad \hat{m} = 300 + 340 = 640$$

Pertanto la quantità che potrà essere acquistata sarà:

$$[4.6] \quad q' = 10 + \frac{\hat{m}}{2 \cdot 6} = 10 + \frac{640}{12} = 63$$

Pertanto, la variazione totale $\Delta q = -50$ unità si ripartisce in:

Effetto di reddito $35 - 63 = -28$
Effetto di sostituzione $63 - 85 = \underline{-22}$
$\Delta q \quad = -50$

Sezione Undicesima
L'elasticità della domanda

Esercizio n. 11.1

Data la funzione di domanda:

[1.1] $q = 650 - 5p - p^2$

Calcolare il valore dell'elasticità in corrispondenza del prezzo p = 10.

Risoluzione

Gli aumenti di prezzo di alcuni beni fanno diminuire sensibilmente gli acquisti da parte dei consumatori, mentre in altri casi hanno poco effetto. Possiamo misurare questa diversa reattività ricorrendo all'elasticità della domanda rispetto al prezzo: essa è pari al **rapporto tra la variazione percentuale della quantità domandata del bene e la variazione percentuale del prezzo**:

$$\varepsilon_p = (\%\Delta q) / (\%\Delta p)$$

poiché la variazione percentuale di una variabile non è altro che il rapporto fra la sua variazione assoluta e il suo livello iniziale, possiamo anche scrivere l'elasticità della domanda rispetto al prezzo come:

$$\varepsilon_p = (\Delta q / q) / (\Delta p / p) = \frac{p}{q} \cdot \frac{\Delta q}{\Delta p}$$

Poiché, quando vale la legge di domanda, la relazione tra prezzo e quantità è sempre inversa (se il prezzo aumenta la quantità diminuisce, e viceversa), l'elasticità della domanda al prezzo sarà negativa: anche in questo caso, per semplicità, si considera il valore assoluto dell'elasticità tralasciando il segno negativo. Le uniche eccezioni alla legge di domanda sono rappresentate dai beni di Giffen e dai beni per i quali si verifica l'effetto di Veblen: ma si tratta, appunto, di eccezioni che nulla tolgono alla validità generale della legge.

Notiamo che l'**elasticità** è definita in termini di **variazioni percentuali** e non di variazioni assolute: in questo modo il calcolo dell'elasticità non è influenzato dall'unità di misura con cui sono espresse le due grandezze considerate (prezzi e quantità). Usando i valori assoluti, il risultato sarebbe infatti diverso se le quantità di uno stesso bene fossero espresse, ad esempio, in chilogrammi, quintali o tonnellate. Ricorrendo alle variazioni percentuali questo problema è superato: un aumento del 5% delle quantità domandate è sempre tale qualunque sia l'unità di misura utilizzata. Per questa ragione si dice anche che l'**elasticità è un numero puro** (cioè privo di dimensione logica).

Esaminiamo ora alcuni casi. Supponiamo che il prezzo di un determinato bene subisca un aumento del 5%: se la quantità domandata diminuisce in misura maggiore, ad esempio si riduce del 10%, il coefficiente di elasticità è pari a $\varepsilon_p = 10 / 5 = 2$. In questi casi si dice che la curva di domanda è *elastica*. Se, al contrario, la variazione percentuale della quantità è minore rispetto alla variazione percentuale del prezzo, la curva di domanda è *rigida*: ad esempio, se ad una variazione del prezzo del 5% corrisponde una variazione della quantità domandata del 2%, l'elasticità è pari a $\varepsilon_p = 2 / 5 = 0,4$.

In generale, a seconda del valore dell'elasticità, diremo che una curva di domanda è:

1) **elastica, se $\varepsilon_p > 1$**;

2) **rigida, se $\varepsilon_p < 1$**.

La *Figura 1* illustra graficamente i due casi.

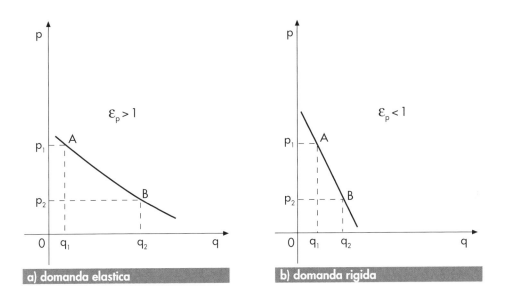

Figura 1

Come si è detto, l'elasticità della domanda rispetto al prezzo è diversa a seconda del tipo di bene considerato ma anche a seconda dei livelli di prezzo e quantità considerati. Alcuni **beni di prima necessità** come il pane o il latte, e in generale molti beni alimentari, sono beni a domanda rigida: un aumento del loro prezzo non comporta variazioni elevate nella quantità domandata anche perché, oltre ad essere beni necessari e difficilmente sostituibili, la quota di spesa complessiva dedicata all'acquisto di questi beni non è molto significativa per i bilanci familiari.

Altri beni, invece, che non sono così strettamente necessari o che possono essere facilmente sostituiti con altri beni o che hanno un peso elevato sul bilancio familiare, possono presentare un maggior grado di elasticità. I **beni di lusso**, come le vacanze all'estero o i cosmetici, hanno di solito un'elasticità piuttosto alta: quando si verifica un aumento consistente del prezzo di questi beni i consumatori riducono la loro domanda.

Per altri beni ancora, come la benzina, l'aumento del prezzo nel breve periodo non determina grosse variazioni nelle quantità in quanto la maggior parte degli individui continua, di norma, ad usare l'auto. È probabile però che, nel lungo periodo, se l'aumento è molto consistente e il livello di prezzo non scende, molti consumatori decidano di acquistare auto diesel anziché a benzina.

Ritornando all'esercizio, per quanto detto possiamo esprimere il valore dell'elasticità con la seguente relazione:

[1.2] $\quad |\varepsilon| = \dfrac{p}{q} \cdot \dfrac{dq}{dp}$

Calcoliamo la derivata della funzione di domanda, rispetto al prezzo.

[1.3] $\quad \dfrac{dq}{dp} = -5 - 2p$

Calcoliamo la funzione di domanda per un prezzo $p = 10$; sostituiamo allora tale valore del prezzo nella [1.1]:

[1.4] $\quad q = 650 - [(5) \cdot (10)] - 10^2 = 650 - 50 - 100 = 500$

A questo punto sostituiamo il valore di q trovato e l'espressione [1.3] nella [1.2]:

$$|\varepsilon| = \frac{10}{500}(-5 - 2 \cdot 10) = \frac{-50 - 200}{500} = \frac{-250}{500} = -0,5$$

Essendo $|\varepsilon| = 0,5 < 1$ la domanda sarà anelastica.

Esercizio n. 11.2

Data la seguente funzione di domanda inversa:

[2.1] $\quad p = 12 - 0,3q$

stabilire per quali valori di p la domanda è elastica e per quali è anelastica.

Risoluzione

L'elasticità non è sempre uguale sulla curva di domanda: scendendo lungo la curva, ogni incremento di quantità rappresenta un aumento percentuale sempre più piccolo e quindi il valore dell'elasticità continua a diminuire. Si osservi la *Figura 1*: in presenza di una diminuzione del prezzo da 5 a 4 (pari al 20%) la quantità domandata raddoppia, passando da 10 a 20 (+100%). Se calcoliamo l'elasticità della domanda al prezzo in questo punto della curva troviamo un valore pari a $\varepsilon_p = 100 / 20 = 5$. Ripetiamo ora l'esercizio nel tratto *CD* della curva: una riduzione del prezzo sempre pari al 20% (da 2 a 1,6) determina un aumento delle quantità solo del 10% (da 40 a 44) e l'elasticità in questo caso è uguale a *10/20 = 0,5*.

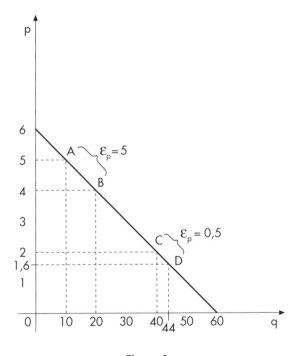

Figura 1

Ci sono tuttavia alcuni casi particolari, rappresentati graficamente nella *Figura 2*, in cui l'elasticità della domanda al prezzo è *sempre costante* lungo la curva di domanda. Un primo esempio, indicato nel grafico 2/a), è rappresentato dalla **curva di domanda perfettamente rigida** che si presenta come una **retta parallela all'asse delle ordinate**: in questo caso l'elasticità è pari a zero in ogni punto della curva, perché **qualunque sia il prezzo del bene, la quantità domandata non cambia**.

Con l'eccezione, forse, di beni e servizi assolutamente essenziali e insostituibili (quali, ad esempio particolari interventi chirurgici o cure sanitarie), è raro che la curva di domanda sia del tutto rigida qualunque sia il livello di prezzo del bene: è però abbastanza frequente che la curva di domanda presenti dei tratti rigidi, in corrispondenza di alcuni intervalli di prezzo.

Un secondo esempio di elasticità costante si verifica quando la curva di domanda è una retta parallela all'asse delle ascisse (si veda il grafico 2/b); in questo caso, il prezzo non cambia mai qualunque sia la quantità domandata ed $\varepsilon_p = \infty$ in qualunque punto lungo la curva. In queste circostanze si parla di **curva di domanda perfettamente elastica**.

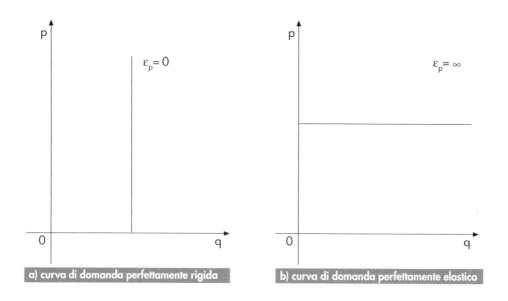

a) curva di domanda perfettamente rigida   b) curva di domanda perfettamente elastica

Figura 2

Riguardo all'esercizio proposto, conviene esplicitare la funzione di domanda [2.1] rispetto a q in modo da ottenere la funzione di domanda diretta:

[2.2] $0,3q = 12 - p$ $\Rightarrow$ [2.3] $q = 40 - 3,33p$

Esprimiamo l'elasticità della domanda servendoci della relazione:

[2.4] $\varepsilon_p = b \cdot \dfrac{p}{q}$

Ipotizzando unitaria l'elasticità della funzione di domanda la [2.4] diventa:

[2.5] $1 = 3,33 \left(\dfrac{12 - 0,3q}{q} \right)$ da cui

$q = 39,96 - 0,99q \Rightarrow q + 0,99q = 39,96$

e quindi

$q = \dfrac{39,96}{1,99} \cong 20$ (quantità domandata in corrispondenza dell'elasticità $|\varepsilon| = 1$)

Questo valore di q, inserito nella funzione di domanda inversa, la [2.1], rende il valore di p:

[2.6] $p = 12 - 0,3(20) \cong 6$

Si può verificare che per $p < 6$ la domanda è anelastica perché rende $0 < |\varepsilon_p| < 1$ al contrario, per $p > 6$ la domanda è elastica perché $1 < |\varepsilon_p| < \infty$.

Rappresentiamo graficamente la funzione di domanda diretta, in pratica l'espressione [2.3].

$\begin{cases} q = 40 - 3,33p \\ p = 0 \end{cases} \Rightarrow q = 40$ **(intercetta sull'asse delle ascisse)**

$\begin{cases} q = 40 - 3,33p \\ q = 0 \end{cases}$

$0 = 40 - 3,33p$

$3,33p = 40$

$p = \dfrac{40}{3,33} = 12$ **(intercetta sull'asse delle ordinate)**

Dal grafico (cfr. *Figura 3*) risulta evidente che a valori di $p < 6$ corrisponde una domanda anelastica $\left(\varepsilon_p < 1 \right)$ e per valori di $p > 6$ corrisponde una domanda elastica $\left(\varepsilon_p > 1 \right)$.

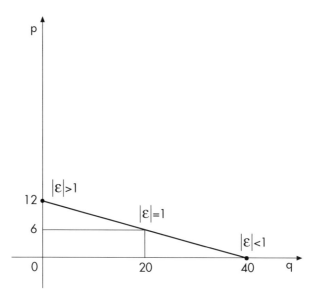

Figura 3

Esercizio n. 11.3

Data la funzione di domanda di un bene:

[3.1] $q = 5000 - 10p$

a) *calcolare il valore dell'elasticità di domanda quando il prezzo varia da*
   $p = 150$ *a* $p' = 200$;
b) *esporre graficamente il risultato.*

Risoluzione

a) Il valore dell'elasticità è espresso dalla relazione

[3.2] $\varepsilon_p = \dfrac{p}{q} \cdot \dfrac{dq}{dp}$

Calcoliamo la derivata della funzione di domanda

[3.3] $\dfrac{dq}{dp} = -10$

Pertanto il valore di ε_p sarà

$$\varepsilon_p = \frac{150}{5000 - 10(150)}(-10) = \frac{-1500}{3500} = |-0,42|$$

Essendo il valore dell'elasticità compreso nell'intervallo $0 < |\varepsilon_p| < 1$ la domanda rimane anelastica nonostante la variazione del prezzo, il che fa supporre che il bene di cui si tratta abbia pochi sostituti.

Si osservi, inoltre, che il coefficiente di elasticità dipende solo da p e non da p'.

In alternativa l'elasticità, nel caso di funzione di domanda lineare, può essere calcolata nel modo seguente:

[3.4] $\quad \varepsilon_p = \dfrac{\dfrac{q'-q}{q}}{\dfrac{p'-p}{p}} = \dfrac{q'-q}{q} \cdot \dfrac{p}{p'-p} = \dfrac{p}{q} \dfrac{q'-q}{p'-p}$

e, per sostituzione, si avrà:

$$\varepsilon_p = \frac{150}{5000-10(150)} \cdot \frac{[5000-10(200)]-[5000-10(150)]}{200-150}$$

$$\varepsilon_p = \frac{150}{5000-1500} \cdot \frac{[5000-2000]-[5000-1500]}{50}$$

$$\varepsilon_p = \frac{3(3000-3500)}{3500} = \frac{3(-500)}{3500} = \frac{-1500}{3500} = |-0,42|$$

b) Per rappresentare graficamente la funzione di domanda conviene calcolare le intercette con gli assi cartersiani.

Ossia

$\begin{cases} q = 5000 - 10p \\ p = 0 \end{cases} \Rightarrow \quad q = 5000$

$\begin{cases} q = 5000 - 10p \\ q = 0 \end{cases} \Rightarrow \quad 0 = 5000 - 10p$

$10p = 5000$

$p = \dfrac{5000}{10} = 500$

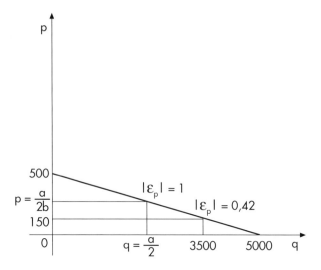

Figura 1

I valori di $p = \dfrac{a}{2b}$ e $q = \dfrac{a}{2}$ corrispondono ad un valore $|\varepsilon_p| = 1$. Infatti la funzione di domanda lineare può essere scritta come:

[3.5] $q = a - bp$

Il valore dell'elasticità è pari a:

[3.6] $\varepsilon_p = b \cdot \dfrac{p}{q}$

essendo $|\varepsilon_p| = 1$ si avrà

$$1 = b \cdot \frac{p}{a - bp}$$

$$1 = \frac{pb}{a - bp}$$

$$a - bp = pb$$

$$a = bp + bp$$

$$a = 2bp \quad \Rightarrow \quad p = \frac{a}{2b}$$

che sostituito nella [3.5] rende

$$q = a - \left(b \frac{a}{2b} \right)$$

$$q = a - \frac{a}{2}$$

$$2q = 2a - a$$

$$2q = a \quad \Rightarrow \quad q = \frac{a}{2}$$

Esercizio n. 11.4

Se il prezzo di un bene normale è $p_1 = 700$, la quantità che il consumatore x ne domanda è $q_1 = 100$.

Quando il prezzo aumenta, ad esempio a $p_2 = 750$, la quantità domandata diventa $q_2 = 60$.

Determinare l'elasticità della domanda a causa della variazione del prezzo.

Risoluzione

A seguito della variazione del prezzo, andiamo a calcolare l'elasticità (ad arco) della domanda.

La relazione da adoperare è la seguente:

$$[4.1] \quad |\varepsilon_d| = \frac{\dfrac{\Delta q}{q_1}}{\dfrac{\Delta p}{p_1}} = \frac{\dfrac{q_2 - q_1}{q_1}}{\dfrac{p_2 - p_1}{p_1}}$$

ed inserendo i dati si avrà:

$$|\varepsilon_d| = \frac{\dfrac{60 - 100}{100}}{\dfrac{750 - 700}{700}} = \left(-\frac{40}{100} \right)\left(\frac{700}{50} \right) = -5,6$$

quindi, in valore assoluto sarà $|\varepsilon_d| = 5,6$.

Poiché $|\varepsilon_d| > 1$ la domanda è elastica rispetto a variazioni del prezzo.

Esercizio n. 11.5

Le seguenti funzioni di domanda, espresse in forma marshalliana $q = p^{-1} = \dfrac{1}{p}$, si riferiscono a due beni A e B:

[5.1] $\quad q_A = \dfrac{30}{p_A}$ $\qquad\qquad$ [5.2] $\quad q_B = \dfrac{60}{p_B}$

Calcolare:

a) l'elasticità della domanda rispetto al prezzo per ciascun bene;
b) l'elasticità della domanda rispetto al reddito delle seguenti funzioni:

[5.3] $\quad q_A = 0,16 m_A$ $\qquad$ e $\qquad$ [5.4] $\quad q_B = 0,70 m_B$

Risoluzione

a) Per calcolare l'elasticità della domanda del *bene A* rispetto al prezzo si consideri la relazione:

[5.5] $\quad \varepsilon_{p_A} = \dfrac{p_A}{q_A} \cdot \dfrac{dq_A}{dp_A}$

Calcoliamo la derivata prima della funzione [5.1]:

[5.6] $\quad \dfrac{dq_A}{dp_A} = -\dfrac{30}{p_A^2}$

Sostituendo nella [5.5] le espressioni [5.1] e [5.6] si avrà:

$$\varepsilon_{p_A} = \left(\dfrac{p_A}{\dfrac{30}{p_A}}\right) \cdot \left(-\dfrac{30}{p_A^2}\right) = \dfrac{p_A}{30} \cdot \left(-\dfrac{30}{p_A}\right) = -1 \text{ ovvero}$$

$$|\varepsilon_{p_A}| = 1$$

Lo stesso procedimento si seguirà per il *bene B*:

[5.7] $\quad \varepsilon_{p_B} = \dfrac{p_B}{q_B} \cdot \dfrac{dq_B}{dp_B}$

Calcoliamo la derivata prima della [5.2]:

[5.8] $\quad \dfrac{dq_B}{dp_B} = -\dfrac{60}{p_B^2}$

Sostituendo i valori trovati nella [5.7]:

$$\varepsilon_{P_B} = \frac{p_B}{\dfrac{60}{p_B}} \cdot -\left(\frac{60}{p_B^2}\right) = \frac{p_B}{60} \cdot \left(-\frac{60}{p_B}\right) = -1$$

$$\varepsilon_{P_B} = -1 \quad \Rightarrow \quad \left|\varepsilon_{P_B}\right| = 1$$

Essendo $\left|\varepsilon_{P_B}\right| = 1$ vorrà dire che ad una variazione percentuale del prezzo corrisponde una pari, ma opposta, variazione percentuale della quantità domandata. Quando ciò avviene, la funzione di domanda del bene è detta isoelastica.

b) L'elasticità della domanda rispetto al reddito è pari al rapporto tra la variazione percentuale della quantità domandata del bene e la variazione percentuale del reddito:

$$\varepsilon_m = \frac{m}{q} \cdot \frac{\Delta q}{\Delta m}$$

in termini marginali

$$\varepsilon_m = \frac{m}{q} \cdot \frac{dq}{dm}$$

Anche in questo caso il valore dell'elasticità dipende dalla categoria di beni considerata: per alcuni **beni superiori o di lusso** l'elasticità è generalmente elevata: al crescere del reddito cresce in misura più che proporzionale l'acquisto di beni quali le auto di grande cilindrata, alcuni tipi di elettrodomestici, le vacanze o i gioielli. I **beni normali o di prima necessità**, come i consumi alimentari, hanno invece un'elasticità sempre positiva ma più bassa poiché, come afferma la legge di Engel, quando aumentano le disponibilità economiche delle famiglie il consumo di questi beni cresce ma in misura proporzionalmente inferiore. Infine, nel caso di **beni inferiori**, l'elasticità della domanda al reddito è negativa poiché abbiamo visto che al crescere del reddito i consumatori abbandonano i beni inferiori a favore di beni di qualità più elevata.

In relazione al valore e al segno dell'elasticità della domanda rispetto al reddito, possiamo così distinguere tre diversi casi:

- *beni di prima necessità:* $\varepsilon_m < 1$;

- *beni di lusso:* $\varepsilon_m > 1$;

- *beni inferiori:* $\varepsilon_m < 0$.

Un'annotazione: quando parliamo di elasticità della domanda al reddito il riferimento non è più a ciò che accade lungo la curva di domanda (la quale esprime la relazione tra prezzo e quantità domandata di un bene) ma agli **spostamenti dell'intera curva di domanda** a seguito di variazioni del reddito o, alternativamente, alla relazione espressa dalle curve di Engel discusse nella Sezione sesta di questo stesso capitolo.

L'elasticità della domanda del *bene A* rispetto al reddito è espressa dalla relazione:

$$[5.9] \quad \varepsilon_{m_A} = \frac{m_A}{q_A} \cdot \frac{dq_A}{dm_A}$$

pertanto sarà:

$$\varepsilon_{m_A} = \frac{m_A}{q_A}(0,16)$$

Sostituendo in questa relazione il valore della funzione di domanda, la [5.3], si ottiene:

$$\varepsilon_{m_A} = \frac{m_A}{0,16m_A}(0,16) = \frac{0,16m_A}{0,16m_A} = 1$$

$$\varepsilon_{m_A} = 1$$

In modo analogo si calcolerà l'elasticità per il *bene B*:

$$[5.10] \quad \varepsilon_{m_A} = \frac{m_B}{q_B} \cdot \frac{dq_B}{dm_B}$$

$\varepsilon_{m_B} = \frac{m_B}{q_B}(0,70)$ ed effettuando la consueta sostituzione si ottiene:

$$\varepsilon_{m_B} = \frac{m_B}{0,70m_B}(0,70) = 1$$

$$\varepsilon_{m_B} = 1$$

Esercizio n. 11.6

Per due beni, che indichiamo con A e B, si sono verificate le seguenti variazioni di prezzo e quantità:

Bene A $p_A = 20$ $p'_A = 10$

$\qquad\qquad q_A = 40$ $q'_A = 50$

Bene B $p_B = 35$ $p'_B = 60$

$\qquad\qquad q_B = 50$ $q'_B = 20$

Calcolare l'elasticità incrociata.

Risoluzione

L'elasticità incrociata permette di misurare quanto varia la quantità domandata del *bene A* al variare del prezzo del *bene B*:

$$[6.1] \qquad \varepsilon_{AB} = \frac{(\%\Delta q_A)}{(\%\Delta p_B)} = \frac{\Delta q_A / q_A}{\Delta p_B / p_B} = \frac{p_B}{q_A} \cdot \frac{\Delta q_A}{\Delta p_B}$$

Poiché, quando aumenta il prezzo di un bene, la domanda di un altro bene può aumentare, diminuire o restare costante, l'elasticità incrociata può essere positiva, negativa o nulla. Nel caso in cui i due beni A e B siano **sostituti** fra loro (come il burro e la margarina) sappiamo che la **relazione è diretta**. L'aumento del prezzo del burro determina un aumento nel consumo di margarina e in questo caso quindi $\varepsilon_{AB} > 0$.

In presenza di due **beni complementari** (paia di sci e attacchi, auto e benzina e così via), l'aumento del prezzo del bene A determina invece una riduzione delle quantità domandate del bene B: la **relazione è inversa** e pertanto l'elasticità sarà negativa $(\varepsilon_{AB} < 0)$. Infine quando **tra i due beni non esiste alcuna relazione** l'elasticità incrociata della domanda è uguale a zero (quando cambia il prezzo del burro non accade nulla sul mercato delle auto).

Pertanto, ritornando all'esercizio sostituendo nella [6.1] i valori numerici, si avrà:

$$\varepsilon_{AB} = \frac{35}{40}\left(\frac{+10}{+25}\right) = \frac{350}{1000} = 0,35$$

Poiché $\varepsilon_{AB} > 0$ i beni sono succedanei.

Esercizio n. 11.7

Sia la funzione di domanda di un bene

[7.1] $q = 80 - 4p$

Sia $p = 6$ il prezzo del bene.
È conveniente per i produttori aumentare il prezzo?

Risoluzione

Calcoliamo l'elasticità della domanda:

[7.2] $\varepsilon_p = \dfrac{p}{q}\dfrac{dq}{dp}$

Sostituendo i dati a nostra disposizione nella [7.2]:

$$\varepsilon_p = \frac{6}{80-(4\cdot 6)}(-4) = \frac{-24}{56} = -0,43$$

$|\varepsilon| = 0,43$

Essendo $\left|\varepsilon_p\right| < 1$ la domanda è anelastica; quindi i produttori hanno convenienza ad aumentare il prezzo di vendita.

Esercizio n. 11.8

Data la funzione di domanda:

$$q = 2000 - 5p_1 + 2p_2 + 0,02m$$

posto $p_1 =$ 300
$\quad\quad\quad p_2 =$ 250
$\quad\quad\quad m =$ 5.000
$\quad\quad\quad q =$ 1.100

Calcolare i valori di elasticità rispetto:

a) *al prezzo del primo bene;*
b) *al prezzo del secondo bene (elasticità incrociata);*
c) *rispetto al reddito.*

Risoluzione

a) $\left|\varepsilon_{p_1}\right| = \dfrac{dq}{dp_1} \cdot \dfrac{p}{q} = (-5)\dfrac{300}{1100} = |1,36|$

b) $\varepsilon_{p_2} = \dfrac{dq}{dp_2} \cdot \dfrac{p_2}{q} = 2 \cdot \dfrac{250}{1100} = 0,45$

Poiché il valore dell'elasticità è risultato positivo, i due beni sono succedanei.

c) $\varepsilon_m = \dfrac{dq}{dm} \cdot \dfrac{m}{q} = 0,02 \cdot \dfrac{5000}{1100} = 0,09$

Esercizio n. 11.9

Data la funzione di utilità $U = x_1 x_2$ il prezzo del primo bene (bene 1) è $p_1 = 2$ e quello del secondo (bene 2) $p_2 = 3$ ed il reddito del consumatore $m = 24$, determinare:

a) *l'elasticità della domanda del primo bene rispetto al prezzo e rispetto al reddito;*
b) *l'effetto reddito e l'effetto sostituzione se il prezzo del primo bene diventa $p_1' = 3$.*

Risoluzione

a) Determiniamo preliminarmente la funzione di domanda del bene 1

$$\begin{cases} [9.1] \ |MRS| = \dfrac{p_1}{p_2} \\ p_1 x_2 + p_2 x_2 = m \end{cases}$$

dal rapporto delle utilità marginali si otterrà il MRS come segue:

$$\dfrac{dU}{dx_1} = x_2; \qquad \dfrac{dU}{dx_2} = x_1$$

$$|MRS| = \dfrac{x_2}{x_1}$$

Si potrà quindi scrivere la relazione [9.1]

$$\begin{cases} \dfrac{x_2}{x_1} = \dfrac{p_1}{3} \\ p_1 x_1 + 3 x_2 = 24 \end{cases} \Rightarrow \begin{cases} 3 x_2 = p_1 x_1 \\ p_1 x_1 + 3 x_2 = 24 \end{cases}$$

$$x_2 = \frac{p_1 x_1}{3}$$

$$p_1 x_1 + 3 \frac{p_1 x_1}{3} = 24$$

$$p_1 x_1 + p_1 x_1 = 24$$

[9.2] $x_1 = \dfrac{12}{p_1}$ **(funzione di domanda del bene 1)**

L'elasticità della domanda dispetto al prezzo è data dalla relazione

[9.3] $|\varepsilon_d| = \dfrac{dx_1}{dp_1} \cdot \dfrac{p_1}{x_1}$

Occorre determinare la quantità ottima x_1^*.

Essendo la funzione di utilità del tipo Cobb-Douglas potremmo scrivere:

$$x_1^* = \frac{c}{c+d} \cdot \frac{m}{p_1}$$

Con c e d indichiamo rispettivamente l'esponente di x_1, e l'esponente di x_2 ossia:

c = 1
d = 1   per cui si avrà

$$x_1^* = \frac{1}{2} \cdot \frac{24}{2} = 6$$

In modo alternativo avremmo potuto risolvere la [9.2], $x_1 = \dfrac{12}{2} = 6$.

Dalla [9.3] determiniamo l'elasticità della domanda

[9.4] $|\varepsilon_d| = \dfrac{dx_1}{dp_1} \cdot \dfrac{2}{6}$

Passiamo al calcolo della derivata della funzione di domanda, ovvero la [9.2]:

$$\frac{dx_1}{dp_1} = -\frac{0 \cdot p_1 - 12 \cdot 1}{p_1^2} = -\frac{12}{2^2} = -3$$

quindi, sostituendo il valore trovato nella [9.4] si avrà:

$$|\varepsilon_d| = (-3)\frac{2}{6} = |-1|$$

Calcoliamo, adesso, l'elasticità della domanda rispetto al reddito. Innanzi tutto determiniamo la funzione i domanda del bene 1 rispetto al reddito:

$$\begin{cases} \dfrac{x_2}{x_1} = \dfrac{2}{3} \\ 2x_1 + 3x_2 = m \end{cases} \Rightarrow \begin{cases} 3x_2 = 2x_1 \\ 2x_1 + 3x_2 = m \end{cases}$$

$x_2 = \dfrac{2x_1}{3}$ che inserita nella seconda equazione del sistema darà:

$$2x_1 + 3 \cdot \frac{2x_1}{3} = m$$

$$4x_1 = m$$

[9.5] $x_1 = \dfrac{1}{4}m$ **(funzione di domanda del bene 1 rispetto al reddito)**

L'elasticità della domanda del bene 1 rispetto al reddito viene determinata dalla relazione

[9.6] $\varepsilon_m = \dfrac{dx_1}{dm} \cdot \dfrac{m}{x_1}$

Essendo $x_1 = \dfrac{1}{4}m$ si avrà

$$\frac{dx_1}{dm} = \frac{1}{4}$$

e, sostituendo nella [9.6], si avrà:

$$\varepsilon_m = \frac{1}{4} \cdot \frac{24}{6} = 1$$

b) *Calcolo dell'effetto reddito e dell'effetto sostituzione:*

Il prezzo $p_1 = 2$ diventa $p_1' = 3$, pertanto la nuova domanda del primo bene sarà:

$$x_1' = \frac{12}{3} = 4 \text{ (precedentemente } x_1 = 6)$$

Pertanto si avrà:

$$\Delta x = 4 - 6 = -2$$

La variazione del prezzo è

$$|\Delta p| = 3 - 2 = 1$$

La variazione che dovrà subire il reddito affinché sia ancora possibile acquistare la quantità iniziale sarà:

$$6 = \frac{\Delta m}{\Delta p} \Rightarrow 6 = \frac{\Delta m}{1} \Rightarrow \Delta m = 6$$

quindi il nuovo livello di reddito è:

$$\hat{m} = m + \Delta m = 24 + 6 = 30$$

La funzione di domanda del bene 1 rispetto al reddito è la [9.5]

$$x_1 = \frac{1}{4} m$$

ed inserendo il reddito $\hat{m} = 30$ si avrà:

$$x_1 = \frac{1}{4} \cdot 30 = 7,5$$

Pertanto, la variazione totale $\Delta x = 4 - 6 = -2$ si ripartisce in

Effetto di reddito $4 - 7,5 = -3,5$
Effetto di sostituzione $7,5 - 6 = 1,5$
                              $\Delta x \quad = -2$

Sezione Dodicesima
Beneficio lordo e netto

Esercizio n. 12.1

Data la funzione di domanda

[1.1] $q = 80 - 8p$

a) *se il prezzo varia da 2 a 3, quale sarà la variazione del beneficio lordo del consumatore?*
b) *Quale sarà la variazione del beneficio netto?*

Risoluzione

a) Rappresentiamo graficamente la funzione di domanda:

$$\begin{cases} q = 80 - 8p \\ p = 0 \end{cases}$$

$$q = 80$$

$$\begin{cases} q = 80 - 8p \\ q = 0 \end{cases} \Rightarrow \begin{aligned} 0 = 80 - 8p \\ 8p = 80 \end{aligned} \Rightarrow p = 10$$

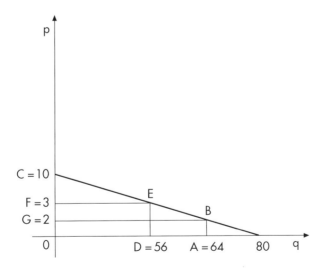

Figura 1

Il beneficio lordo per $p = 2$ è rappresentato dall'area del trapezio-rettangolo OABC. Per calcolarne l'area dobbiamo determinare il valore di OA cioè della quantità corrispondente al prezzo $p = 2$. Quindi sarà

$$q = 80 - 8p \Rightarrow q = 80 - 8(2) = 64$$

Area del trapezio $= \dfrac{OC + AB}{2} \cdot OA \Rightarrow \dfrac{(10 + 2)}{2} \cdot 64 = 384$

Il beneficio lordo per $p = 3$ è rappresentato dall'area del trapezio-rettangolo ODEC. Per calcolarne l'area dobbiamo determinare il valore di OD, cioè della quantità corrispondente al prezzo $p = 3$.

Quindi sarà:

$$OD = Q = 80 - 8p \Rightarrow q = 80 - 8 \cdot 3 = 56$$

Area del trapezio $= \dfrac{OC + ED}{2} \cdot OD \Rightarrow \dfrac{(10 + 3)}{2} \cdot 56 = 364$

Pertanto la variazione del beneficio lordo sarà espressa dalla differenza fra l'area dei due trapezi, quindi $384 - 364 = 20$.
Anche intuitivamente ci si attende una diminuzione del beneficio lordo del consumatore come effetto dell'aumento del prezzo.

b) Il beneficio netto è rappresentato dall'area del trapezio-rettangolo FGBE ottenuto come differenza tra l'area dei triangoli GBC e FEC. Pertanto, si avrà:

Area del triangolo $GBC = \dfrac{GB \cdot GC}{2} = \dfrac{64 \cdot (10 - 2)}{2} = 256$

Area del triangolo $FEC = \dfrac{FE \cdot CF}{2} = \dfrac{56 \cdot (10 - 3)}{2} = 196$

Il beneficio netto sarà pari, dunque, a:

$$\text{Beneficio netto} = 256 - 196 = 60$$

La variazione del beneficio netto, ossia l'area del trapezio GBEF si può anche calcolare con la formula diretta

Area trapezio $= \dfrac{GB + FE}{2} \cdot FG = \dfrac{64 + 56}{2}(3 - 2) = 60$

Esercizio n. 12.2

Data la funzione di utilità:

[2.1] $U = (8x_1 - x_1^2) + x_2$

a) *calcolare il beneficio lordo del consumatore in corrispondenza del prezzo p = 2;*
b) *calcolare il beneficio netto (o surplus).*

Risoluzione

a) La funzione di utilità del consumatore è del tipo quasi lineare.
   In questo caso si può calcolare la funzione di domanda inversa ponendo

$$p = d(x_1)$$

Pertanto, derivando la funzione di domanda per x_1, si avrà:

$p = 8 - 2x_1$ (**funzione di domanda inversa**)

Rappresentiamo graficamente la funzione di domanda inversa; calcoliamo, pertanto le intercette con gli assi cartesiani.

$$\begin{cases} p = 8 - 2x_1 \\ x_1 = 0 \end{cases} \Rightarrow p = 8$$

$$\begin{cases} p = 8 - 2x_1 \\ p = 0 \end{cases} \Rightarrow \begin{cases} 0 = 8 - 2x_1 \\ 2x_1 = 8 \end{cases} \Rightarrow x_1 = 4$$

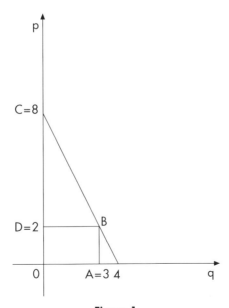

Figura 1

Per $p = 2$ si avrà:

$$2 = 8 - 2x_1 \quad \Rightarrow \quad 2x_1 = 6 \quad \Rightarrow \quad x_1 = 3$$

Il beneficio lordo è individuato dall'area del trapezio-rettangolo

$$0ABC = \frac{0C + AB}{2} \cdot 0A = \frac{8 + 2}{2} \cdot 3 = 15$$

b) Il beneficio netto (o surplus) è rappresentato dall'area del triangolo DBC ossia:

$$\text{Area triangolo} = \frac{(8 - 2) \cdot 3}{2} = 9$$

Esercizio n. 12.3

Data la funzione di domanda di un bene:

[3.1] $q = 18 - p$

calcolare il beneficio lordo ed il beneficio netto del consumatore in corrispondenza del consumo della quantità q = 6.

Risoluzione

Determiniamo le intercette della funzione di domanda con gli assi cartesiani al fine di rappresentarla graficamente.

Pertanto si avrà:

$$\begin{cases} q = 18 - p \\ p = 0 \end{cases} \quad \Rightarrow \quad q = 18$$

$$\begin{cases} q = 18 - p \\ q = 0 \end{cases} \quad \Rightarrow \quad 0 = 18 - p$$

$$p = 18$$

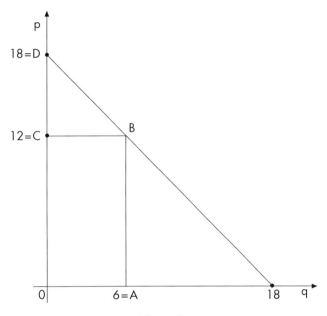

Figura 1

Il beneficio lordo del consumatore è rappresentato dall'area del trapezio rettangolo *OABD*.

Per calcolarne l'area dobbiamo individuare la misura della grandezza *AB*, alla quale corrisponde il valore di *p* in funzione di *q = 6*.

Pertanto si avrà:

$q = 18 - p$

$6 = 18 - p \quad \Rightarrow \quad p = 18 - 6 = 12$

L'area del trapezio sarà:

$$\text{Area trapezio} = \frac{OD + AB}{2} \cdot OA$$

Essendo $OD = 18$

$\qquad\qquad BA = CO = 12$

$\qquad\qquad OA = 6 \qquad\qquad\qquad \text{si avrà}$

$$\text{Area trapezio} = \frac{(18 + 12)}{2} \cdot 6 = 30 \cdot 3 = 90$$

Il beneficio netto è, invece, rappresentato dall'area del triangolo rettandolo *DCB*.

$$\text{Area triangolo} = \frac{CB \cdot DC}{2} = \frac{6 \cdot 6}{2} = 18 \ (\textit{Figura 1})$$

Sezione Tredicesima
Scelta tra tempo libero e lavoro

Esercizio n. 13.1

Data la funzione di utilità di un individuo $U = T^3 C$, indichiamo con T il tempo libero (dal lavoro); con C il consumo, con $p = 1$ il livello medio dei prezzi, con $w = 5$ il salario nominale-orario.
Si determini la scelta ottima fra consumo e tempo libero.

Risoluzione

Si tratta di un problema di massimizzazione di una funzione di utilità sottoposta a vincolo di bilancio. La metodologia di calcolo è analoga a quella già adoperata nella risoluzione di problemi riguardanti la scelta ottima del consumatore.

Pertanto, occorre impostare e risolvere un sistema formato dal vincolo di tangenza ossia $|MRS| = \dfrac{w}{p}$ (**salario reale**) e vincolo di consumo.

In pratica il soggetto economico potrà (in termini di valore) consumare per un ammontare pari al reddito disponibile, ossia della somma dei redditi (da lavoro e non da lavoro) percepiti al netto dell'imposizione fiscale.

Scriviamo la relazione del vincolo di consumo nella forma generale:

[1.1] $w(24 - T) + m = p \cdot C$

Si può ritenere che le *24h* della giornata si ripartiscano fra ore dedicate al tempo libero dal lavoro ed ore lavorative. Quindi si potrà scrivere la relazione:

$24 - T$ (tempo libero) $= n^s$ (**offerta di ore di lavoro**)

Nella relazione [1.1] l'addendo *m* rappresenta (l'eventuale) reddito non da lavoro; *p* è il livello medio generale dei prezzi che trasforma il consumo fisico in valore di consumo.

Sostituendo nella [1.1] i dati del problema potremo scrivere:

$5(24 - T) + 0 = 1 \cdot C$

[1.2] $5(24 - T) = C$ (**vincolo di consumo**)

Scriviamo il vincolo di tangenza imponendo l'uguaglianza:

[1.3] $|MRS| = \dfrac{w}{p}$ (**salario reale**)

Derivando la funzione di utilità del nostro consumatore rispetto a *T* e a *C* si avrà:

$$\frac{dU}{dT} = 3T^2C; \qquad \frac{dU}{dC} = T^3$$

e quindi:

$$MRS = \frac{3T^2C}{T^3} = \frac{3C}{T}$$

Si potrà, quindi, impostare e risolvere il sistema:

$$\begin{cases} \dfrac{3C}{T} = \dfrac{5}{1} \ \textbf{(salario reale)} \\ 5(24 - T) = C \end{cases}$$

$$\begin{cases} 3C = 5T \\ 5(24 - T) = C \end{cases}$$

$$3[5(24 - T)] = 5T$$

$$3[120 - 5T] = 5T$$

$$360 - 15T = 5T$$

$$360 = 20T \quad \Rightarrow \quad T = \frac{360}{20} = 18 \ \textbf{(tempo libero)}$$

$$C = 5(24 - 18)$$

$$C = 5 \cdot 6 = 30 \ \textbf{(valore del consumo)}$$

Pertanto, l'offerta di lavoro è $n^s = 24 - 18 = 6$ ore.

Il reddito da lavoro è pari a $w \cdot 6 \Rightarrow 5 \cdot 6 = 30$ (reddito disponibile). Risulta, pertanto verificata la relazione [1.2], infatti *5(6) = 30*.

Esercizio n. 13.2

Al sig. *Z* piace lavorare, ma piace anche dormire; precisamente egli dorme 8 ore al giorno.

Le rimanenti 16 ore le ripartisce fra tempo libero (*T*) ed offerta di ore di lavoro (*16 – T*). Le preferenze di *Z* fra consumo e tempo libero sono espresse dalla funzione di utilità:

[2.1] $U = (C + 1)(T + 2)$

Posto che il livello medio dei prezzi è pari a $p = 3$, il salario orario è $w = 6$ ed il reddito non da lavoro è $m = 1$ al giorno, *determinare l'offerta di lavoro del sig. Z.*

Risoluzione

Allo scopo di semplificare i calcoli, esprimiamo la funzione di utilità nella forma equivalente

[2.2] $\quad U = CT + 2C + T + 2$

ottenuta svolgendo il prodotto fra i due binomi. Calcoliamo, adesso il *MRS*, ossia:

$$\frac{dU}{dT} = C + 1; \quad \frac{dU}{dC} = T + 2$$

[2.3] $\quad |MRS| = \dfrac{C+1}{T+2}$

Imponiamo l'uguaglianza fra il saggio marginale di sostituzione e il salario reale (w/p), ossia:

[2.4] $\quad \dfrac{C+1}{T+2} = \dfrac{6}{3}$ (**vincolo di tangenza**)

Scriviamo adesso il vincolo di consumo del sig. Z:

[2.5] $\quad w(16 - T) + m = pC$

$$\qquad\qquad\qquad \textbf{(vincolo di consumo)}$$

$$6(16 - T) + 1 = 3C$$

Impostiamo e svolgiamo il sistema formato dal vincolo di tangenza e dal vincolo di consumo:

$$\begin{cases} \dfrac{C+1}{T+2} = \dfrac{6}{3} \\ 6(16-T)+1 = 3C \end{cases} \Rightarrow \begin{cases} \dfrac{C+1}{T+2} = 2 \\ 96 - 6T + 1 = 3C \end{cases}$$

$$\begin{cases} C + 1 = 2T + 4 \\ 97 - 6T = 3C \end{cases}$$

dalla prima equazione del sistema otteniamo:

[2.6] $\quad C = 2T + 3$

Sostituiamo, quindi, il valore di C nella seconda equazione del sistema e otteniamo:

$$97 - 6T = 3(2T + 3)$$

$$97 = 6T + 6T + 9$$

$$T = \frac{88}{12} = 7,3$$

Sostituendo $T = 7,3$ nella [2.6] avremo:

$$C = 2(7,3) + 3 = 17,6$$

L'offerta di lavoro sarà dunque pari a:

$$n^s = 16 - 7,3 = 8,7 \quad \text{ossia}$$

$$0,7 \times 60 \quad \frac{\begin{array}{r} 8 \text{ ore} + \\ 42 \text{ minuti} \end{array}}{8 \text{ ore e } 42 \text{ minuti}}$$

Esercizio n. 13.3

Data la funzione di utilità di un individuo:

[3.1] $U = 3\sqrt{T} + \sqrt{C}$

indichiamo con T il tempo libero e con C il consumo.

Determinare:

a) *la scelta ottima quando il prezzo del bene di consumo è $p_c = 3$ ed il costo opportunità del tempo libero (cioè il salario) è $w = 9$;*
b) *come si modifica la scelta ottima se il consumatore può disporre di un reddito non da lavoro $m = 1$.*

Risoluzione

a) Il vincolo di consumo nella forma generale è espresso dalla relazione

[3.2] $w(24 - T) + m = p \cdot C$

e tenendo conto che nel caso in esame il reddito non da lavoro (m) è uguale a zero si avrà:

$9(24 - T) = 3 \cdot C$ oppure

$3(24 - T) = C$

Calcoliamo il saggio marginale della funzione di utilità:

$$\frac{dU}{dT} = 3\frac{1}{2\sqrt{T}}; \quad \frac{dU}{dC} = \frac{1}{2\sqrt{C}}$$

[3.3] $|MRS| = \dfrac{\dfrac{3}{2\sqrt{T}}}{\dfrac{1}{2\sqrt{C}}} \Rightarrow |MRS| = \dfrac{3}{2\sqrt{T}} \times 2\sqrt{C} = \dfrac{3\sqrt{C}}{\sqrt{T}}$

La scelta ottima si otterrà dalla risoluzione del sistema:

$$\begin{cases} |MRS| = \dfrac{w}{P_c} \\ 3(24 - T) = C \end{cases} \quad \begin{cases} \dfrac{3\sqrt{C}}{\sqrt{T}} = 3 \\ 72 - 3T = C \end{cases} \quad \begin{cases} [3.4] \ 3\sqrt{C} = 3\sqrt{T} \\ 72 - 3T = C \end{cases}$$

Per liberare dalla radice quadrata la prima equazione del sistema, eleviamo al quadrato entrambi i membri ed otteniamo la forma:

$$\begin{cases} 9C = 9T \\ 72 - 3T = C \end{cases} \Rightarrow \begin{cases} C = T \\ 72 - 3T = C \end{cases} \Rightarrow \ = 72 - 3T = T$$

$$T = \frac{72}{4} = 18$$

$$C = 18$$

b) Essendo $m = 1$, il nuovo vincolo di bilancio sarà:

$9(24 - T) + 1 = 3C$ ed il sistema risolvente diventerà

$$\begin{cases} 3\sqrt{C} = 3\sqrt{T} \\ 9(24 - T) + 1 = 3C \end{cases}$$

e svolgendo si avrà

$$\begin{cases} 9C = 9T \\ 216 - 9T + 1 = 3C \end{cases} \Rightarrow \begin{cases} 9C = 9T \\ 217 - 9T = 3C \end{cases}$$

ossia:

$$217 - 9T = 3T$$

$$217 = 12T$$

$$T = \frac{217}{12} = 108,5$$

e sostituendo il valore della *T* trovato nella prima equazione del sistema si avrà che *C = 108,5*.

Come si può notare il livello del consumo relativo al caso in esame è superiore al caso precedente, in cui il consumatore non disponeva di un reddito non da lavoro.

Esercizio n. 13.4

Un consumatore dispone di un massimo di 16 ore al giorno. Il tempo libero dal lavoro è indicato con *T*.

La sua funzione di utilità è *U = TC*.

La sua dotazione di beni di consumo è pari ad *8*.

Trovare la quantità ottima di ore di lavoro, sapendo che il costo opportunità del tempo libero w *è pari a 2 ed il prezzo dei beni di consumo è pari ad* 1.

Risoluzione

Scriviamo il vincolo di consumo nella forma generale:

$$w(16-T) + m = pC$$

Inserendo i valori numerici si avrà

$$2(16-T) + (8 \cdot 1) = 1 \cdot C$$
$$32 - 2T + 8 = C \Rightarrow 40 - 2T = C$$

Consideriamo, adesso, le condizioni di tangenza

$$\left| MRS \right| = \frac{w}{p}$$

$$\frac{dU}{dT} = C \; ; \; \frac{dU}{dC} = T$$

$$\left| MRS \right| = \frac{C}{T}$$

$$\frac{C}{T} = \frac{2}{1}$$

Scriviamo e risolviamo il modello matematico che massimizza la funzione vincolata

$$\begin{cases} \dfrac{C}{T} = 2 \\ 40 - 2T = C \end{cases} \Rightarrow \begin{cases} C = 2T \\ 40 - 2T = C \end{cases}$$

$40 - 2T = 2T \Rightarrow 40 = 4T$

$T = 10$

$n^S = 16 - 10 = 6 \, \text{ore}$ **(offerta di ore di lavoro)**

Il livello di consumo possibile sarà:

$C = 2(10) = 20$

Verifica

Reddito di lavoro + Reddito non di lavoro = Consumo

$w \cdot n^S + pm = pC$

$2 \cdot 6 + 1 \cdot 8 = 1 \cdot 20$

$12 + 8 = 20$

Sezione Quattordicesima
Scelta intertemporale

Esercizio n. 14.1

In un mercato di capitali perfetto (tassi attivi = tassi passivi) un consumatore agisce in due periodi: nel primo dispone di un reddito $m_1 = 400$, nel secondo non percepisce reddito ($m_2 = 0$). Indichiamo con c_1 e c_2 i consumi di ciascun periodo e con $U = c_1 c_2$ la funzione di utilità del consumatore.

Calcolare:

a) *la scelta ottima di consumo essendo il tasso annuo unitario d'interesse po-sticipato pari ad* $i = 0,05$ *(su base percentuale annua r = 5%);*

b) *la scelta ottima di consumo se il tasso d'interesse aumenta, diventando* $i = 0,08$.

Risoluzione

a) Scriviamo il **vincolo di bilancio** intertemporale in termini di valore attuale con riferimento al primo periodo:

$$[1.1] \quad c_1 + \frac{1}{1+i} c_2 = m_1 + \frac{1}{1+i} m_2$$

$$c_1 + \frac{1}{1,05} c_2 = 400 + \frac{1}{1,05} \cdot 0$$

$$c_1 + \frac{1}{1,05} c_2 = 400 \quad \textbf{(vincolo di bilancio intertemporale)}$$

Si ricordi che: $V^n = \dfrac{1}{(1+i)^n}$ è il fattore di sconto composto; esso rappresenta il valore attuale di un capitale unitario esigibile dopo *n* anni. Per *n* = 1 sarà $V = \dfrac{1}{1+i}$.

Moltiplicando c_2 per il fattore di sconto composto *V* si ottiene il valore attualizzato al primo periodo del consumo del secondo periodo.
Calcoliamo adesso il saggio marginale di sostituzione intertemporale (**MRSI**) operando nella funzione di utilità $U = c_1 c_2$.

Poiché il MRSI è pari al rapporto $\dfrac{dU}{dc_1} \Big/ \dfrac{dU}{dc_2}$, calcoliamo le derivate prime della funzione di utilità prima rispetto a c_1 e poi rispetto a c_2:

$$\frac{dU}{dc_1} = c_2; \qquad \frac{dU}{dc_2} = c_1$$

[1.2] $|MRSI| = \dfrac{c_2}{c_1}$

Scriviamo il vincolo di tangenza imponendo l'uguaglianza

[1.3] $MRSI = \dfrac{p_1}{p_2}$

Il prezzo del consumo c_1 (assunto come numerario) è pari a $p_1 = 1$, il prezzo del consumo del secondo periodo è $p_2 = \dfrac{1}{1+i} = \dfrac{1}{1+0,05} = \dfrac{1}{1,05}$; sostituendo allora la [1.2] nella [1.3]:

$$\frac{c_2}{c_1} = \frac{1}{\dfrac{1}{1,05}} \quad \Rightarrow \quad \frac{c_2}{c_1} = 1,05$$

Formiamo il sistema fra vincolo di tangenza e vincolo di bilancio

$$\begin{cases} \dfrac{c_2}{c_1} = 1,05 \\ c_1 + \dfrac{1}{1,05} c_2 = 400 \end{cases}$$

$$\begin{cases} c_2 = 1,05 c_1 \\ 1,05 c_1 + c_2 = 420 \end{cases}$$

$$1,05 c_1 + 1,05 c_1 = 420 \Rightarrow 2,10 c_1 = 420 \Rightarrow c_1 = \frac{420}{2,10} = 200$$

per cui $c_2 = 1,05 \cdot (200) = 210$

Le risultanze del problema possono essere così schematizzate:

	I Periodo	II Periodo
Reddito disponibile	400	200(1 + 0,05) = 210*
Spesa per il consumo	200	210
Risparmio	200	0

(*) Il reddito disponibile del secondo periodo è stato ottenuto capitalizzando il risparmio del primo periodo al tasso d'interesse annuo i = 0,05 in base alla relazione M = C(1 + i) = 200(1 + 0,05) = 210.

È opportuno rilevare che quando il consumo del primo periodo (c_1) è minore del reddito dello stesso periodo (m_1) il consumatore diventa un risparmiatore ed investe il risparmio perché diventi reddito del secondo periodo.

b) A parità di ogni altra condizione l'aumento del tasso d'interesse lascerà invariato il consumo del primo periodo (c_1); infatti nella relazione [1.1] si può osservare che il valore di *i* figura in entrambi i membri dell'uguaglianza. Il consumo del secondo periodo aumenterà perché l'aumento del tasso d'interesse rende più fruttifero il risparmio del primo periodo. Infatti esplicitando la [1.1] per c_2 si può osservare che il consumo del secondo periodo «*ceteris paribus*» è funzione del tasso d'interesse. Infatti:

$$c_1 + c_2 \frac{1}{1+i} = m_1 + m_2 \frac{1}{1+i} \quad \text{(vincolo di bilancio in termini di valore attuale)}$$

$$c_1(1+i) + c_2 = m_1(1+i) + m_2 \quad \text{(vincolo di bilancio in termini di capitalizzazione)}$$

$$c_2 = m_2 + m_1(1+i) - c_1(1+i)$$

$$c_2 = m_2 + (m_1 - c_1)(1+i)$$

Consumo del secondo periodo = reddito del secondo periodo + risparmio capitalizzato del primo periodo

Si noti che (1 + i) è l'inclinazione del vincolo di bilancio.
Ritornando al nostro esercizio effettuiamo i calcoli seguendo lo schema di cui al punto a).

$$\begin{cases} \dfrac{c_2}{c_1} = \dfrac{1}{\dfrac{1}{1,08}} \\ c_1 + \dfrac{1}{1,08} c_2 = 400 \end{cases} \Rightarrow \begin{cases} c_2 = 1,08 c_1 \\ 1,08 c_1 + c_2 = 432 \end{cases}$$

$$1,08c_1 + 1,08c_1 = 432 \implies 2,16c_1 = 432 \implies c_1 = \frac{432}{2,16} = 200$$

Il consumo del secondo periodo sarà:

$$c_2 = 1,08 \cdot 200 = 216$$

Esercizio n. 14.2

Data la funzione di utilità di consumo intertemporale $U = c_1 c_2$, il livello di consumo del primo periodo $c_1 = 105$ e del secondo periodo $c_2 = 115,5$, determinare, ipotizzando un mercato di capitali perfetto, il tasso d'interesse intertemporale annuo unitario posticipato.

Risoluzione

Si pone la condizione di uguaglianza

[2.1] $MRSI = 1+i$

[2.2] $|MRSI| = \dfrac{dU}{dc_1} \Big/ \dfrac{dU}{dc_2}$ **(inclinazione del vincolo di bilancio intertemporale)**

Essendo

$$\frac{dU}{dc_1} = c_2 \quad e \quad \frac{dU}{dc_2} = c_1$$

sarà

$$|MRSI| = \frac{c_2}{c_1}$$

Sostituendo il valore dell'MRSI nella [2.1]:

$$\frac{c_2}{c_1} = 1+i$$

ed inserendo i valori numerici si avrà:

$$\frac{115,5}{105} = 1+i \implies 1,10 = 1+i \implies i = 1,10 - 1 = 0,10$$

Esercizio n. 14.3

Data la funzione di utilità intertemporale

[3.1] $U = c_1 c_2^{\frac{1}{2}}$

il reddito disponibile del primo periodo è $m_1 = 160$, quello del secondo periodo è $m_2 = 60$.

Sia infine, il tasso d'interesse annuo unitario posticipato pari ad $i = 0,04$ in un mercato di capitali perfetto.
Determinare la scelta ottima di consumo intertemporale.

Risoluzione

Per determinare la scelta ottima di consumo occorre massimizzare la funzione di utilità intertemporale vincolata, la [3.1]:

[3.2] $\dfrac{dU}{dc_1} = c_2^{\frac{1}{2}}$

[3.3] $\dfrac{dU}{dc_2} = \dfrac{1}{2} c_2^{\frac{1}{2}-1} \cdot c_1 = \dfrac{1}{2} c_2^{-\frac{1}{2}} \cdot c_1$

Pertanto il MRSI sarà

[3.4] $|MRSI| = \dfrac{c_2^{\frac{1}{2}}}{\dfrac{1}{2} c_2^{-\frac{1}{2}} c_1}$ oppure $|MRSI| = \dfrac{2 c_2^{\frac{1}{2}}}{c_2^{-\frac{1}{2}} c_1} = 2 \dfrac{c_2^{\frac{1}{2}}}{c_2^{-\frac{1}{2}}} \cdot \dfrac{1}{c_1}$

Si osservi il quoziente:

$\dfrac{c_2^{\frac{1}{2}}}{c_2^{-\frac{1}{2}}} = c_2^{\frac{1}{2}} : c_2^{-\frac{1}{2}} = c_2^{-\frac{1}{2}-\left(-\frac{1}{2}\right)} = c_2^{\frac{1}{2}+\frac{1}{2}} = c_2$

Si potrà, quindi, scrivere

$|MRSI| = \dfrac{2c_2}{c_1}$

Per determinare il valore del *MRSI* in modo più immediato, si può adopera-re in alternativa la seguente procedura di calcolo: operiamo una trasforma-zione logaritmica della funzione di utilità, cioè:

$$U = c_1 c_2^{\frac{1}{2}} \quad \Rightarrow \quad U = \log c_1 + \frac{1}{2}\log c_2$$

$$\frac{dU}{dc_1} = \frac{1}{c_1}; \qquad \frac{dU}{dc_2} = \frac{1}{2}\cdot\frac{1}{c_2}$$

$$|MRSI| = \frac{\dfrac{1}{c_1}}{\dfrac{1}{2}\cdot\dfrac{1}{c_2}} = \frac{2c_2}{c_1}$$

Il **vincolo di tangenza** è espresso dalla relazione

$$[3.5] \quad MRSI = \frac{p_1}{p_2}$$

quello di bilancio espresso in termini di valore attuale è

$$[3.6] \quad c_1 + \frac{1}{1+i}c_2 = m_1 + \frac{1}{1+i}m_2$$

$$c_1 + \frac{1}{1+0,04}c_2 = 160 + \frac{1}{1+0,04}60$$

quindi $c_1 + \dfrac{1}{1,04}c_2 = 217,69$

Il sistema risolutivo sarà:

$$\begin{cases} \dfrac{2c_2}{c_1} = \dfrac{1}{\dfrac{1}{1,04}} \\ c_1 + \dfrac{1}{1,04}c_2 = 217,69 \end{cases} \quad \Rightarrow \quad \begin{cases} \dfrac{2c_2}{c_1} = 1,04 \\ c_1 + 0,96c_2 = 217,69 \end{cases}$$

$$\begin{cases} 2c_2 = 1,04c_1 \\ c_1 = 217,69 - 0,96c_2 \end{cases}$$

$$2c_2 = 1,04(217,69 - 0,96c_2)$$

$$2c_2 = 226,40 - 0,9984c_2$$

$$2,99c_2 = 226,40$$

$$c_2 = \frac{226,40}{2,99} = 75,71$$

da cui $c_1 = 217,69 - 0,96(75,71)$

$$c_1 = 145$$

Esercizio n. 14.4

Un soggetto economico agisce in due periodi consecutivi, nel primo, il suo livello di consumo vale c_1 nel secondo vale c_2.

Il reddito del primo periodo è $m_1 = 7000$; quello del secondo è $m_2 = 4500$.

Il mercato dei capitali è imperfetto nel senso che il tasso d'interesse con il quale viene remunerato il risparmio è pari ad $i = 0,03$ (tasso annuo unitario d'interesse posticipato) mentre $i' = 0,14$ è il tasso annuo al quale gli viene concesso credito per il consumo.

Si determinino le scelte ottime di consumo e di risparmio del soggetto economico che esprime le preferenze di consumo intertemporale mediante la funzione di utilità:

[4.1] $U = c_1c_2$

Risoluzione

Per determinare le scelte ottime impostiamo e risolviamo il sistema formato dal **vincolo di tangenza e vincolo di bilancio**:

$$\begin{cases} MRSI = \dfrac{p_1}{p_2} \\ c_1 + \dfrac{1}{1+i}c_2 = m_1 + \dfrac{1}{1+i}m_2 \end{cases} \Rightarrow \begin{cases} MRSI = \dfrac{1}{\dfrac{1}{1+i}} \\ c_1 + \dfrac{1}{1+i}c_2 = m_1 + \dfrac{1}{1+i}m_2 \end{cases}$$

$$\begin{cases} MRSI = 1+i \\ c_1 + \dfrac{1}{1+i}c_2 = m_1 + \dfrac{1}{1+i}m_2 \end{cases}$$

Calcoliamo il MRSI della funzione di utilità $U = c_1 c_2$

[4.2] $\dfrac{dU}{dc_1} = c_2$

[4.3] $\dfrac{dU}{dc_2} = c_1$

[4.4] $|MRSI| = \dfrac{c_2}{c_1}$

Sostituendo la [4.4] e i valori noti nel sistema avremo:

$$\begin{cases} \dfrac{c_2}{c_1} = \dfrac{1}{\dfrac{1}{1,03}} \\ c_1 + \dfrac{1}{1,03} c_2 = 7000 + \dfrac{1}{1,03} 4500 \end{cases}$$

$$\begin{cases} \dfrac{c_2}{c_1} = 1,03 \\ c_1 + 0,97\, c_2 = 11369 \end{cases} \qquad \begin{cases} c_2 = 1,03 c_1 \\ c_1 + 0,97\, c_2 = 11369 \end{cases}$$

$c_1 + 0,97\,(1,03 c_1) = 11369$

$c_1 + 0,99 c_1 = 11369$

$1,99 c_1 = 11369$

$c_1 = \dfrac{11369}{1,99} = 5713$

$c_2 = 1,03 \cdot (5713) = 5884$

Possiamo schematizzare così l'attività dell'agente economico:

I Periodo		II Periodo		
Reddito disponibile	7000	Risparmio capitalizzato 1287(1,03)	=	1325
		Reddito del periodo ⟶	=	4500
				5825
Consumo	5713			5884
Risparmio	1287			−59

Esercizio n. 14.5

Un consumatore esprime la funzione di consumo intertemporale

[5.1] $U = \min\{c_1, c_2\}$

il reddito del primo periodo è $m_1 = 8000$, quello del secondo periodo, $m_2 = 7400$.

a) *Calcolare la scelta di consumo ottimale del consumatore che agisce in due periodi, in un mercato di capitali perfetto che pratica il tasso annuo unitario d'interesse posticipato i = 0,05;*
b) *il prezzo del consumo nel primo periodo è* $p_1 = 1$*; se il tasso d'inflazione passa da* $\tau = 0$ *nel primo periodo a* $\tau = 0,02$*, quale sarà il prezzo del consumo del secondo periodo?*
c) *Determinare il consumo del secondo periodo, tenuto conto del tasso d'interesse reale* ρ*.*

Risoluzione

a) La funzione di consumo rappresenta beni perfetti complementi. Essa è massimizzata dal sistema vincolato:

$$\begin{cases} c_1 = c_2 \\ c_2 = (m_1 - c_1)(1+i) + m_2 \end{cases}$$ **(vincolo di bilancio intertemporale espresso in termini di capitalizzazione del primo periodo, $m_1 - c_1$)**

$$\begin{cases} c_1 = c_2 \\ c_2 = (8000 - c_1)(1+0,05) + 7400 \end{cases}$$

$$c_1 = (8000 - c_1)1,05 + 7400$$

$$c_1 = 8400 - 1,05c_1 + 7400$$

$$c_1 + 1,05c_1 = 15800$$

$$2,05c_1 = 15800$$

$$c_1 = \frac{15800}{2,05} = 7707$$

$$c_1 = c_2 = 7707$$

b) $p_2 = p_1 + \tau = 1 + 0,02 = 1,02$

c) Il tasso d'interesse reale è espresso dalla relazione:

[5.2] $\rho = \dfrac{1+i}{1+\tau} - 1 = 1,029 - 1 = 0,029$; oppure in modo alternativo, alla dif-

ferenza fra tasso di interesse e tasso d'inflazione.

Il consumo del secondo periodo, tenuto conto del tasso d'interesse reale sarà:

[5.3] $c_2 = (m_1 - c_1)\left(\dfrac{1+i}{1+\tau} - 1\right) + m_2$

$c_2 = (m_1 - c_1)\rho + m_2$

$c_2 = (8000 - 7707)0,029 + 7400 = 7408$

$c_1 = c_2 = 7408$

In presenza d'inflazione «ceteris paribus» il valore del consumo è diminuito.

Esercizio n. 14.6

Consideriamo un agente che agisce per due periodi.

La funzione di utilità intertemporale è:

$$U = \ln c_1 + \frac{2}{3}\ln c_2$$

dove c_1 e c_2 rappresentano la quantità di bene consumata nel primo e nel secondo periodo.

Determinare:

a) *il vincolo di bilancio intertemporale supponendo che egli riceva un reddito di lavoro al netto delle imposte pari a 100 unità del bene di consumo in entrambi i periodi e che il tasso d'interesse reale sia pari a i = 0,05. Rappresentare graficamente il vincolo di bilancio intertemporale;*
b) *il livello del reddito permanente;*
c) *il tasso di sconto soggettivo.*

Risoluzione

a) Calcoliamo il MRSI della funzione di utilità; si avrà

$$\frac{dU}{dc_1} = \frac{1}{c_1} ; \qquad \frac{dU}{dc_2} = \frac{2}{3}\cdot\frac{1}{c_2}$$

$$|MRSI| = \frac{\dfrac{1}{c_1}}{\dfrac{2}{3} \cdot \dfrac{1}{c_2}} = \frac{1}{c_1} \cdot \frac{3c_2}{2} = \frac{3}{2} \cdot \frac{c_2}{c_1}$$

Il vincolo di tangenza è espresso dalla relazione $MRSI = \dfrac{p_1}{p_2}$; quello di bi-

lancio, espresso in termini di valore attuale è:

$$c_1 + \frac{1}{1+i} c_2 = m_1 + \frac{1}{1+i} m_2$$

$$c_1 + \frac{1}{1+0,05} c_2 = 100 + \frac{1}{1+0,05} 100$$

quindi

$$c_1 + \frac{1}{1,05} c_2 = 195,23$$

Pertanto si potrà svolgere il seguente sistema:

$$\begin{cases} \dfrac{3c_2}{2c_1} = \dfrac{1}{\dfrac{1}{1,05}} \\ c_1 + \dfrac{1}{1,05} c_2 = 195,23 \end{cases} \qquad \begin{cases} \dfrac{3}{2} \cdot \dfrac{c_2}{c_1} = 1,05 \\ [6.1] \; c_1 + 0,95c_2 = 195,23 \end{cases}$$

$$\begin{cases} 3c_2 = 2,1c_1 \\ c_1 + 0,95c_2 = 195,23 \end{cases}$$

$$[6.2] \; c_1 = \frac{3}{2,1} c_2 = 1,42c_2$$

e sostituendo nella seconda equazione del sistema si avrà:

$$1,42c_2 + 0,95c_2 = 195,23$$

$$2,37c_2 = 195,23$$

$$c_2^* = \frac{195,23}{2,37} = 82,37 \; \textbf{(consumo ottimale)}$$

inserito nella [6.2] rende

$c_1^* = 1,42(82,37) = 116,96$ **(consumo ottimale)**

Le intercette A e B del vincolo di bilancio sugli assi cartesiani sono ottenute dalla [6.1]:

1) Intercetta sull'asse delle ascisse: $A = \dfrac{195,23}{1} = 195,23$

2) Intercette sull'asse delle ordinate: $B = \dfrac{195,23}{0,95} = 205,50$

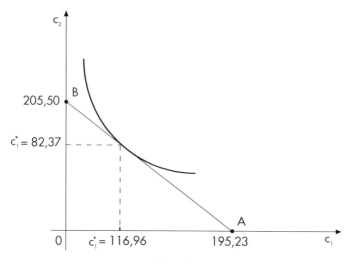

Figura 1

b) Si definisce **reddito permanente** quel valore del reddito, costante lungo tutta la vita e tale da generare un valore attuale del reddito uguale al valore attuale dei flussi di reddito effettivamente percepiti

$$m_1 + \frac{m_2}{1+i} = 100 + \frac{100}{1+0,05}$$

ossia:

$$m^P + \frac{m^P}{1,05} = 195,23 \text{ da cui si ottiene}$$

$$2,05 m^P = 204,99$$

$$m^P = \frac{204,99}{2,05} = 99,99 \text{ **(reddito permanente)**}$$

c) Calcolare il valore del tasso di sconto soggettivo (ρ) implicito nella funzione di utilità intertemporale specificata

$$\frac{1+i}{1+\rho} = \frac{c_2^*}{c_1^*}$$

$$\frac{1+0,05}{1+\rho} = \frac{82,37}{116,96} \Rightarrow \frac{1,05}{1+\rho} = 0,70$$

$$1,05 = 0,70(1+\rho)$$

da cui

$$1,05 = 0,70+0,70\rho$$

$$0,35 = 0,70\rho \Rightarrow \rho = \frac{0,35}{0,70} = 0,5$$

Si noti quindi che:

Se $i=\rho$ i consumi rimangono costanti nel tempo

Se $i>\rho$ i consumi crescono nel tempo

Se $i<\rho$ i consumi sono decrescenti

Esercizio n. 14.7

Un'economia è formata da tre consumatori: L, C, F (Luca, Ciro, Francesco) aventi le rispettive funzioni di utilità:

$$U_L = \sqrt{c_1 c_2}; \qquad U_C = c_1^{0,8} c_2^{0,2}; \qquad U_F = c_1^{0,2} c_1^{0,8}$$

Indichiamo con c_1 il consumo del primo periodo e con c_2 il consumo del secondo periodo; con $m_1 = 4.000$ e con $m_2 = 4.400$, rispettivamente i redditi del primo periodo e del secondo periodo per ciascun consumatore.

Dato il tasso d'interesse $i = 0,10$, determinare:

a) *il saggio marginale di sostituzione intertemporale (MRSI) di ciascun individuo;*

b) *il consumo ottimale c_1^* e c_2^* per ciascun consumatore;*

c) *la situazione risparmio-prestito di ciascun consumatore con riferimento al primo periodo;*

d) *il livello di equilibrio del tasso d'interesse.*

Risoluzione

a) $MRSI_L = \dfrac{c_2}{c_1}$ (saggio marginale di Luca)

$MRSI_C = \dfrac{0,8}{0,2} \dfrac{c_2}{c_1} = 4 \cdot \dfrac{c_2}{c_1}$ (saggio marginale di Ciro)

$MRSI_F = \dfrac{0,2}{0,8} \dfrac{c_2}{c_1} = 0,25 \cdot \dfrac{c_2}{c_1}$ (saggio marginale di Francesco)

b) $c_1 + \dfrac{1}{1+i} c_2 = m_1 + \dfrac{1}{1+i} m_2$

$c_1 + \dfrac{1}{1,10} c_2 = 4.000 + \dfrac{1}{1,10} 4.400$

$c_1 + 0,09 c_2 = 8.000$

Da questa relazione si evince che il prezzo relativo al consumo del primo periodo è $p_1 = 1$ e quello del secondo è $p_2 = 0,90$.
Impostiamo e risolviamo il sistema:

$$Luca \begin{cases} \dfrac{c_2}{c_1} = \dfrac{p_1}{p_2} \\ c_1 + 0,09 c_2 = 8.000 \end{cases} \quad \begin{cases} \dfrac{c_2}{c_1} = \dfrac{1}{0,90} \\ c_1 + 0,09 c_2 = 8.000 \end{cases} \quad \begin{cases} \dfrac{c_2}{c_1} = 1,\overline{1} \\ c_1 + 0,09 c_2 = 8.000 \end{cases}$$

$c_2 = 1,\overline{1} c_1$

$c_1 + 0,90 \left(1,\overline{1} c_1 \right) = 8.000$

$c_1 + c_1 = 8.000$

$2c_1 = 8.000$
da cui:

$c_1^* = 4.000$

$c_2^* = 1,\overline{1} c_1 = 4.400$

$$Ciro \begin{cases} \dfrac{4c_2}{c_1} = 1,\overline{1} \\ c_1 + 0,90 c_2 = 8.000 \end{cases} \quad \Rightarrow \quad \begin{aligned} c_2 &= \dfrac{c_1 \cdot 1,\overline{1}}{4} \\ c_2 &= 0,27 c_1 \end{aligned}$$

$$c_1 + 0,90(0,27c_1) = 8.000$$

$$1,24c_1 = 8.000$$

$$c_1^* = 6.451$$

$$c_2^* = 0,27(6.451) = 1.741$$

$$\text{Francesco} \begin{cases} 0,25\dfrac{c_2}{c_1} = 1,\overline{1} \\ c_1 + 0,90c_2 = 8.000 \end{cases} \Rightarrow c_2 = \dfrac{1,\overline{1}\cdot c_1}{0,25} = 4,4c_1$$

$$c_1 + 0,90(4,4c_1) = 8.000$$

$$4,96c_1 = 8.000 \Rightarrow c_1^* = 1.612$$

$$c_2^* = 4,4(1.612) = 7.092$$

Determinazione del risparmio con riferimento al primo periodo:

Consumatore Luca

Reddito m_1 = 4.000
Consumo c_1 = 4.000

Risparmio = Reddito − Consumo = 4.000 − 4.000 = 0
Risparmio = 0 (*situazione di equilibrio*)

Consumatore Ciro

Reddito m_1 = 4.000
Consumo c_1 = 6.451

Risparmio = Reddito − Consumo = 4.000 − 6.451= −2.541
Risparmio negativo (*indebitamento*)

Consumatore Francesco

Reddito m_1 = 4.000
Consumo c_1 = 1.612

Risparmio = Reddito − Consumo = 4.000 − 1.612 = 2.388
Risparmio

d) L'offerta di *prestiti* (risparmio) proviene dal risparmiatore Francesco ed è pari a 2.388 unità monetarie. La domanda di prestiti proviene dal consumatore Ciro ed è pari a 2.451.

Poiché la domanda di prestiti eccede l'offerta 2.451> 2.397 il livello del tasso d'interesse (a parità di ogni altra condizione) tenderà a crescere.

Esercizio n. 14.8

Un consumatore agisce in tre periodi ma dispone di reddito soltanto nel secondo periodo $m_2 = 250$.

Le sue preferenze sono espresse dalla funzione di utilità di consumo intertemporale.

[8.1] $U = c_1^2 c_2^3 c_3$

Sia $i = 0,04$ il tasso d'interesse unitario annuo posticipato, vigente. *Calcolare la scelta ottima.*

Risoluzione

Per facilitare i calcoli possiamo applicare i teoremi della potenza e del prodotto dei logaritmi che consentono la seguente trasformazione monotonica della funzione di utilità [8.1]:

[8.2] $U = 2\log c_1 + 3\log c_2 + \log c_3$

Il reddito a disposizione del consumatore nel secondo periodo dovrà consentirgli:

a) il rimborso del prestito oneroso che ha dovuto contrarre per poter consumare nel primo periodo;

b) il consumo nel secondo periodo;

c) un risparmio opportunamente capitalizzato in modo da assicurare il consumo nel terzo periodo.

Scriviamo il vincolo di bilancio sotto forma di valore attuale. Pertanto, consumi e redditi del secondo e del terzo periodo saranno valutati (scontati) con riferimento al primo periodo. Il termine $\dfrac{1}{1+i}$ è il fattore di sconto:

[8.3] $c_1 + \dfrac{1}{1+i}c_2 + \dfrac{1}{(1+i)^2}c_3 = m_1 + \dfrac{1}{1+i}m_2 + \dfrac{1}{(1+i)^2}m_3$

$$c_1 + \frac{1}{1,04}c_2 + \frac{1}{1,04^2}c_3 = 0 + \frac{1}{1,04}250 + 0$$

$$c_1 + 0,96c_2 + 0,92c_3 = 240,38 \ \textbf{(vincolo di bilancio intertemporale)}$$

Determiniamo adesso il MRSI (saggio marginale di sostituzione del consumo intertemporale) per i diversi periodi di tempo. Esso è il rapporto fra le utilità marginali del consumo nei due periodi e rappresenta l'inclinazione della curva d'indifferenza. La condizione di equilibrio consegue dalla tangenza tra curva d'indifferenza e vincolo di bilancio intertemporale, ossia dall'uguaglianza fra |MRSI| ed inclinazione del vincolo di bilancio espressa dal fattore di capitalizzazione $(1 + i)$.

$$\begin{cases} \left| \dfrac{2c_2}{3c_1} \right| = \dfrac{1}{\dfrac{1}{1,04}} \\[2ex] \left| \dfrac{3c_3}{c_2} \right| = \dfrac{\dfrac{1}{1,04}}{\dfrac{1}{1,04^2}} \\[2ex] c_1 + 0,96c_2 + 0,92c_3 = 240,38 \end{cases} \qquad \begin{cases} \left| \dfrac{2c_2}{3c_1} \right| = 1,04 \\[2ex] \left| \dfrac{3c_3}{c_2} \right| = 1,04 \end{cases}$$

$$\begin{cases} \dfrac{2c_2}{3c_1} = 1,04 \\[2ex] \dfrac{3c_3}{c_2} = 1,04 \\[2ex] c_1 + 0,96c_2 + 0,92c_3 = 240,38 \end{cases}$$

$$\begin{cases} 2c_2 = 3,12c_1 \\ 3c_3 = 1,04c_2 \\ c_1 + 0,96c_2 + 0,92c_3 = 240,38 \end{cases}$$

$$c_2 = \dfrac{3,12c_1}{2} = 1,56c_1$$

$$\begin{cases} 3c_3 = 1,04(1,56c_1) \\ c_1 + 0,96(1,56c_1) + 0,92c_3 = 240,38 \end{cases}$$

$$\begin{cases} 3c_3 = 1,62c_1 \\ c_1 + 1,49c_1 + 0,92c_3 = 240,38 \end{cases}$$

$$\begin{cases} 3c_3 = 1,62c_1 \\ 2,49c_1 + 0,92c_3 = 240,38 \end{cases}$$

$$c_3 = \dfrac{1,62c_1}{3}$$

$$2,49c_1 + 0,92\frac{1,62c_1}{3} = 240,38$$

$$2,49c_1 + 0,49c_1 = 240,38$$

$$2,98c_1 = 240,38$$

$$c_1 = \frac{240,38}{2,98} \cong 80$$

$$c_3 = \frac{1,62 \cdot 80,66}{3} \cong 43$$

$$c_2 = \frac{3,12 \cdot 80,66}{2} = 126$$

Nella tabella sono esposti i valori di reddito, consumo e risparmio afferenti i tre periodi:

I Periodo		II Periodo		III Periodo	
Reddito disponibile	0	Reddito Rimborso Debito 80 · (1,04)	250 – 83 = 167	Risparmio capitalizzato 41 · (1,04) = 43	
Consumo	80		126		43
Risparmio o Debito	– 80		41		0

Capitolo 3

EQUILIBRIO ECONOMICO IN PURO SCAMBIO

Sezione Unica
Allocazioni Pareto-efficienti, legge di Walras, equilibrio di puro scambio, curva dei contratti e nocciolo dell'economia

Esercizio n. 1

In un'economia di puro scambio le funzioni di utilità degli scambisti A e B sono rispettivamente:

[1] $U_A = x_A y_A$;   [2] $U_B = 2x_B y_B$

La dotazione complessiva del bene X è di 6 unità, quella del bene Y di altrettante 6 unità.

L'allocazione iniziale è la seguente:

$A(x_A, y_A) = (2, 3)$

$B(x_B, y_B) = (4, 3)$

a) *Stabilire se l'allocazione iniziale è Pareto-efficiente;*
b) *verificare la legge di Walras;*
c) *determinare l'equilibrio di puro scambio (equilibrio walrasiano);*
d) *determinare l'allocazione ottimale nel senso walrasiano.*

Risoluzione

a) L'allocazione iniziale è Pareto-efficiente se risulta che il saggio marginale di sostituzione dello scambista A è uguale a quello dello scambista B.

Ossia $|MRS_A| = |MRS_B|$.

Calcoliamo il $|MRS_A|$ della funzione di utilità [1]

$$\frac{dU_A}{dx_A} = y_A; \quad \frac{dU_A}{dy_A} = x_A \quad \text{quindi}$$

$$|MRS_A| = \frac{y_A}{x_A} = \frac{3}{2} \left(\text{essendo} \begin{array}{l} y_A = 3 \\ x_A = 2 \end{array} \right)$$

Per la funzione di utilità del consumatore B, la [2], sarà:

$$\frac{dU_B}{dx_B} = 2y_B; \quad \frac{dU_B}{dy_B} = 2y_B \quad \text{da cui}$$

$$MRS_B = \frac{2y_B}{2x_B} = \frac{3}{4}$$

Essendo $|MRS_A| \neq |MRS_B|$ l'allocazione inziale non è Pareto-efficiente.

b) Per ogni vettore dei prezzi, il valore della somma degli eccessi di domanda di tutti i beni è pari a zero **(legge di Walras)**.

Determiniamo la funzione di domanda dello scambista A:

$$\begin{cases} MRS_A = \dfrac{p_x}{p_y} \\ p_x x_A + p_y y_A - (2p_x + 3p_y) = 0 \end{cases} \qquad \begin{cases} \dfrac{y_A}{x_A} = \dfrac{p_x}{p_y} \\ p_x x_A + p_y y_A - 2p_x - 3p_y = 0 \end{cases}$$

$$\begin{cases} [3] \quad p_y y_A = p_x p_A \\ [4] \quad p_x x_A + p_y y_A - 2p_x - 3p_y = 0 \end{cases}$$

sostituendo la [3] nella [4] si avrà:

$$p_x x_A + p_x x_A - 2p_x - 3p_y = 0$$

$$2p_x x_A = 2p_x + 3p_y$$

$$x_A = \frac{2p_x + 3p_y}{2p_x}$$

che sostituito nella [3] darà:

$$p_y y_A = p_x \frac{2p_x + 3p_y}{2p_x}$$

$$2p_y y_A = 2p_x + 3p_y$$

$$y_A = \frac{2p_x + 3p_y}{2p_y}$$

Analogamente, calcoliamo le funzioni di domanda dello scambista B.

$$\begin{cases} MRS_B = \dfrac{p_x}{p_y} \\ p_x x_B + p_y y_B = 4p_x + 3p_y \end{cases}$$

Abbiamo visto che il MRS dello scambista B è pari a:

$$|MRS_B| = \dfrac{2y_B}{2x_B} \quad \text{quindi possiamo scrivere}$$

$$\begin{cases} \dfrac{y_B}{x_B} = \dfrac{p_x}{p_y} \\ p_x x_B + p_y y_B = 4p_x + 3p_y \end{cases} \qquad \begin{cases} [5]\, p_y y_B = p_x x_B \\ p_x x_B + p_y y_B = 4p_x + 3p_y \end{cases}$$

$$\begin{cases} [5]\, p_y y_B = p_x x_B \\ p_x y_B + p_y y_B = 4p_x + 3p_y \end{cases}$$

$$2p_y y_B = 4p_x + 3p_y$$

$$y_B = \dfrac{4p_x + 3p_y}{2p_y}$$

che sostituito nella [5] rende l'equazione di domanda x_B

$$p_y \dfrac{4p_x + 3p_y}{2p_y} = p_x x_B$$

$$4p_x + 3p_y = 2p_x x_B$$

$$x_B = \dfrac{4p_x + 3p_y}{2p_x}$$

Possiamo adesso calcolare la domanda aggregata del bene X, cioè:

$$X = x_A + x_B$$

Sostituendo i valori si avrà:

$$X = \dfrac{2p_x + 3p_y}{2p_x} + \dfrac{4p_x + 3p_y}{2p_x} = \dfrac{6p_x + 6p_y}{2p_x} = \dfrac{6(p_x + p_y)}{2p_x} = \dfrac{3(p_x + p_y)}{p_x}$$

La domanda aggregata del bene Y sarà:

$Y = y_A + y_B$ ossia

$$Y = \frac{2p_x + 3p_y}{2p_y} + \frac{4p_x + 3p_y}{2p_y} = \frac{6p_x + 6p_y}{2p_y} = \frac{6(p_x + p_y)}{2p_y} = \frac{3(p_x + p_y)}{p_y}$$

Le funzioni di eccesso di domanda sono espresse dalle relazioni:

$$Eccesso\,(X) = \frac{3(p_x + p_y)}{p_x} - X = \frac{3p_x + 3p_y}{p_x} - 6$$

$$Eccesso\,(Y) = \frac{3(p_x + p_y)}{p_y} - Y = \frac{3p_x + 3p_y}{p_y} - 6$$

La legge di Walras che può essere scritta nella forma

[6] $p_x\,Eccesso(X) + p_y\,Eccesso(Y) = 0$

risulta verificata; infatti, sostituendo nella [6] le funzioni di eccesso di domanda si ottiene:

$$p_x\left(\frac{3p_x + 3p_y}{p_x} - 6\right) + p_y\left(\frac{3p_x + 3p_y}{p_y} - 6\right) = 0$$

$$p_x\left(\frac{3p_x + 3p_y - 6p_x}{p_x}\right) + p_y\left(\frac{3p_x + 3p_y - 6p_y}{p_y}\right) = 0$$

$$6p_x - 6p_x + 6p_y - 6p_y = 0$$

c) L'equilibrio concorrenziale di puro scambio (**equilibrio walrasiano**) costituisce un vettore di prezzi ai quali corrisponde, per ciascun bene, un eccesso di domanda pari a zero. È sufficiente risolvere l'equazione che uguaglia a zero l'eccesso di domanda di uno solo dei due beni; infatti per la legge di Walras, se vi sono n beni e per $n-1$ il rispettivo mercato è in equilibrio, consegue che il mercato dell'n-esimo bene sarà in equilibrio. Quindi potremo impostare la relazione:

$Eccesso(X) = 0$ ossia

$$\frac{3p_x + 3p_y}{p_x} - 6 = 0$$

$$3p_x + 3p_y - 6p_x = 0$$

$$-3p_x + 3p_y = 0$$

$$3p_x = 3p_y$$

$$\frac{p_x}{p_y} = \frac{3}{3} = 1 \text{ (rapporto fra i prezzi)}$$

Se il rapporto fra i prezzi è pari ad uno, significa che i prezzi sono uguali, cioè $p_x = p_y$. Quindi il livello di prezzo $p_x = p_y = 1$ annulla l'eccesso di domanda sia di X che di Y.

Infatti l'Eccesso $(X) = \dfrac{3p_x + 3p_y}{p_x} - 6 = 0$ si può scrivere

$$E(X) = \frac{3p_x}{p_x} + \frac{3p_y}{p_x} - 6 = 0$$

poiché $p_x = p_y \rightarrow \dfrac{p_y}{p_x} = 1$ e quindi

$$E(X) = 3 \cdot 1 + 3 \cdot 1 - 6 = 0$$

c.v.d.

In modo analogo si verifica che per $p_y = p_x$ si annulla l'eccesso di domanda di Y. Infatti l'eccesso

$$E(Y) = \frac{3p_x + 3p_y}{p_y} - 6 = 0$$

oppure

$$E(Y) = \frac{3p_x}{p_y} + \frac{3p_y}{p_y} - 6 = 0$$

$$E(Y) = 3 \cdot 1 + 3 \cdot 1 - 6 = 0$$

c.v.d.

d) Per determinare l'allocazione ottimale, riprendiamo le funzioni di domanda:

$$x_A = \frac{2p_x + 3p_y}{2p_x}; \text{ essendo } p_x = p_y \text{ potremo scrivere:}$$

$$x_A = \frac{2p_x + 3p_x}{2p_x} = \frac{5p_x}{2p_x} = \frac{5}{2} = 2,5$$

$$x_B = \frac{4p_x + 3p_y}{2p_x} = \frac{4p_x + 3p_x}{2p_x} = \frac{7p_x}{2p_x} = 3,5$$

Dunque in totale $X = (2,5 + 3,5) = 6$. Quella di Y è pari a:

$$y_A = \frac{2p_x + 3p_y}{2p_y} = \frac{2p_y + 3p_y}{2p_y} = \frac{5p_y}{2p_y} = 2,5$$

$$y_B = \frac{4p_x + 3p_y}{2p_y} = \frac{4p_y + 3p_y}{2p_y} = \frac{7p_y}{2p_y} = 3,5$$

quindi $Y = (2,5 + 3,5) = 6$.

ALLOCAZIONE FINALE

$$(x_A, y_A) = (2,5; 2,5)$$

$$(x_B, y_B) = (3,5; 3,5)$$

ALLOCAZIONE INIZIALE

$$(x_A, y_A) = (2; 3)$$

$$(x_B, y_B) = (4; 3)$$

Esercizio n. 2

Si consideri un'economia di puro scambio, in cui per ipotesi i prezzi sono dati e non esiste produzione. In essa, inoltre, si suppone che operino solo due consumatori, A e B.

La funzione di utilità del consumatore A è:

[1] $U_A = 2x_A y_A$

quella del consumatore B, invece, è:

[2] $U_B = 3x_B y_B$

La disponibilità complessiva del bene X è di 18 unità, mentre quella del bene Y è di 12 unità.

Indichiamo con $(x_A = 10, y_A = 5)$ l'allocazione iniziale del consumatore A e con $(x_B = 8, y_B = 7)$ quella di B.

a) *Scrivere l'equazione della curva dei contratti;*
b) *identificare il core (nocciolo) dell'economia.*

Risoluzione

a) Il luogo geometrico di tutte le allocazioni Pareto-efficienti rappresenta la curva dei contratti; su di essa, infatti, i saggi marginali degli scambisti sono uguali. L'equazione della curva dei contratti si ottiene impostando e risolvendo il seguente sistema vincolato alle quantità delle dotazioni complessive

$$\begin{cases} MRS_A = MRS_B & \text{(condizione di ottimo)} \\ x_A + x_B = X & \text{(condizione di ammissibilità per X)} \\ y_A + y_B = Y & \text{(condizione di ammissibilità per Y)} \end{cases}$$

Calcoliamo il *MRS* di ciascuna funzione di utilità, per la [1] avremo:

$$\frac{dU_A}{dy_A} = 2x_A; \quad \frac{dU_A}{dy_A} = 2x_A$$

$$|MRS_A| = \frac{y_A}{x_A} = \frac{5}{10}$$

Per l'espressione [2], avremo:

$$\frac{dU_B}{dx_B} = 3y_B; \quad \frac{dU_B}{dy_B} = 3x_B$$

$$|MRS_B| = \frac{3y_B}{3x_B} = \frac{y_B}{x_B} = \frac{7}{8}$$

Poiché MRS_A è diverso da MRS_B, l'allocazione iniziale non è Pareto-efficiente. L'equazione della curva dei contratti si ottiene risolvendo il sistema:

$$\begin{cases} \dfrac{y_A}{x_A} = \dfrac{y_B}{x_B} \\ x_A + x_B = 18 \\ y_A + y_B = 12 \end{cases} \qquad \begin{cases} [3] \ y_A x_B = x_A y_B \\ \quad x_A + x_B = 18 \\ [4] \ y_A + y_B = 12 \end{cases}$$

dall'equazione [3] si ottiene

$$y_B = \frac{y_A x_B}{x_A}$$

che va inserita nella [4]

$$\begin{cases} y_A + \dfrac{y_A x_B}{x_A} = 12 \\ x_A + x_B = 18 \end{cases} \qquad \begin{cases} x_A y_A + y_A x_B = 12 x_A \\ x_B = 18 - x_A \end{cases}$$

$$x_A y_A + y_A (18 - x_A) = 12x_A \Rightarrow x_A y_A + 18y_A - x_A y_A = 12x_A \Rightarrow y_A = \frac{12x_A}{18}$$

[5] $y_A = 0{,}66x_A$ **(equazione della curva dei contratti)**

Per poter stabilire se la dotazione iniziale del consumatore A (ossia $x_A = 10$; $y_A = 5$) appartiene alla curva dei contratti basta verificare che i valori della dotazione soddisfino l'equazione della curva dei contratti, la [5].

Poiché $5 \neq 0{,}66 \cdot (10) \Rightarrow 5 \neq 6{,}6$ la dotazione iniziale non appartiene alla curva dei contratti.

b) Il **nocciolo dell'economia** è rappresentato dal tratto della curva dei contratti compreso fra le curve d'indifferenza passanti per il punto di allocazione iniziale degli scambisti.

Per determinare le coordinate del punto d'intersezione fra la curva d'indifferenza dello scambista A e la curva dei contratti, risolviamo il sistema fra la funzione di utilità [1] e l'equazione della curva dei contratti la [5]:

$$\begin{cases} U_A = 2x_A y_A \\ y_A = 0{,}66x_A \end{cases}$$

Calcoliamo il valore della funzione di utilità in corrispondenza dei valori di allocazione iniziale $x_A = 10$; $y_A = 5$; si avrà

$$U_A = 2 \cdot 10 \cdot 5 = 100$$

$$\begin{cases} 100 = 2x_A y_A \\ [6] \; y_A = 0{,}66x_A \end{cases}$$

$$100 = 2x_A (0{,}66x_A) \Rightarrow 100 = 1{,}32x_A^2 \Rightarrow x_A^2 = \frac{100}{1{,}32}$$

$$x_A = \pm \sqrt{\frac{100}{1{,}32}} = 8{,}70$$

La soluzione negativa è scartata, perché priva di significato economico. Inserendo $x_A = 8{,}70$ nella [6] si avrà:

$$y_A = 0{,}66 \cdot 8{,}70 = 5{,}74$$

Pertanto, il punto d'intersezione P fra curva d'indifferenza del consumatore A e la curva dei contratti ha le coordinate P (8,70; 5,74).

Analogamente, per determinare le coordinate del punto d'intersezione fra la curva d'indifferenza del consumatore B e la curva dei contratti, si avrà:

$$U_B = 3x_B y_B = 3 \cdot 8 \cdot 7 = 168$$

$$\begin{cases} U_B = 3x_B y_B \\ y_A = 0,66 x_A \end{cases}$$

Poiché: $x_A + x_B = 18 \Rightarrow x_B = 18 - x_A$

Analogamente, poiché

$y_A + y_B = 12$ sarà $y_B = 12 - y_A$ e quindi

$$\begin{cases} 168 = 3(18 - x_A)(12 - y_A) \\ y_A = 0,66 x_A \end{cases}$$

$$\begin{cases} 168 = 3(216 - 18y_A - 12x_A + x_A y_A) \\ y_A = 0,66 x_A \end{cases}$$

e semplificando, si avrà:

$$\begin{cases} 56 = 216 - 18y_A - 12x_A + x_A y_A \\ y_A = 0,66 x_A \end{cases}$$

$$\begin{cases} 0 = -56 + 216 - 18y_A - 12x_A + x_A y_A \\ y_A = 0,66 x_A \end{cases}$$

$$0 = 160 - 18(0,66 x_A) - 12x_A + x_A(0,66 x_A)$$
$$0 = 160 - 11,88 x_A - 12x_A + 0,66 x_A^2$$

$$0,66 x_A^2 - 23,88 x_A + 160 = 0$$

$$\Delta = b_2 - 4ac = 570,25 - 422,40 = 147,85$$

$$x_A = \frac{23,88 \pm \sqrt{147,85}}{1,32} \Big/ \begin{array}{l} x_A = 8,89 \\ \\ x_A' = 27,30 \end{array}$$

Si scarta la soluzione x_A' perché incompatibile col vincolo di disponibilità del bene e si assume $x_A' = 8,89$, per cui:

$$y_A = 0,66 \cdot 8,89 = 5,86$$

Pertanto, il punto d'intersezione fra curva d'indifferenza del consumatore B e curva dei contratti, ha coordinate P'(8,89; 5,86).

Il **nucleo dell'economia**, espresso dalla funzione della curva dei contratti $y_A = 0,66x_A$ è definito per valori di x_A compresi nell'intervallo $8,70 \leq x_A \leq 8,89$.

Capitolo 4

TEORIA DELLA PRODUZIONE

Sezione Prima
Rendimenti di scala

Esercizio Unico

Stabilire i rendimenti di scala delle seguenti funzioni di produzione:

a) [1] $Y = 5x_1^{\frac{1}{2}} x_2^{\frac{1}{2}}$

g) [7] $Y = \dfrac{x_1 x_2^2}{x_1 + x_2}$

b) [2] $Y = x_1 x_2$

h) [8] $Y = 18x_1 + 0{,}5x_2 + 6x_3$

c) [3] $Y = \min(x_1, x_2)$

i) [9] $Y = x_1^{\frac{1}{2}} + x_2^{\frac{1}{2}}$

d) [4] $Y = x_1 + x_2$

l) [10] $Y = 2\sqrt{x_1^2 + x_2^2}$

e) [5] $Y = 4x_1 + 7$

m) [11] $Y = x_1\sqrt{x_2}$

f) [6] $Y = \sqrt[3]{x_1}\sqrt[3]{x_2}$

n) [12] $Y = (x_1 + x_2)^{0{,}8}$

Risoluzione

I rendimenti di scala indicano ciò che accade sul piano produttivo quando tutti gli input variano nella stessa proporzione. Moltiplicando, allora, per la grandezza scalare «t» la quantità di tutti gli input impiegati nel processo produttivo, si possono verificare rendimenti di scala:

COSTANTI   → se l'output aumenta della stessa grandezza di «t»
CRESCENTI   → se l'output aumenta in misura maggiore di «t»
DECRESCENTI   → se l'output aumenta in misura minore di «t».

a) La funzione di produzione [1] può essere scritta nella forma:

$$Y = 5\sqrt{x_1 x_2}$$

moltiplicando tutti gli input per t avremo:

$$Y' = 5\sqrt{(tx_1)(tx_2)}$$

$$Y' = 5\sqrt{t^2 x_1 x_2} = t \cdot 5\sqrt{x_1 x_2} = tY \text{ (rendimenti di scala costanti)}$$

b) Seguendo lo stesso procedimento anche per l'espressione [2] avremo:

$$Y = tx_1\, tx_2 \Rightarrow Y' = t^2 x_1 x_2$$

$$Y' = t^2 Y \text{ (rendimenti di scala crescenti)}$$

c) [3] $Y = \min(x_1\, x_2) \Rightarrow Y' = \min(tx_1\, tx_2) \Rightarrow Y' = \min t(x_1\, x_2)$

$$Y' = t\min(x_1\, x_2)$$

$$Y' = tY \text{ (rendimenti di scala costanti)}$$

d) [4] $Y = x_1 + x_2 \Rightarrow Y' = tx_1 + tx_2 \Rightarrow Y' = t(x_1 + x_2)$

$$Y' = tY \text{ (rendimenti di scala costanti)}$$

e) [5] $Y = 4x_1 + 7$

Non ha significato calcolare i rendimenti di scala per questa funzione.

f) [6] $Y = \sqrt[3]{x_1}\sqrt[3]{x_2} \Rightarrow Y' = x_1^{\frac{1}{3}} x_2^{\frac{1}{3}}$

$$c + d = \frac{1}{3} + \frac{1}{3} < 1 \text{ i rendimenti di scala sono decrescrenti}$$

Nella funzione di tipo Cobb-Douglas

$Y = x_1^c x_2^d$ se $c + d = 1$ i rendimenti di scala sono costanti

$c + d > 1$ i rendimenti di scala sono crescenti

$c + d < 1$ i rendimenti di scala sono decrescenti

g) [7] $Y = \dfrac{x_1 x_2^2}{x_1 + x_2} \Rightarrow Y' = \dfrac{tx_1 (tx_2)^2}{tx_1 + tx_2}$

$$Y' = \frac{tx_1 t^2 x_2^2}{t(x_1 + x_2)} \Rightarrow t^2 Y \text{ (rendimenti di scala crescenti)}$$

h) [8] $Y = 18x_1 + 0,5x_2 + 6x_3$

$$Y' = 18x_1 t + 0,5x_2 t + 6x_3 t$$

$$Y' = t(18x_1 + 0,5x_2 + 6x_3)$$

$Y' = tY$ (**rendimenti di scala costanti**)

i) [9] $Y = x_1^{\frac{1}{2}} + x_2^{\frac{1}{2}}$

$$Y' = (tx_1)^{\frac{1}{2}} + (tx_2)^{\frac{1}{2}} = t^{\frac{1}{2}}x_1^{\frac{1}{2}} + t^{\frac{1}{2}}x_2^{\frac{1}{2}} = t^{\frac{1}{2}}\left(x_1^{\frac{1}{2}} + x_2^{\frac{1}{2}}\right) = t^{\frac{1}{2}}Y$$

La funzione di produzione presenta rendimenti di scala **decrescenti**.

l) [10] $Y = 2\sqrt{x_1^2 + x_2^2}$

$$Y' = 2\sqrt{(tx_1)^2 + (tx_2)^2} \Rightarrow Y' = 2\sqrt{t^2x_1^2 + t^2x_2^2} \Rightarrow Y' = 2\sqrt{t^2\left(x_1^2 + x_2^2\right)}$$

$$Y' = 2t\sqrt{x_1^2 + x_2^2}$$

$$Y' = tY$$

La funzione presenta rendimenti di scala **costanti**.

m) [11] $Y = x_1\sqrt{x_2} \Rightarrow x_1 x_2^{\frac{1}{2}}$

poiché si tratta di una funzione Cobb-Douglas, con $c + d = 1 + \dfrac{1}{2} = 1,5$,

i rendimenti di scala sono crescenti (si veda al riguardo il punto f).

n) [12] $Y = (x_1 + x_2)^{0,8}$

$$Y' = [t(x_1 + x_2)]^{0,8} \Rightarrow Y' = t^{0,8}(x_1 + x_2)^{0,8}$$

$$Y' = t^{0,8}Y$$

La funzione presenta rendimenti di scala **decrescenti**.

Sezione Seconda
Produttività media e marginale

Esercizio n. 2.1

Impiegando un fattore produttivo (input) sono stati ottenuti i livelli di produzione (output) riportati in tabella.

Fattore	Produzione
x	**Y(x)**
1	30
2	78
3	102
4	124
5	135
6	126

Calcolare produttività media e marginale del fattore impiegato.

Risoluzione

La produttività media del fattore produttivo *(x)* è determinata dal rapporto fra la quantità di prodotto ottenuta *Y(x)* e la quantità di *x* impiegata:

$$[1.1] \quad \bar{P}x = \frac{Y(x)}{x}$$

La produttività marginale del fattore *x* indica la variazione di produzione corrispondente ad ogni variazione unitaria del fattore impiegato:

$$[1.2] \quad Pmg(x) = \frac{Y(x+1) - Y(x)}{(x+1) - x} = \frac{\Delta Y}{\Delta x}$$

Poiché nell'esercizio sono state considerate variazioni unitarie del fattore *x*, la variazione Δ è sempre uguale ad uno.

Riassumiamo dati e risultati nella seguente tabella:

x	Y(x)	$\bar{P}x$	Pmg(x)
1	30	30	30
2	78	39	48
3	102	34	24
4	124	31	22
5	135	27	11
6	126	21	−9

Esercizio n. 2.2

La tecnologia di un'impresa è espressa dalla seguente funzione di produzione:

[2.1] $Y = 30K^{0,20}L^{0,70}$

Per K = 18, determinare la funzione di produttività media e marginale del fattore L.

Risoluzione

Produttività media

$$\bar{P}_L = \frac{Y}{L} \Rightarrow \bar{P}_L = \frac{30 \cdot 18^{0,20}L^{0,70}}{L} \Rightarrow \bar{P}_L = 53,47 \cdot \frac{L^{0,70}}{L}$$

$$\bar{P}_L = 53,47 \cdot L^{0,70-1} \Rightarrow \bar{P}_L = 53,47 \cdot L^{-0,30}$$

$$\bar{P}_L = 53,47 \cdot \frac{1}{L^{0,30}}$$

Per variazioni infinitesime di un fattore produttivo la produttività marginale è pari alla derivata prima della funzione di produzione rispetto all'input considerato. Nel nostro caso avremo:

Produttività marginale

trasformiamo preliminarmente la funzione di produzione

$$Y = 30 \cdot 18^{0,20} \cdot L^{0,70} \Rightarrow Y = 53,47 \cdot L^{0,70}$$

$$Pmg(L) = \frac{dY}{dL}$$

$$\text{Pmg(L)} = 53,47 \cdot 0,70L^{-0,30}$$

$$\text{Pmg(L)} = 37,42 \cdot \frac{1}{L^{0,30}}$$

Esercizio n. 2.3

La funzione di produzione di un'impresa è:

[3.1] $Y = x_1 x_2$

a) *Calcolare la produttività media dei due fattori;*
b) *calcolare la produttività marginale dei due fattori.*

Risoluzione

a) La produttività media di un fattore è il rapporto tra la quantità prodotta e la quantità del fattore impiegato nella produzione

[3.2] $\bar{P}(x_1) = \dfrac{Y}{x_1} = \dfrac{x_1 x_2}{x_1} = x_2$

[3.3] $\bar{P}(x_2) = \dfrac{Y}{x_2} = \dfrac{x_1 x_2}{x_2} = x_1$

b) Se la funzione è continua e derivabile, la produttività marginale di un fattore è data dalla derivata parziale della funzione di produzione calcolata rispetto a quel fattore.

Essendo: $Y = x_1 x_2$ sarà

[3.4] $\text{Pmg}(x_1) = \dfrac{dY}{dx_1} = x_2$

[3.5] $\text{Pmg}(x_2) = \dfrac{dY}{dx_2} = x_1$

Esercizio n. 2.4

La tecnologia di una data impresa è espressa dalla funzione di produzione:

$$Y = 30KL - K^2 - 2L^2$$

Sono state impiegate le seguenti unità convenzionali di input:

K = 50; L = 10

Determinare:

a) *l'ammontare dell'output;*
b) *stabilire quale fra i due input ha maggiormente influenzato l'output.*

Risoluzione

a) L'ammontare dall'output si ottiene sostituendo le unità di input nella funzione di produzione, e in pratica:

$$Y = 30\,(50)\,(10) - 50^2 - 2\,(10)^2 \Rightarrow Y = 15.000 - 2.500 - 200 = 12.300$$

b) Basterà determinare la produttività marginale di ciascun input ed operare il confronto, ossia:

$$\frac{dY}{dK} = 30L - 2K = 30(10) - 2(50) = 200$$

$$\frac{dY}{dL} = 30K - 4L = 30(50) - 4(10) = 1.460$$

Sezione Terza
Isoquanti

Esercizio n. 3.1

La tecnologia di un'impresa è espressa dalla funzione di produzione:

[1.1] $Y = \log z_1 + z_2$

Il livello dell'output è $Y = 50$:

a) *scrivere la funzione dell'isoquanto;*
b) *determinarne la pendenza dell'isoquanto;*
c) *verificare se l'isoquanto è convesso.*

Risoluzione

a) La funzione dell'isoquanto si ottiene esplicitando la funzione di produzione
   [1.1] rispetto a z_2:

$$z_2 = Y - \log z_1 \Rightarrow z_2 = 50 - \log z_1$$

b) La pendenza dell'isoquanto è espressa dal valore del MRST (saggio marginale di sostituzione tecnica) della funzione di produzione:

$$\frac{dY}{dz_1} = \frac{1}{z_1}; \quad \frac{dY}{dz_2} = 1 \quad \Rightarrow \quad [1.2]\, MRST = \frac{1}{z_1}$$

c) Per stabilire se l'isoquanto è convesso occorre verificare se il segno della
   derivata seconda della [1.2] è positivo.
   Poiché risulta:

$$\frac{d^2 Y}{dz_1^2} = -\left(-\frac{1}{z_1^2}\right) > 0$$

l'isoquanto è convesso verso l'origine degli assi.

Esercizio n. 3.2

La tecnologia di un'impresa che impiega due input è rappresentata dalla funzione di produzione

[3.2] $Y = \sqrt{x_1 x_2}$

a) *disegnare l'isoquanto che rappresenta il livello dell'output;*

b) *verificare quale delle seguenti combinazioni di input $I_1(4, 9)$, $I_2(5, 10)$ appartiene all'isoquanto $Y = 6$;*

c) *se l'impresa, utilizzando la combinazione di input $I_3(9, 4)$ decidesse di ridurre di un'unità l'impiego dell'input x_1, di quanto dovrebbe aumentare quello del fattore x_2 per mantenere costante l'output?*

Risoluzione

a) Per tracciare il diagramma dell'isoquanto conviene esplicitare la funzione di produzione per x_2: pertanto, sarà:

$$Y^2 = \left(\sqrt{x_1 x_2}\right)^2 \text{ da cui} \Rightarrow Y^2 = x_1\, x_2 \Rightarrow x_2 = \frac{Y^2}{x_1} \ \ (\text{con } x_1 > 0)$$

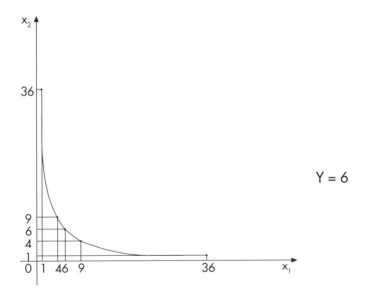

Figura 1

La funzione $x_2 = \dfrac{Y^2}{x_1}$ esprime una relazione inversa fra i due input impiegati nella produzione. Il grafico della funzione (ramo positivo della curva, **iperbole equilatera**) rappresenta il luogo geometrico di tutte le combinazioni di input che consentono di ottenere il medesimo livello di output.

b) La funzione di produzione $6 = \sqrt{x_1 x_2}$ è soddisfatta per $6 = \sqrt{(4)\cdot(9)}$; quindi la combinazione che appartiene all'isoquanto è la I_1.

c) Il saggio marginale di sostituzione tecnica (MRST) indica in che misura l'input x_1 può essere sostituito dall'input x_2 mantenendo costante il livello dell'output.

Il MRST è dato dal rapporto tra la produttività marginale del primo input e quella del secondo ed esprime la pendenza (in valore assoluto) dell'isoquanto passante per quel punto.

Calcoliamo, pertanto, il MRST della funzione di produzione.

$$Y = \sqrt{x_1 x_2} \text{ ossia } Y = x_1^{\frac{1}{2}} x_2^{\frac{1}{2}}$$

$$\frac{dY}{dx_1} = \frac{1}{2} x_1^{\frac{1}{2}-1} x_2^{\frac{1}{2}} \Rightarrow \frac{1}{2} x_1^{-\frac{1}{2}} x_2^{\frac{1}{2}}$$

$$\frac{dY}{dx_2} = x_1^{\frac{1}{2}} \frac{1}{2} x_2^{\frac{1}{2}-1} \Rightarrow \frac{1}{2} x_1^{\frac{1}{2}} x_2^{-\frac{1}{2}}$$

pertanto

$$|MRST| = \frac{\frac{1}{2} x_1^{-\frac{1}{2}} x_2^{\frac{1}{2}}}{\frac{1}{2} x_1^{\frac{1}{2}} x_2^{-\frac{1}{2}}} = x_1^{-\frac{1}{2}-\left(\frac{1}{2}\right)} x_2^{\frac{1}{2}-\left(-\frac{1}{2}\right)}$$

$$|MRST| = x_1^{-1} x_2 \Rightarrow \frac{4}{9} = 0,44$$

Quindi se x_1 viene ridotto da 9 ad 8, x_2 dovrà essere aumentato a $4 + 0,44 = 4,44$ per mantenere l'output $Y = 6$.

Il quesito c) può essere risolto, in modo alternativo, basandosi sul seguente ragionamento: poiché x_1 viene ridotto di un'unità, la funzione di produzione può essere scritta come

$$6 = \sqrt{(9-1)x_2} \Rightarrow 6 = \sqrt{8x_2}$$

$$36 = 8x_2 \Rightarrow x_2 = \frac{36}{8} = 4,4$$

Sezione Quarta
Elasticità di produzione

Esercizio n. 4.1

La tecnologia di un'impresa è espressa dalla seguente funzione di produzione

[1.1] $Y = \sqrt{x_1 x_2}$

Determinare l'elasticità di produzione in corrispondenza del livello di input $(x_1, x_2) = (8; 0,5)$.

Risoluzione

L'elasticità di produzione viene determinata in base alla scala di produzione *t* (detto scalare), che è positiva.

Il calcolo sarà così predisposto:

$$Y(t) = \sqrt{tx_1 \cdot tx_2} \Rightarrow \sqrt{t^2 x_1 x_2} \Rightarrow t\sqrt{x_1 x_2}$$

[1.2] $Y(t) = tY$ **(rendimenti di scala costanti)**

Lo stesso risultato si ottiene con la trasformazione monotonica della [1.1]:

$$Y = \sqrt{x_1 x_2} = x_1^{\frac{1}{2}} x_2^{\frac{1}{2}} \text{ (funzione Cobb-Douglas)}$$

poiché

$$\frac{1}{2} + \frac{1}{2} = 1 \text{ (rendimenti di scala costanti)}$$

Indicando con $\varepsilon(Y)$ l'elasticità di produzione, con $\dfrac{dY(t)}{dt}$ la derivata prima della [1.2] si avrà, per la combinazione (8; 0,5):

$$\varepsilon(Y) = \frac{dY(t)}{dt} \cdot \frac{t}{Y(t)} = Y \frac{1}{\sqrt{8(0,5)}} = \sqrt{8(0,5)} \cdot \frac{1}{\sqrt{8(0,5)}} = 1$$

Ciò significa che se la scala di produzione aumenta dell'1% la produzione aumenta dell'1%.

Esercizio n. 4.2

La funzione di produzione di un'impresa è:

[2.1] $Y = x_1 x_2$

Calcolare l'elasticità di produzione.

Risoluzione

L'elasticità di produzione viene determinata in base alla scala di produzione t.

Il calcolo sarà così predisposto:

$Y = x_1 x_2$
$Y(t) = t x_1 t x_2$
$Y(t) = t^2 x_1 x_2$ **(rendimenti di scala crescenti)**

Indicando con $\varepsilon(Y)$ l'elasticità di produzione, si avrà:

[2.2] $\varepsilon(Y) = \dfrac{dY(t)}{dt} \cdot \dfrac{t}{Y(t)} = 2t \cdot \dfrac{t}{t^2} = \dfrac{2t^2}{t^2} = 2$

$\varepsilon(Y) = 2$

Ciò significa che se la scala di produzione aumenta dell'1% la produzione aumenta del 2%.

Sezione Quinta
Frontiera delle possibilità produttive, MRT, profitto dell'impresa

Esercizio Unico

Un'impresa produce due beni A e B. Le rispettive tecnologie sono espresse dalle funzioni di produzione

[1] $Y_A = 0,5L_A$

[2] $Y_B = L_B^{\frac{1}{2}} + 2$

L'impresa dispone di un unico fattore produttivo L = 20 che utilizza per le due produzioni.

Il prezzo di vendita del *bene A* è p_A = 5; quello del *bene B* è p_B = 10; il salario è w = 2.

Determinare:

a) *l'equazione della frontiera delle possibilità produttive* (FPP) *corrispondente all'unico input* (L);
b) *il saggio marginale di trasformazione fra i due beni;*
c) *il profitto massimo dell'impresa.*

Risoluzione

a) Calcoliamo la quantità di input (L) necessaria a ciascun ciclo produttivo, tenuto conto del vincolo di disponibilità:

[3] $L = L_A + L_B = 20$

Esprimiamo le tecnologie in funzione dell'unico input:

[4] $L_A = \dfrac{1}{0,5}Y_A \Rightarrow L_A = 2Y_A$

[5] $L_B^{\frac{1}{2}} = Y_B - 2 \Rightarrow \sqrt{L_B} = Y_B - 2 \Rightarrow L_B = (Y_B - 2)^2 = Y_B^2 - 4Y_B + 4$

Pertanto la relazione [3] sarà:

$2Y_A + Y_B^2 - 4Y_B + 4 = 20$

$$Y_A = \frac{20 - Y_B^2 + 4Y_B - 4}{2}$$

$$Y_A = 10 - 0,5Y_B^2 + 2Y_B - 2$$

[6] $Y_A = -0,5Y_B^2 + 2Y_B + 8$ (**equazione della FPP**)

b) La derivata prima della FPP rappresenta il saggio marginale di trasformazione (MRT) tra i due beni:

$$MRT = \frac{dY_A}{dY_B} = 2(-0,5)Y_B + 2 = -Y_B + 2$$

c) Per il calcolo del massimo profitto poniamo l'uguaglianza:

$$MRT = \frac{p_A}{p_B} \; ; \text{ quindi si avrà}$$

$$-Y_B + 2 = \frac{5}{10} \Rightarrow -Y_B = -2 + 0,5$$

$Y_B = 1,5$ che inserito nella [6] rende

$$Y_A = -0,5(1,5)^2 + 2(1,5) + 8 = 9,87$$

Profitto $= \pi =$ Ricavi $-$ Costo

$$\pi = (p_A \cdot Y_A + p_B \cdot Y_B) - w \cdot L$$

$$\pi = 5 \cdot 9,87 + 10 \cdot 1,5 - (2 \cdot 20) = 24,35$$

Sezione Sesta
Combinazione ottima dei fattori produttivi

Esercizio n. 6.1

Data la funzione di produzione

[2.1] $Y = 10KL$

ed i prezzi dei fattori *K* ed *L* rispettivamente:

$p_K = 100.000$
$p_L = 10.000$

Determinare:

a) *la combinazione ottimale di K e di L che consente all'impresa di ottenere un output Y = 10.000 unità di prodotto;*

b) *il costo minimo;*

c) *il prezzo unitario minimo di vendita affinché il profitto sia positivo.*

Risoluzione

a) Impostiamo il sistema risolutivo:

$$\begin{cases} MRST = \dfrac{p_K}{p_L} \text{ (\textbf{vincolo di tangenza tra isoquanto ed isocosto})} \\ Y = 10KL \quad \text{(\textbf{vincolo tecnologico})} \end{cases}$$

$$\frac{dY}{dK} = 10L; \quad \frac{dY}{dL} = 10K$$

$$MRST = \frac{10L}{10K} = \frac{L}{K}$$

$$\begin{cases} \dfrac{L}{K} = \dfrac{100.000}{10.000} \\ 10.000 = 10KL \end{cases}$$

Il sistema risolto banalmente rende

$K^* = 10$
$L^* = 100$ **(quantità ottime)**

b) Moltiplicando il prezzo di ciascun fattore per la sua quantità ottima, si ottiene il costo minimo:

$p_L L^* + p_K K^* = $ Costo minimo

$10.000 \cdot 100 + 100.000 \cdot 10 = 2.000.000$

c) π = Ricavo – Costo minimo

$\pi = p \cdot 10.000 - 2.000.000$

poiché deve essere $\pi > 0$ poniamo la funzione del profitto:

$p \cdot 10.000 - 2.000.000 > 0$

$p \cdot 10.000 > 2.000.000$

$p > \dfrac{2.000.000}{10.000}$

$p > 200$

Esercizio n. 6.2

Data la funzione di produzione:

[1.1] $Y = 2\sqrt{LK}$

determinare la combinazione ottima dei fattori produttivi il cui prezzo è $p_L = p_K = 12$ per ottenere un livello di produzione $Y = 200$.

Risoluzione

Per facilitare i calcoli conviene esprimere la funzione di produzione, la [1.1], nella forma equivalente:

[1.2] $Y = 2\sqrt{L} \cdot \sqrt{K}$

Calcoliamo la produttività marginale per ciascun fattore produttivo:

$$\frac{dY}{dL} = 2\frac{1}{\sqrt{L}} \cdot \sqrt{K} \Rightarrow \frac{\sqrt{K}}{\sqrt{L}}$$

$$\frac{dY}{dK} = 2\frac{1}{\sqrt{K}} \cdot \sqrt{L} \Rightarrow \frac{\sqrt{L}}{\sqrt{K}}$$

Determiniamo il valore del saggio marginale di sostituzione tecnica (MRST) come rapporto fra le produttività marginali di ciascun fattore

$$[1.3] \quad MRST = -\frac{\dfrac{\sqrt{K}}{\sqrt{L}}}{\dfrac{\sqrt{L}}{\sqrt{K}}} = -\left(\frac{\sqrt{K}}{\sqrt{L}} \cdot \frac{\sqrt{K}}{\sqrt{L}}\right) = -\frac{\sqrt{K^2}}{\sqrt{L^2}}$$

$$MRST = -\frac{K}{L}$$

Poniamo $|MRST| = \frac{p_L}{p_K}$

$$\begin{cases} \dfrac{K}{L} = \dfrac{12}{12} & \textbf{(vincolo di tangenza fra isoquanto ed isocosto)} \\ 200 = 2\sqrt{LK} & \textbf{(vincolo tecnologico)} \end{cases}$$

$$\frac{K}{L} = 1 \Rightarrow K = L$$

$$200 = 2\sqrt{L \cdot L}$$

$$200 = 2\sqrt{L^2}$$

$$L^* = 100$$

$$K^* = 100$$

Esercizio n. 6.3

La tecnologia di un'impresa presenta la seguente funzione di produzione:

[3.1] $Y = x_1 + x_2$

Indichiamo con p_1 e p_2 i prezzi dei fattori produttivi e con C il costo (ossia il budget) per l'acquisto dei fattori produttivi.

Determinare la combinazione ottima di fattori che massimizza la funzione di produzione.

Risoluzione

La funzione di produzione proposta esprime fattori produttivi del tipo «perfetti sostituti» con rapporto di sostituzione (rapporto fra i prezzi p_1/p_2) uguale ad uno. Un caso analogo è stato visto a proposito della funzione di utilità del consumatore (cfr. Cap. 2). Il vincolo di costo per l'impresa è:

[3.2] $p_1 x_1 + p_2 x_2 = C$

La scelta ottima dipende dal rapporto tra i prezzi; pertanto si possono verificare i seguenti casi:

a) se $\dfrac{p_1}{p_2} = 1$ (come quello in esame)

vi è un'intera gamma di scelte ottime; qualsiasi quantità di fattori produttivi che soddisfi il vincolo di costo è ottima;

b) se $\dfrac{p_1}{p_2} > 1$ la scelta ottima sarà $x_2 = \dfrac{C}{p_2}$;

c) se $\dfrac{p_1}{p_2} < 1$ la scelta ottima sarà $x_1 = \dfrac{C}{p_1}$.

Esercizio n. 6.4

Data la funzione di produzione

[4.1] $Y = 5KL$

i prezzi dei fattori produttivi $p_K = 1$; $p_L = 2$ ed il budget $C = 100$.

a) *determinare la combinazione ottima di fattori che rende massima la produzione;*
b) *scrivere la funzione dell'isocosto;*
c) *scrivere la funzione di espansione della produzione.*

Risoluzione

a) Si determina, con la normale metodologia di calcolo, il valore del saggio marginale di sostituzione tecnica della funzione di produzione:

[4.2] $|MRST| = \dfrac{L}{K}$

Imponiamo il sistema vincolato

$$\begin{cases} \dfrac{L}{K} = \dfrac{p_K}{p_L} & \text{(vincolo di tangenza fra isoquanto ed isocosto)} \\ p_K \cdot K + p_L \cdot L = C & \text{(vincolo di costo)} \end{cases}$$

$$\begin{cases} \dfrac{L}{K} = \dfrac{1}{2} \\ K + 2L = 100 \end{cases}$$

il sistema risolto banalmente rende $K^* = 50$ e $L^* = 25$.

Per la funzione di produzione Cobb-Douglas la combinazione ottima dei fattori può essere determinata più speditamente adottando le relazioni già viste in occasione del calcolo della scelta ottima del consumatore:

$$L^* = \frac{c}{c+d} \cdot \frac{budget}{p_L} = \frac{1}{2} \cdot \frac{100}{2} = 25$$

$$K^* = \frac{d}{c+d} \cdot \frac{budget}{p_K} = \frac{1}{2} \cdot \frac{100}{1} = 50$$

b) Partiamo dal vincolo di costo per l'impresa

$$pL \cdot L + pK \cdot K = C$$

Esplicitando per una delle variabili (ad es. per K) otteniamo la funzione dell'isocosto:

$$pK \cdot K = C - pL \cdot L$$

[4.3] $$K = \frac{C}{p_K} - \frac{p_L}{p_K} L$$

Si noti che:

$$\frac{C}{p_K}$$ (intercetta verticale)

$$-\frac{p_L}{p_K}$$ (inclinazione della retta)

Inserendo i dati dell'esercizio nella [4.3] si avrà:

$$K = 100 - 2L$$

c) La funzione di espansione (o **sentiero di espansione**) della produzione viene ricavata imponendo il vincolo di tangenza fra isoquanto ed isocosto:

$$\frac{L}{K} = \frac{p_K}{p_L} \Rightarrow p_L \cdot L = p_K \cdot K \Rightarrow K = \frac{p_L \cdot L}{p_K}$$

$$K = 2L$$

Esercizio n. 6.5

La tecnologia di un'impresa è espressa dalla funzione di produzione di Leontief

[5.1] $$Y = \min\{2x_1, x_2\}$$

Il budget è $C = 100.000$.

Determinare la combinazione ottima di fattori che massimizza la funzione di produzione, essendo i prezzi degli input: $p_1 = 1.000$ e $p_2 = 2.000$.

Risoluzione

L'equazione dell'isocosto è:

[5.2] $p_1 x_1 + p_2 x_2 = C$

Scriviamo, adesso, il vincolo dei fattori produttivi che sono mutuamente complementari:

$2x_1 = x_2$

La combinazione ottima degli input si ottiene impostando e risolvendo il sistema

$$\begin{cases} 2x_1 = x_2 \\ 1.000x_1 + 2.000x_2 = 100.000 \end{cases}$$

$1.000x_1 + 2.000(2x_1) = 100.000$

$5.000x_1 = 100.000$

$x_1^* = 20$

Quindi $x_2^* = 2x_1 \Rightarrow 2 \cdot (20) = 40$

Esercizio n. 6.6

La tecnologia di un'impresa è espressa dalla funzione di produzione

$Y = \min\{3L, 2K\}$

L'impresa deve produrre 24 unità di output. I prezzi degli input sono:

$p_K = 2;\ p_L = 3$

Determinare:

a) *il costo minimo di produzione;*
b) *la funzione di costo dell'impresa.*

Risoluzione

In base ai dati ricaviamo le seguenti relazioni

$Y = 3L;\ Y = 2K$

da esse ricaviamo le quantità ottime di input:

$L^* = \dfrac{Y}{3};\ K^* = \dfrac{Y}{2}$

Essendo Y = 24 avremo

$$L^* = \frac{24}{3} = 8; \quad K^* = \frac{24}{2} = 12$$

Il costo di produzione $C(Y)$ sarà quindi

$$C(Y) = pL \cdot L + pK \cdot K$$

$$C(Y) = 3(8) + 2(12) = 48$$

b) Generalizzando, possiamo ricavare la funzione di costo dell'impresa:

$$C(Y) = pL \cdot L^* + pK \cdot K^*$$

$$C(Y) = 3\frac{Y}{3} + 2\frac{Y}{2}$$

$$C(Y) = 2Y$$

Esercizio n. 6.7

La produzione di una determinata merce comporta costi fissi di trasporto *CF = 150* e costi variabili *CV = 1,50/kg*.

Il prezzo di vendita della merce è di € *1,81/kg*.

Determinare il quantitativo di merce prodotto in corrispondenza del break even point (punto di equilibrio).

Risoluzione

Il *break even point* corrisponde al punto d'intersezione fra la funzione del ricavo totale e quella del costo totale, imponendo la relazione RT = CT si avrà il modello

$$\begin{cases} RT = 1,81q \\ CT = 150 + 1,50q \\ RT = CT \end{cases}$$

$$1,81q = 150 + 1,50q$$

$$1,81q - 1,50q = 150 \Rightarrow q = \frac{150}{0,31} = 483,87$$

Esercizio n. 6.8

La funzione di produzione di un'impresa «*price taker*» (impresa che non può influire sul prezzo degli input né su quello dell'output) è:

[8.1] $Y = -x^3 + 5x^2 + 100x$ **(funzione di produzione con un solo input)**

Indichiamo con:

$p_v = 20$ il prezzo unitario di vendita dell'output
$p_a = 4$ il prezzo unitario di acquisto dell'input

Determinare:

a) *la variazione di output dovuta alla variazione dell'input;*
b) *il ricavo marginale;*
c) *la quantità ottimale di input;*
d) *il livello di produzione.*

Risoluzione

a) La produttività marginale dell'input è espressa dalla derivata prima della funzione di produzione:

[8.2] $Pma = \dfrac{dY}{dx} = -3x^2 + 10x + 100$

b) Il ricavo marginale si ottiene moltiplicando il prezzo unitario di vendita per la produttività marginale:

[8.3] $RMa = p_v Pma = 20(-3x^2 + 10x + 100) = -60x^2 + 200x + 2.000$

c) La quantità ottimale di input si ottiene ponendo la relazione di uguaglianza fra prezzo di acquisto e ricavo marginale:

$p_a = RMa$

$4 = -60x^2 + 200x + 2.000$

$60x^2 + 2.000x + 1.996 = 0$ oppure

$15x^2 - 50x - 499 = 0$

$\Delta = 2.500 + 29.940 = 32.440$

$x = \dfrac{50 \pm \sqrt{32.440}}{30}$

$x = \dfrac{50 + 180,11}{30} = 7,67$

$x' = \dfrac{50 - 180,11}{30} = -4,33$

la soluzione x′ si scarta perché, essendo negativa, è priva di significato economico.

d) Il livello di output conseguibile con l'utilizzo di x = 7,67 si ottiene sostituendo questo valore nella funzione di produzione, la [8.1], per cui si avrà:

$$Y = (-7,67)^3 + 5(7,67)^2 + 100(7,67)$$

$$Y = -451,21 + 294,14 + 767 = 609,93$$

Esercizio n. 6.9

Un agricoltore raccoglie settimanalmente pomodori che porta al mercato; la funzione di produzione è Y = 54L – 5L²; il prezzo di vendita è p_v = 240; il salario che corrisponde ai braccianti è w = 3.360.

Si ipotizza che l'output sia ottenuto utilizzando l'unico input (L).

Determinare la quantità di input (numero di braccianti) che consente il massimo profitto.

Risoluzione

Il profitto (π) è la funzione obiettivo da massimizzare:

[9.1] $\pi = pY - wL$

$$\pi = 240(54L - 5L^2) - 3.360L$$

$$\pi = 12.960L - 1.200L^2 - 3.360L$$

$$\pi = 9.600L - 1.200L^2$$

Per massimizzare la funzione del profitto rispetto all'input *L* occorre calcolarne la derivata prima ed imporre la condizione del primo ordine:

$$\frac{d\pi}{dL} = 9.600 - 2.400L$$

$$9.600 - 2.400L = 0$$

$$9.600 = 2.400L \Rightarrow L = \frac{9.600}{2.400} = 4 \textbf{ (unità di lavoro)}$$

è immediato verificare che la derivata seconda della funzione ha segno negativo, infatti

$$\frac{d^2\pi}{dL^2} = \frac{d(9.600 - 2.400L)}{dL} = -2.400 < 0$$

Quindi, il punto $L = 4$ è un punto di massimo relativo della funzione. Pertanto il profitto è massimo se vengono utilizzati $L = 4$ unità di lavoro.

Sostituendo $L = 4$ nella funzione di produzione avremo:

$$Y = 54L - 4L^2 = 54(4) - 5(4^2) = 136$$

Pertanto con 4 braccianti si coglieranno 136 q.li di pomodori.

Il profitto sarà, quindi, ottenuto sostituendo i valori di L e Y trovati nella [9.1]:

$$\pi = 240 \cdot 136 - 3.360(4) = 32.640 - 13.400 = 19.200$$

Si tratta di un problema di massimizzazione non vincolata perché il vincolo, cioè la funzione di produzione è già presente nella funzione del profitto che si vuole massimizzare.

L'esercizio proposto può anche essere risolto ricordando che secondo la teoria marginalista l'impresa massimizza il profitto quando impiega una quantità di lavoro in corrispondenza della quale il saggio di salario nominale eguaglia la produttività marginale del lavoro in valore, ossia $w = pPGM_L$ (il simbolo PMG_L indica la produttività marginale del lavoro); quindi si potrà scrivere:

$$[9.2] \quad w = p \cdot \frac{dY}{dL}$$

Essendo $Y = 54L - 5L^2$ sarà

$$\frac{dY}{dL} = 54 - 10L$$

Poiché $w = 3.360$
$ p = 240$

potremo scrivere l'uguaglianza [9.2] come:

$$3.360 = 240(54 - 10L)$$

$$3.360 = 12.960 - 2.400L$$

$$2.400L = 9.600$$

$$L = \frac{9.600}{2.400} = 4 \text{ unità di lavoro}$$

Capitolo 5

SCELTA INTERTEMPORALE DELL'IMPRESA

Sezione Prima
Scelta della produzione in un biennio

Esercizio Unico

Un'impresa *"price-taker"* agisce su un mercato dove il prezzo corrente di vendita di un prodotto è $p_V = 1500$.

Da indagini di mercato si prevede che il prezzo di vendita nell'anno successivo sarà $p_V' = 1.550$.

Ipotizzando un livello di costi pari a zero *stabilire un criterio di convenienza nella ripartizione dell'output nell'arco di un biennio, considerando il tasso d'interesse di mercato i = 0,08.*

Risoluzione

Per poter effettuare il confronto fra prezzi occorre attualizzare il prezzo

p_V' moltiplicandolo per il fattore di sconto composto $V = \dfrac{1}{1+i}$.

Il valore attualizzato di p_V' sarà:

$$V_A = p_V' \cdot \frac{1}{1+i} = 1.550 \cdot \frac{1}{1,08} = 1.435$$

Per un'impresa *"price taker"* sussiste la relazione di uguaglianza fra prezzo di vendita e ricavo marginale.

Essendo il prezzo di vendita $p_V = 1.500$ maggiore del valore attuale di $p_V' = 1.435$, consegue che il ricavo del primo periodo è maggiore di quello del secondo periodo; dunque all'impresa conviene effettuare tutta la produzione nel primo anno.

Sezione Seconda
Scelta di produzione in base al criterio dell'attualizzazione dei rendimenti

Esercizio Unico

Un investitore deve operare una scelta fra l'investimento A e l'investimento B entrambi aventi durata biennale.

L'investimento A oggi (primo anno) rende 1 € e renderà 2 € il secondo anno.

L'investimento B oggi (primo anno) ha un rendimento pari a zero ma il prossimo anno renderà 3,50 €.

Scelto il tasso di valutazione i = 0,09 annuo qual è oggi l'investimento più conveniente?

Risoluzione

La decisione scaturisce dal confronto fra il rendimento finanziario di ciascun investimento attualizzato. Il valore dell'investimento A con riferimento al primo anno sarà:

$$I_A = 1 + 2 \cdot \frac{1}{1+0,09} = 2,75$$

$$I_B = 0 + 3,50 \cdot \frac{1}{1+0,09} = 3,21$$

Essendo $I_B > I_A$ l'investimento B è preferibile all'investimento A.

Capitolo 6

OFFERTA, DOMANDA ED EQUILIBRIO DEL MERCATO

Sezione Prima
Elasticità dell'offerta

Esercizio Unico

Data la funzione di offerta di un prodotto:

[1] $q^s = 15 + 3p$

a) *calcolare il valore dell'elasticità;*
b) *calcolare il valore dell'elasticità se* $q^s = 42$.

Risoluzione

a) L'elasticità viene calcolata adoperando la relazione

$$\varepsilon = \frac{p}{q} \cdot \frac{dq}{dp}$$

poiché $\dfrac{dq}{dp} = 3$ allora possiamo scrivere

[2] $\varepsilon = \dfrac{p}{q} \cdot 3$

Sostituiamo l'espressione [1] nella [2] ed avremo:

$$\varepsilon = \frac{p}{15 + 3p} \cdot 3 = \frac{p}{5 + p}$$

con $p > 0$

Poiché $0 < \dfrac{p}{5 + p} < 1$ sarà

$$0 < \varepsilon < 1$$

b) Sostituendo $q^s = 42$ nella funzione di offerta si avrà

$$42 = 15 + 3p \Rightarrow 42 - 15 = 3p \Rightarrow 27 = 3p \Rightarrow p = 9$$

valore che, sostituito nella [2] darà:

$$\varepsilon = \frac{9}{42} \cdot 3 = \frac{27}{42} = 0,64$$

Sezione Seconda
Prezzo, quantità d'equilibrio, eccesso di domanda e di offerta

Esercizio n. 2.1

Le funzioni $q^d = 3.000 - 2p$ e $q^s = -600 + 3p$ rappresentano, rispettivamente, le funzioni di domanda e di offerta di un bene:

a) *calcolare prezzo e quantità di equilibrio del mercato;*
b) *determinare il livello di prezzo minimo affinché esista offerta di mercato;*
c) *determinare l'eccesso di domanda corrispondente al prezzo p = 500 e l'eccesso di offerta corrispondente al prezzo p = 1.000.*

Risoluzione

a) L'equilibrio del mercato è rappresentato dal punto d'intersezione delle due funzioni; ossia dalla risoluzione del seguente sistema vincolato:

$$[1.1] \quad \begin{cases} q^d = 3.000 - 2p \\ q^s = -600 + 3p \\ q^d = q^s \end{cases}$$

Pertanto, per la proprietà transitiva delle uguaglianze si potrà scrivere:

$$3.000 - 2p = -600 + 3p \Rightarrow 3.000 + 600 = 3p + 2p$$

$$3.600 = 5p \Rightarrow p^* = \frac{3.600}{5} = 720$$

Sostituendo indifferentemente nella [1.1] si avrà:

$$q^* = 3.000 - 2(720) = 3.000 - 1.440 = 1.560$$

Quindi l'equilibrio del mercato si raggiunge nel punto di coordinate $E(1.560; 720)$.

Graficamente si potrà ottenere il punto E dopo aver tracciato le funzioni di domanda e di offerta.

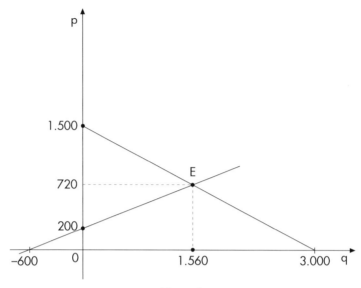

Figura 1

Per la funzione di domanda determiniamo le intercette con gli assi cartesiani risolvendo il sistema:

$$\begin{cases} q = 3.000 - 2p \\ p = 0 \end{cases}$$

$$q = 3.000$$

$$\begin{cases} q = 3.000 - 2p \\ q = 0 \end{cases}$$

$$0 = 3.000 - 2p \Rightarrow 2p = 3.000 \Rightarrow p = 1.500$$

Analogamente per la funzione di offerta, si avrà:

$$\begin{cases} q = -600 + 3p \\ p = 0 \end{cases}$$

$$q = -600$$

$$\begin{cases} q = -600 + 3p \\ q = 0 \end{cases}$$

$$0 = 600 + 3p \Rightarrow 600 = 3p \Rightarrow p = 200$$

È possibile calcolare il prezzo di equilibrio in modo alternativo (**approccio walrasiano**), scrivendo la relazione di eccesso di domanda (e^d):

[1.2] $e^d = q^d - q^s$

$e^d = 3.000 - 2p - (-600 + 3p)$

$e^d = 3.000 - 2p + 600 - 3p = 3.600 - 5p$

Il prezzo che rende nullo l'eccesso di domanda è il prezzo di equilibrio. Quindi dovrà essere:

$3.600 - 5p = 0 \Rightarrow 3.600 = 5p$

$p = \dfrac{3.600}{5} = 720$

Secondo un'altra metodologia risolutiva (**approccio marshalliano**) si opera sulla quantità. Conviene, pertanto, passare dalle funzioni dirette alle inverse, ossia, per la funzione di domanda:

$2p = 3.000 - q^d$

$p = \dfrac{3.000 - q^d}{2} = \dfrac{3.000}{2} - \dfrac{1}{2}q^d = 1.500 - 0,50q^d$

Per la funzione di offerta sarà:

$q^s + 600 = 3p$

$p = \dfrac{q^s + 600}{3}$ oppure $p = \dfrac{1}{3}q^s + \dfrac{600}{3} = 0,33q^s + 200$

Quindi, la funzione di **eccesso di prezzo** (*e^p*) sarà:

$e^p = 1.500 - 0,50q - (0,33q + 200)$

$e^p = \mathbf{1.500} - 0,50q - 0,33q - \mathbf{200} = 1.300 - 0,83q$

La quantità che rende nullo l'eccesso di prezzo è la quantità di equilibrio, che sarà così determinata:

$1.300 - 0,83q = 0 \Rightarrow 1.300 = 0,83q$

$q^* = \dfrac{1.300}{0,83} = 1.560$

Sostituendo nella [1.1] si ottiene il prezzo di equilibrio

$1.560 = 3.000 - 2p$

$2p = 3.000 - 1.560$

$2p = 1.440$

$p^* = 720$

b) Solitamente il termine noto che compare nella funzione di offerta è negativo; da un punto di vista economico ciò significa che se il prezzo è minore di un certo valore l'offerta è nulla. Determiniamo quel «certo valore»:

$q^s = -600 + 3p$

affinché vi sia offerta deve essere verificata la diseguaglianza:

$-600 + 3p > 0$

$3p > 600$

$p > 200$

Quindi sul mercato vi sarà offerta per ogni livello di prezzo maggiore di *200*.

c) Per un prezzo $p^d = 500$ la quantità domandata sarà:

$q^d = 3.000 - 2(500) = 2.000$

Si determina, quindi, un eccesso di domanda (rispetto alle quantità di equilibrio) pari a:

$2.000 - 1.560 = 440$

Per un prezzo $p^s = 1.000$ la quantità offerta sarà:

$q^s = -600 + 3(1.000) = 2.400$

L'eccesso di offerta (rispetto alla quantità di equilibrio) è dunque pari a:

$2.400 - 1.560 = 840$

Esercizio n. 2.2

Data la funzione di domanda:

$$[2.1] \quad q^d = \frac{1.000}{p}$$

e la funzione di offerta

$$[2.2] \quad q^s = -40 + 2p$$

determinare il prezzo di equilibrio.

Risoluzione

Il modello matematico che esprime l'equilibrio è:

$$\begin{cases} q^d = \dfrac{1.000}{p} \\ q^s = -40 + 2p \\ q^d = q^s \end{cases}$$

Risolvendo si avrà

$$\frac{1.000}{p} = -40 + 2p$$

$$1.000 = -40p + 2p^2$$

$$0 = -1.000 - 40p + 2p^2$$

ed ordinando, potremo scrivere

$$2p^2 - 40p - 1.000 = 0$$

Semplifichiamo l'equazione dividendo ciascun termine per 2 ed avremo l'equazione equivalente:

$$p^2 - 20p - 500 = 0$$

$$\Delta = b^2 - 4ac = 400 + 2.000 = 2.400 > 0$$

le radici (o soluzioni) saranno reali e distinte, ma dovremo scartare la radice di segno negativo in quanto il prezzo dev'essere *p > 0*; dunque:

$$p = \frac{-b \pm \sqrt{\Delta}}{2a} = \frac{20 \pm \sqrt{2.400}}{2} = \begin{cases} p_1 = \dfrac{20 + 48,98}{2} = 34,49 \\ \\ p_2 = \dfrac{20 - 48,98}{2} = -14,49 \end{cases}$$

Pertanto, il prezzo di equilibrio sarà *p* = 34,49*.

Sezione Terza
Equilibrio del mercato con tasse, imposte e sussidi

Esercizio n 3.1

Un mercato è caratterizzato dalle seguenti funzioni di domanda e di offerta:

[1.1] $q^d = 40 - 2p$

[1.2] $q^s = -20 + 4p$

a) *determinare l'equilibrio del mercato;*
b) *determinare il nuovo equilibrio di mercato dopo l'imposizione di una tassa a somma fissa o accisa d'importo t =2 per ogni unità del bene su cui grava (la tassa è posta a carico del consumatore);*
c) *si ripeta il quesito b) nel caso in cui la tassa è posta a carico del venditore.*

Risoluzione

a) Prezzo e quantità di equilibrio del mercato si ottengono dall'eguaglianza fra funzione di domanda e funzione di offerta, le [1.1] e [1.2]:

$40 - 2p = -20 + 4p$

$-2p - 4p = -20 - 40$

$6p = 60$

$p^* = 10$

Sostituendo $p = 10$ in una delle due funzioni si ottiene la quantità d'equilibrio:

$q = 40 - 2(10) \implies q^* = 40 - 20 = 20$

Pertanto l'equilibrio in assenza di tassazione è:

$$E \begin{cases} q^* = 20 \\ p^* = 10 \end{cases}$$

b) A seguito dell'introduzione della tassa la nuova funzione di domanda sarà:

$q^d = 40 - 2(p + t) \implies q^d = 40 - 2(p + 2) \implies q^d = 40 - 2p - 4$

[1.3] $q^d = 36 - 2p$

Poniamo l'uguaglianza fra la nuova funzione di domanda e la funzione di offerta:

$36 - 2p = -20 + 4p \implies -2p - 4p = -20 - 36$

$-6p = -56 \implies p_V^* = 9,33$

Sostituendo $p = 9,33$ nella [1.3] avremo:

$q^* = 36 - 2(9,33) = 17,34$

Per effetto della tassazione la curva di domanda subisce una traslazione verso il basso; quindi prezzo e quantità offerta diminuiranno e l'equilibrio si raggiungerà nel punto E' (rappresentato in *Figura 1*) le cui coordinate sono:

$$E' \begin{cases} q^* = 17,34 \\ p_V^* = 9,33 \text{ (\textbf{prezzo percepito dal venditore al netto della tassa})} \end{cases}$$

Se indichiamo con p_C il prezzo pagato dal consumatore si avrà

$p_C - p_V = t; \qquad p_C = p_V + t;$

$p_C = 9,33 + 2 = 11,33$

(prezzo pagato dal compratore al lordo della tassa)

c) A seguito dell'imposizione fiscale la funzione di offertà sarà:

$q^s = -20 + 4(p - t) \Rightarrow q^s = -20 + 4(p - 2) \Rightarrow q^s = -20 + 4p - 8$

[1.4] $q^s = -28 + 4p$

Poniamo l'uguaglianza fra la nuova funzione di offerta e la funzione di domanda

$-28 + 4p = 40 - 2p$

$6p = 68$

$p_C^* = 1,33$

Sostituendo $p_C^* = 1,33$ nella [1.4] avremo:

$q = -28 + 4(11,33) \Rightarrow q = -28 + 45,33$

$q^* = 17,32$

Pertanto l'equilibrio dopo la tassa, è rappresentato dalle coordinate del punto E'' (*Figura 2*):

$$E'' \begin{cases} q^* = 17,32 \\ p_C^* = 11,33 \end{cases}$$

Si osservi che il prezzo pagato dal consumatore rimane $p_C^* = 11,33$, mentre quello percepito dal venditore sarà:

$p_V = 11,33 - 2 = 9,33$

Verifichiamo che l'incidenza della tassa è invariata; infatti:

$p_C - p_V = 11,3 - 9,33 = 2$

Rappresentiamo graficamente i quesiti proposti.

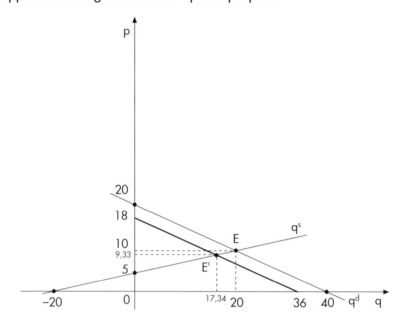

Figura 1

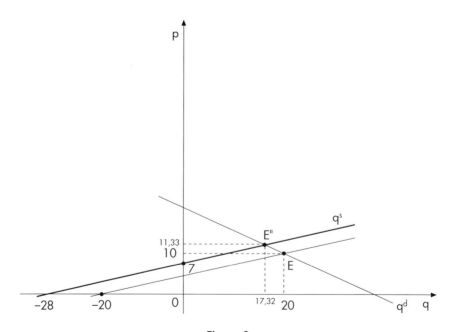

Figura 2

Se la domanda è relativamente anelastica e l'offerta relativamente elastica, la tassa colpirà principalmente i consumatori.

Per determinare la ripartizione (percentuale) della tassa fra venditore e consumatore adoperiamo la relazione di trasferimento:

$$t_V = \frac{p^* - p_V}{2} \quad \Rightarrow \quad \frac{10 - 9,33}{2} = 0,335$$

$$t_C = \frac{p_C - p^*}{2} \quad \Rightarrow \quad \frac{11,33 - 10}{2} = 0,665$$

Esercizio n. 3.2

Assegnate le funzioni di domanda e di offerta

[2.1] $q^d = 16 - 2p$

[2.2] $q^s = -8 + 4p$

si calcoli:

a) *l'equilibrio di mercato;*
b) *il nuovo equilibrio di mercato dopo l'introduzione di una tassa ad valorem del 2% nel prezzo praticato dalle imprese.*

Risoluzione

a) Il quesito è già stato esaminato nell'esercizio n. 3.1 di questa stessa Sezione. Svolgendo i calcoli si ottiene l'equilibrio di mercato

$$E \begin{pmatrix} p^* = 4 \\ q^* = 8 \end{pmatrix}$$

b) Indichiamo con p_V il prezzo che ricevono i venditori, al netto della tassa, e con p' il nuovo prezzo di mercato dopo l'applicazione della tassa. Potremo scrivere la relazione:

$$p^* = p_V + p_V t \quad \Rightarrow \quad p_V (1 + t)$$

da cui: $p_V = \dfrac{p^*}{1+t} \quad \Rightarrow \quad p_V = \dfrac{4}{1,02} = 3,92$

Per ottenere la quantità offerta, sostituiamo il valore $p_V = 3,92$ nella funzione di offerta, la [2.2]:

$$q^s = -8 + 4(3,92)$$

$$q^s = -8 + 15,68 = 7,68$$

Pertanto il nuovo equilibrio di mercato sarà

$$E' \begin{cases} p^* = 3,92 \\ q^* = 7,68 \end{cases}$$

Esercizio 3.3

Le curve di domanda e di offerta di un bene sono rappresentate, rispettivamente, dalle seguenti funzioni:

[3.1] $q^d = 50 - 2p_C$

[3.2] $q^s = -10 + p_V$

Determinare l'equilibrio di mercato posto che il governo deliberi di pagare un sussidio al venditore dell'importo s = 5 per ogni unità venduta.

Risoluzione

Fra il prezzo p_V ricevuto dal venditore, comprensivo del sussidio, e il prezzo p_C pagato dal compratore sussiste la seguente relazione:

[3.3] $p_V - p_C = s$

Si può verificare, risolvendo il sistema fra la [3.1] e la [3.2], che le curve lineari di domanda e offerta implicano un punto di equilibrio, E, avente le seguenti coordinate:

$$E \begin{pmatrix} q^* = 10 \\ p^* = 20 \end{pmatrix}$$

A seguito del sussidio a favore del venditore la [3.3] diventa:

[3.4] $p_V = p_C + 5$

Sostituiamo allora la [3.4] nella [3.2] ed eguagliamo le funzioni di domanda e di offerta:

$$50 - 2p_C = -10 + (p_C + 5) \quad \Rightarrow \quad 50 - 2p_C = -10 + p_C + 5$$

$55 = 3p_C \quad \Rightarrow \quad p_C = \dfrac{55}{3} = 18,3$ che inserito nella [3.1] rende il valore

$q = 50 - 2(18,3) = 13,4$

Pertanto il nuovo punto di equilibrio *E'* avrà le seguenti coordinate:

$$E' \begin{pmatrix} q^* = 13,4 \\ p^* = 18,3 \end{pmatrix}$$

Si osservi che l'erogazione del sussidio determina (contrariamente all'effetto di una imposta) un aumento della quantità venduta ed una diminuzione del prezzo di mercato.

Esercizio n. 3.4

Le curve di domanda e di offerta di un bene sono rappresentate, rispettivamente, dalle seguenti funzioni:

[4.1] $q^d = 36 - 6p^d$

[4.2] $q^s = 8 + 2p^s$

Determinare l'equilibrio di mercato posto che il governo deliberi di pagare un sussidio alla produzione pari a s = 2.

Risoluzione

A seguito del sussidio alla produzione, fra i prezzi sussiste la relazione:

$p^s = p^d + s \quad \Rightarrow \quad p^s = p^d + 2$

Pertanto l'equilibrio di mercato è espresso dal modello matematico:

[4.3] $\begin{cases} q^d = 36 - 6p^d \\ q^s = 8 + 2(p^d + 2) \\ q^d = q^s \end{cases}$

che può essere scritto nella forma:

$36 - 6p^d = 8 + 2(p^d + 2)$

$36 - 6p^d = 8 + 2p^d + 4$

$36 - 12 = 2p^d + 6p^d$

$$24 = 8p^d$$

$$p^d = \frac{24}{8} = 3$$

Essendo:

$p^s = p^d + 2$, si avrà $p^s = 3 + 2 = 5$

Per il calcolo di $q^d = q^s$ si potrà sostituire $p^d = 3$ nella [4.3] per cui:

$$q^d = 36 - 6 \cdot 3 = 36 - 18 = 18$$

Esercizio 3.5

Si consideri un mercato concorrenziale.
Siano $p_A = 11 - 3q_A$ e $p_B = 17 - 4q_B$ le funzioni di domanda inverse di due beni, A e B.
Ipotizziamo un livello del costo marginale $CMa = 5$.

Determinare:

a) *prezzo e quantità di equilibrio in assenza di imposte;*
b) *il gettito fiscale e l'eccesso di pressione conseguente l'introduzione di un'imposta a carico dei consumatori pari ad 1 € per ogni unità di A e di 2 € per ogni unità di B.*

Risoluzione

a) Ciascuna impresa offrirà un output che realizzi l'equilibrio $p = CMa$:

$$p_A = p_B = CMa = 5$$

Pertanto, sostituendo $p = 5$ nelle funzioni di domanda inverse si ottengono le rispettive quantità di equilibrio:

$$5 = 11 - 3q_A \quad \Rightarrow \quad 3q_A = 6 \quad \Rightarrow \quad q_A = 2$$

$$5 = 17 - 4q_B \quad \Rightarrow \quad 4q_B = 12 \quad \Rightarrow \quad q_B = 3$$

Per il bene A il punto di equilibrio è $E \equiv (2,5)$, la situazione è rappresentata in *Figura 1*.

b) A seguito dell'imposizione fiscale i nuovi prezzi saranno:

$$p_A = 5 + 1 = 6$$

$$p_B = 5 + 2 = 7$$

Il nuovo equilibrio sarà, pertanto:

$$6 = 11 - 3q_A \quad \Rightarrow \quad q_A = \frac{5}{3} = 1,66$$

quindi $E_1 \equiv (1,66, 6)$ e per il bene B sarà

$$7 = 17 - 4q_B \quad \Rightarrow \quad q_B = \frac{10}{4} = 2,50$$

Gettito fiscale = 1 € (1,66) + 2 € (2,50) = 6,66 €

Eccesso di pressione per il bene A (si veda la *Figura 1*):

Area del triangolo E_1ME

$$\frac{(\Delta P_A) \cdot (\Delta Q_A)}{2} = \frac{(6-5) \cdot (2-1,66)}{2} = |0,17|$$

Eccesso di pressione per il bene B

$$\frac{(\Delta P_B) \cdot (\Delta Q_B)}{2} = \frac{(7-5) \cdot (3-2,50)}{2} = |0,50|$$

Eccesso di pressione complessiva

$$|0,17| + |0,50| = |0,67|$$

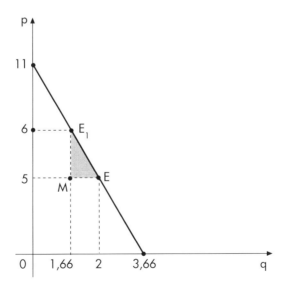

Figura 1

Sezione Quarta
Surplus del produttore e del consumatore
in concorrenza perfetta

Esercizio n. 4.1

Data la funzione di domanda:

$$q^d = 50 - p$$

e la funzione di offerta

$$q^s = -10 + p$$

Calcolare il beneficio netto (surplus) *del consumatore e del produttore.*

Risoluzione

Scriviamo il modello matematico di equilibrio del mercato:

$$\begin{cases} q^d = 50 - p \\ q^s = -10 + p \\ q^d = q^s \end{cases}$$

Risolviamo il sistema:

$$50 - p = -10 + p \implies 60 = 2p \implies p = 30$$

Sostituendo p in una delle due funzioni, otteniamo la quantità di equilibrio:

$$q^d = 50 - 30 \implies q^d = 20$$

Quindi le coordinate del punto di equilibrio del mercato sono:

$$E^* (20; 30)$$

Rappresentiamo graficamente le funzioni di domanda e di offerta.
Funzione di domanda: $q^d = 50 - p$.

Calcoliamo le intercette con gli assi cartesiani:

$$\begin{cases} q^d = 50 - p \\ p = 0 \end{cases}$$

$$q^d = 50$$

$$\begin{cases} q^d = 50 - p \\ q^d = 0 \end{cases}$$

$$0 = 50 - p$$

$$p = 50$$

Funzione di offerta: $q^s = -10 + p$.

Calcoliamo le intercette con assi gli cartesiani:

$$\begin{cases} q^s = -10 + p \\ p = 0 \end{cases}$$

$$q^s = -10$$

$$\begin{cases} q^s = -10 + p \\ q^s = 0 \end{cases}$$

$$0 = -10 + p$$

$$p = 10$$

Possiamo, adesso tracciare il grafico:

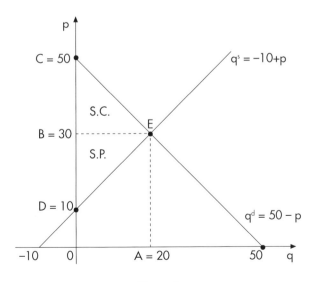

Figura 1

Il beneficio netto (o surplus) del consumatore (S.C.) è rappresentato dal-l'area del triangolo rettangolo *BEC*:

$$\text{Area del triangolo} = \frac{BE \cdot CB}{2} = \frac{20 \cdot (50 - 30)}{2} = 200$$

Il beneficio netto (o surplus) del produttore (S.P.) è rappresentato dall'area del triangolo *EBD*:

$$\text{Area del triangolo} = \frac{BE \cdot BD}{2} = \frac{20 \cdot (30 - 10)}{2} = 200$$

Si può osservare che essendo la quantità *BE* costante e comune fra consumatore ed offerente, il surplus di quest'ultimo è funzione della differenza tra il prezzo percepito ($p = 30$) per la vendita del prodotto ed il prezzo minimo di offerta ($p = 10$). In concorrenza perfetta e in assenza di esternalità, il benessere di una società è la somma dei due surplus. L'efficienza del mercato è raggiunta quando l'equilibrio massimizza il surplus totale.

Esercizio n. 4.2

Data la funzione di produzione $Y = 10x_1x_2$ per un output $Y = 10.000$ ed i prezzi dei fattori produttivi $p_1 = 10.000$ e $p_2 = 100.000$, ipotizzando il prezzo di vendita dell'output pari a $p = 250$, determinare il surplus del produttore.

Risoluzione

Impostiamo il sistema risolutivo

$$\begin{cases} MRST = \dfrac{p_1}{p_2} & \text{(vincolo di tangenza tra isoquanto ed isocosto)} \\ Y = 10x_1x_2 & \text{(vincolo tecnologico)} \end{cases}$$

$$\begin{cases} \dfrac{x_2}{x_1} = \dfrac{10.000}{100.000} \\ 10.000 = 10x_1x_2 \end{cases}$$

Il sistema, risolto banalmente rende: $x_1 = 100$; $x_2 = 10$.

Calcoliamo il ricavo totale:

$$RT = p \cdot Y = 250 \cdot 10.000 = 2.500.000$$

Calcoliamo il costo variabile:

$CV = p_1 x_1 + p_2 x_2$

$CV = 10.000 \cdot 100 + 100.000 \cdot 10$

$CV = 1.000.000 + 1.000.000 = 2.000.000$

    Il surplus del produttore si ottiene dalla differenza tra il ricavo totale (*RT*) ed il costo variabile totale (*CV*), ovvero è la differenza tra il prezzo di vendita ed il prezzo di offerta.

Pertanto, si avrà:

RT − CV = Surplus del produttore, ossia

2.500.000 − 2.000.000 = 500.000

Capitolo 7

SCELTA IN CONDIZIONE D'INCERTEZZA

Sezione Prima
*Reddito atteso, modello von Neumann-Morgenstern,
misura di Arrow-Pratt di avversione al rischio
e partecipazione a scommesse*

Esercizio n. 1.1

Ad un invidividuo provengono due redditi condizionati al verificarsi di eventi aleatori a ciascuno dei quali è associata la corrispondente probabilità. Se si verifica l'*evento A* con probabilità $p_A = \dfrac{1}{4}$ il soggetto incassa il reddito $m_A = 16$; se si verifica l'*evento B*, avente probabilità $p_B = \dfrac{3}{4}$, l'incasso sarà $m_B = 9$.

Le preferenze del soggetto sono espresse dalla funzione di utilità attesa (funzione di utilità von Neumann-Morgenstern)

[1.1] $U(m) = \sqrt{m}$

In merito alla descritta lotteria determinare:
a) il reddito atteso (*Expected*);
b) l'utilità attesa;
c) l'equivalente a certezza del reddito aleatorio;
d) stabilire l'atteggiamento del soggetto nei confronti del rischio;
e) la misura di Arrow-Pratt di avversione al rischio;
f) il premio per il rischio.

Risoluzione

a) Il reddito atteso della variabile casuale "lotteria" è ottenuto dalla sommatoria del prodotto di ciascun reddito per la corrispondente probabilità:

$$E(L) = m_A p_A + m_B p_B = 16 \cdot \frac{1}{4} + 9 \cdot \frac{3}{4} = 10,75$$

b) L'utilità attesa è ottenuta dalla sommatoria dell'utilità associata a ciascun evento, ponderata con la rispettiva probabilità:

$$E(U) = U(m_A)p_A + U(m_B)p_B = \sqrt{16} \cdot \frac{1}{4} + \sqrt{9} \cdot \frac{3}{4} = 1 + 2,25 = 3,25$$

c) L'equivalente a certezza (equivalente certo) del guadagno aleatorio è quell'ammontare monetario (m_c) che, se ricevuto con certezza, è indifferente, per il soggetto, alla lotteria stessa:

$$U(m_c) = E(U)$$

$$\sqrt{m_c} = 3,25$$
$$m_c = (3,25)^2 = 10,56$$

d) Un individuo viene definito «avverso al rischio» se preferisce il reddito atteso all'equivalente a certezza.

Poiché nel caso in esame risulta:

$$E(L) > m_c \qquad \text{ossia} \qquad 10,75 > 10,56$$

si potrà concludere che, l'individuo è avverso al rischio; ciò è confermato dall'andamento concavo della funzione di utilità attesa assegnata.

Per completezza espositiva, si osservi che:

se $E(L) < m_c$ l'individuo ha un comportamento propenso al rischio;

se $E(L) = m_c$ l'individuo ha un comportamento neutrale al rischio.

e) La misura dell'avversione al rischio, secondo Arrow-Pratt è espressa dalla relazione

$$[1.2] \quad r(m) = -\frac{U''(m)}{U'(m)}$$

Per facilitare il calcolo, operiamo una trasformazione monotonica della funzione di utilità attesa, la [1.1], nella forma equivalente:

$$U(m) = m^{\frac{1}{2}} \Rightarrow U(m) = m^{0,5}$$

Avremo, pertanto:

$$U'(m) = \frac{dU}{dm} = 0,5m^{0,5-1} = 0,5m^{-0,5}$$

$$U''(m) = \frac{d''U}{dm} = (-0,5)(0,5)m^{-0,5-1} = -0,25m^{-1,5}$$

Sostituendo il valore così trovato nella [1.2] si avrà:

$$r(m) = -\left(\frac{-0,25m^{-1,5}}{0,5m^{-0,5}}\right) = -\left(-0,5m^{-1,5+0,5}\right) = -\left(-0,5m^{-1}\right) = -\left(-0,5\frac{1}{m}\right) = \frac{0,5}{m}$$

f) Il premio per il rischio si ottiene dalla differenza fra il valore atteso e l'equivalente a certezza

Premio atteso $= E(L) - m_c = 10,75 - 10,56 = 0,19$

Esercizio n. 1.2

Le preferenze di un individuo vengono espresse dalla funzione di utilità attesa (von Neumann-Morgenstern)

$$U(m) = m^2 + 3$$

Egli deve decidere se partecipare ad una scommessa (lotteria, prospettiva) che se si verifica l'*evento A*, con probabilità $p_A = \dfrac{1}{3}$, gli rende l'incasso $m_A = 45$, se, invece, si verifica l'*evento B*, avente probabilità $p_B = \dfrac{2}{3}$, l'incasso sarà $m_B = 15$.

Determinare:
a) *il suo atteggiamento verso il rischio;*
b) *se la partecipazione alla scommessa comporta un prezzo di 20 l'individuo troverà conveniente parteciparvi?*
c) *Quale somma C accetterebbe l'individuo in cambio della non partecipazione alla lotteria?*

Risoluzione

a) Si calcola il reddito atteso:

$$E(L) = 45 \cdot \frac{1}{3} + 15 \cdot \frac{2}{3} = 15 + 10 = 25$$

Si calcola l'utilità attesa:

$$E(U) = (45^2 + 3) \cdot \frac{1}{3} + (15^2 + 3) \cdot \frac{2}{3} = 828$$

Si calcola l'equivalente a certezza:

$$U(m_c) = E(U)$$

$m^2 + 3 = 828$

$m^2 = 825$

$m = \pm\sqrt{825} = 28,72$ (non ha senso considerare la radice negativa)

$m_c = 28,72$

Essendo $E(L) < m_c$ ossia $25 < 28,72$ l'individuo è propenso al rischio.

b) Poiché il costo di partecipazione alla lotteria (20) è inferiore all'equivalente a certezza l'individuo è indotto a parteciparvi.

c) L'individuo accetta di non partecipare alla lotteria se gli viene erogata qualunque somma:

$C > m_c$ cioè $C > 28,72$

Sezione Seconda
Rendimento atteso dell'attività

Esercizio Unico

Un'attività finanziaria esprime il seguente vettore di rendimento:

$m_1 = 10.000; \quad m_2 = 30.000; \quad m_3 = 20.000$

al quale è associato il corrispondente vettore di probabilità:

$p_1 = \dfrac{1}{4}; \quad p_2 = \dfrac{1}{4}; \quad p_3 = \dfrac{1}{2}$

Determinare:
a) *il rendimento atteso (valore medio) dell'attività;*
b) *gli indici di variabilità assoluta* σ^2 *(varianza) e scarto quadratico medio;*
c) *il coefficiente di variazione (indice di variabilità relativa).*

Risoluzione

a) $E(L) = m_1 p_1 + m_2 p_2 + m_3 p_3 =$

$$= 10.000 \cdot \frac{1}{4} + 30.000 \cdot \frac{1}{4} + 20.000 \cdot \frac{1}{2} = 20.000$$

b) $\sigma^2 = (10.000 - 20.000)^2 \cdot \dfrac{1}{4} + (30.000 - 20.000)^2 \cdot \dfrac{1}{4} + (20.000 - 20.000)^2 \cdot \dfrac{1}{2}$

$\sigma^2 = 50.000.000$

Lo scarto quadratico medio (deviazione standard) sarà:

$$\sqrt{\sigma^2} = \sigma \implies \sqrt{50.000.000} = 7071,07$$

c) Il coefficiente di variazione è

$$c.v. = \frac{\sigma}{M} \cdot 100$$

dove $M = E(L)$
quindi

$$c.v. = \frac{7071,07}{20.000} \cdot 100 = 35,35\% \text{ (cioè } 0,3535)$$

poiché il valore del c.v. oscilla nell'intervallo $0 < c.v. < 1$, l'attività finanziaria esaminata presenta una modesta variabilità.

Capitolo 8

ECONOMIA DEL BENESSERE

Sezione Unica
Funzione della curva di trasformazione,
allocazioni ammissibili e frontiera delle possibilità produttive

Esercizio n. 1

Si ipotizzi un sistema economico in cui esiste un bene-risorsa ($X = 9$ unità), che può essere consumato dagli unici due agenti esistenti, che chiamiamo A e B, oppure trasformato in un altro bene di consumo Y con la tecnologia espressa dalla funzione di produzione:

[1] $Y = 3X^2$

Determinare:
a) *la funzione della curva di trasformazione (del bene X nel bene Y) ed il tasso marginale di trasformazione;*
b) *l'insieme delle allocazioni ammissibili;*
c) *il paniere di consumo dell'agente B in funzione delle quantità di consumo dell'agente A;*
d) *ipotizzando che le funzioni di utilità dei due agenti siano rispettivamente:*

[2] $U_A = x_A y_A$ e   [3] $U_B = x_B y_B$

determinare l'allocazione efficiente del sistema, in senso paretiano, sia nel consumo sia nella produzione, se la quantità di risorsa impiegata nel processo produttivo è pari a 4 unità.

Risoluzione

a) Essendo $X = 9$, indichiamo con x_p la porzione di risorsa impiegata nel processo produttivo e con x_c quella destinata al consumo; quindi il vincolo della risorsa è:

[4] $x_p + x_c = 9$ da cui

$x_p = 9 - x_c$

La funzione della curva di trasformazione del bene X nel bene Y si ottiene inserendo nella [1] la quantità x_p ed avremo:

[5] $\quad Y = 3(9 - x_c)^2 \quad \Rightarrow \quad Y = 243 - 54x_c + 3x_c^2$

Il saggio marginale di trasformazione (MRT) nel caso in esame (input unico) coincide con la produttività marginale, ossia con la variazione marginale che subisce l'output per l'effetto della variazione marginale dell'input.

Quindi il MRT della [5] sarà:

$$|MRT| = \frac{dY}{dx_c} = -54 + 6x_c$$

b) Indichiamo con x_A la quota di risorsa X destinata al consumatore A e con x_B quella destinata al consumatore B. Il vincolo della risorsa [4] potrà scriversi nella forma:

[6] $\quad x_c + x_p = 9 \quad$ ossia

[7] $\quad (x_A + x_B) + x_p = 9$

Il vincolo della risorsa, relativamente alla quantità x_p impiegata per produrre Y, è:

[8] $\quad (y_A + y_B) = 3 \cdot (9 - x_c)^2$

Le allocazioni ammissibili sono date dai panieri $(x_A; y_A)$ e $(x_B; y_B)$ che soddisfano i vincoli delle risorse espressi dalle relazioni [7] e [8].

c) I panieri di consumo dell'agente B, $(x_B; y_B)$ vengono espressi dalle relazioni [7] e [8]

$$x_B = 9 - (x_p + x_A)$$

$$y_B = 3(9 + x_c)^2 - y_A$$

d) Il tasso marginale di sostituzione dell'agente A, data la sua funzione di utilità è:

$$|MRS_A| = \frac{y_A}{x_A}$$

In modo analogo verrà calcolato il tasso marginale di sostituzione dell'agente B:

$$|MRS_B| = \frac{y_B}{x_B}$$

La condizione che realizza l'**efficienza congiunta della produzione e del consumo** viene espressa dall'uguaglianza fra il saggio marginale di trasformazione ed il saggio marginale di sostituzione relativo a ciascun individuo rispetto agli stessi beni, cioè:

$$|MRT| = |MRS_A| = |MRS_B|$$

$$\left|-54 + 6x_c\right| = \frac{y_A}{x_A} = \frac{y_B}{x_B}$$

La quantità ottima della risorsa disponibile per il consumo diretto si ottiene dalla relazione [6]; in funzione di $x_p = 4$ si avrà:

$$x_c = 9 - 4 = 5$$

La quantità disponibile del bene Y si ottiene dalla funzione di produzione [1] inserendo $x_p = 4$; quindi, sarà:

$$Y = 3x^2 = 3 \cdot 16 = 48$$

In modo alternativo Y può essere calcolato svolgendo la [5] in funzione di $x_c = 5$:

$$Y = 243 - 54 \cdot 5 + 3 \cdot 52 = 243 - 270 + 75 = 48$$

Le quantità ottime dei due beni nel senso di Pareto sono:

$$x_c = 5$$

$$Y = 48$$

Esercizio n. 2

In una certa economia si producono due beni A e B utilizzando due fattori produttivi X ed Y.

La tecnologia esprime le seguenti funzioni di produzione:

[1] $Y_A = 2x_A y_A$ output di A

[2] $Y_B = 3x_B y_B$ output di B

Si dispone di 18 unità del fattore X e di 12 unità del fattore Y.

Determinare:

a) *la funzione delle allocazioni efficienti della produzione del bene A e del bene B;*

b) *la funzione delle possibilità produttive (F.P.P. o curva di trasformazione).*

Risoluzione

a) L'insieme dei punti di tangenza fra gli isoquanti dei due beni identifica le allocazioni efficienti. Affinché le allocazioni siano efficienti deve risultare l'uguaglianza dei corrispondenti saggi marginali di trasformazione ($MRST_A = MRST_B$).

I vincoli di disponibilità dei fattori produttivi X ed Y sono espressi dalle rispettive uguaglianze:

$x_A + x_B = X$ (**condizione di ammissibilità per X**)

$y_A + y_B = Y$ (**condizione di ammissibilità per X**)

Per x_A ed x_B intendiamo la quantità di fattore produttivo X utilizzata per l'output Y_A ed Y_B. In modo analogo si deve intendere per y_A ed y_B.

Risolviamo il sistema vincolato:

$$\begin{cases} MRST_A = MRST_B \\ x_A + x_B = X \\ y_A + y_B = Y \end{cases} \quad \begin{cases} \dfrac{y_A}{x_A} = \dfrac{y_B}{x_B} \quad \textbf{(condizione di ottimo)} \\ x_A + x_B = 18 \\ y_A + y_B = 12 \end{cases}$$

$$\begin{cases} [3] \quad y_A x_B = x_A y_B \\ [4] \quad x_A + x_B = 18 \\ [5] \quad y_A + y_B = 12 \end{cases}$$

dall'equazione [3] si ottiene

$$y_B = \frac{y_A x_B}{x_A} \quad \text{y che va inserito nella [5]}$$

$$\begin{cases} y_A + \dfrac{y_A x_B}{x_A} = 12 \\ x_A + x_B = 18 \end{cases} \quad \begin{cases} x_A y_A + y_A x_B = 12 x_A \\ x_B = 18 - x_A \end{cases}$$

$$x_A y_A + y_A (18 - x_A) = 12 x_A$$

$$x_A y_A + 18 y_A - x_A y_A = 12 x_A$$

$$y_A = \frac{12 x_A}{18}$$

[6] $y_A = 0,\bar{6}x_A$ **(funzione degli input che generano allocazioni effi-cienti nella produzione del bene A)**

Scriviamo adesso la funzione delle allocazioni efficienti di produzione con riferimento agli inputs del *bene B*.

Dalla [5] ricaviamo: $y_A = 12 - y_B$ e dalla [4] che $x_A = 18 - x_B$; quindi la [6] sarà:

$$12 - y_B = 0,\bar{6}(18 - x_B)$$

$$12 - y_B = 12 - 0,\bar{6}x_B$$

$$0,\bar{6}x_B = y_B$$

$$x_B = \frac{1}{0,6}y_B$$

[7] $x_B = 1,5y_B$ **(funzione degli input che generano allocazioni effi-cienti nella produzione del bene B)**

b) In un sistema economico in cui vi sono solo due beni, la F.P.P. esprime la massima produzione di un bene, in funzione di ogni produzione dell'altro bene, ottenibile, *ceteris paribus*, utilizzando la tecnologia del *bene A*, in corrispondenza delle allocazioni efficienti; essa si ottiene inserendo nella funzione di produzione Y_A il valore della [6].

Si avrà:

$$Y_A = 2x_A \cdot 0,\bar{6}x_A \Rightarrow Y_A = 1,\bar{3}x_A^2$$

Da quest'ultima relazione ricaviamo il valore d'impiego del fattore x_A:

$$x_A^2 = \frac{Y_A}{1,\bar{3}} \Rightarrow x_A^2 = 0,75Y_A$$

$$x_A = \sqrt{0,75Y_A} = \sqrt{0,75} \cdot \sqrt{Y_A} = 0,86\sqrt{Y_A}$$

La funzione di produzione del *bene B*, in corrispondenza delle allocazioni efficienti, si ottiene inserendo nella funzione di produzione $Y_B = 3x_By_B$ il valore di y_B tratto dalla [7]; pertanto, si avrà:

$$Y_B = 3x_B \cdot \frac{1}{1,5}x_B$$

$$Y_B = 2x_B^2$$

Da quest'ultima relazione ricaviamo il valore d'impiego del fattore x_B:

$$x_B^2 = \frac{Y_B}{2} \Rightarrow x_B^2 = 0,5Y_B$$

$$x_B = \sqrt{0,5Y_B} = \sqrt{0,5}\sqrt{Y_B} = 0,70\sqrt{Y_B}$$

Essendo $x_A + x_B = 18$, inserendo i valori si avrà:

$$0,86\sqrt{Y_A} + 0,70\sqrt{Y_B} = 18$$

Esplicitiamo l'equazione secondo Y_A:

$$0,86\sqrt{Y_A} = 18 - 0,70\sqrt{Y_B}$$

$$\sqrt{Y_A} = \frac{18 - 0,70\sqrt{Y_B}}{0,86}$$

Elevando a quadrato i membri dell'equazione si ottiene:

$$Y_A = \left(\frac{18 - 0,70\sqrt{Y_B}}{0,86}\right)^2$$

che rappresenta la **funzione della frontiera delle possibilità produttive** (F.P.P.).

Esercizio n. 3

In un sistema economico si producono due beni A e B utilizzando, rispettivamente, le tecnologie:

[1] $Y_A = \sqrt{x_A y_A}$ e   [2] $Y_B = \sqrt[4]{x_B y_B}$

La dotazione complessiva degli inputs X ed Y è (1, 1).

Determinare:

a) *la funzione delle allocazioni efficienti della produzione del bene A e del bene B;*

b) *la funzione delle possibilità produttiva F.P.P. (curva di trasformazione) ed il saggio marginale di trasformazione (MRST) tra il bene A ed il bene B.*

Risoluzione

a) La funzione delle allocazioni efficienti si ottiene risolvendo il sistema

$$[3] \quad \begin{cases} MRST_A = MRST_B \\ x_A + x_B = X \\ y_A + y_B = Y \end{cases}$$

Il $|MRST_A|$ della funzione di produzione [1] sarà:

$$|MRST_A| = \frac{y_A}{x_A}$$

Determiniamo il $|MRST_B|$ della funzione di produzione [2], che conviene esprimere nella forma equivalente:

$$Y_B = \frac{1}{4}\log x_B + \frac{1}{4}\log y_B$$

$$\frac{dY_B}{dx_B} = \frac{1}{4} \cdot \frac{1}{x_B}$$

$$\frac{dY_B}{dy_B} = \frac{1}{4} \cdot \frac{1}{y_B}$$

$$|MRST_B| = \frac{\dfrac{1}{4}\dfrac{1}{x_B}}{\dfrac{1}{4}\dfrac{1}{y_B}}$$

$$|MRST_B| = \frac{y_B}{x_B}$$

Pertanto la [3] sarà:

$$\begin{cases} \dfrac{y_A}{x_A} = \dfrac{y_B}{x_B} \\ x_A + x_B = 1 \\ y_A + y_B = 1 \end{cases} \qquad \begin{cases} [4] \quad y_A x_B = x_A y_B \\ [5] \quad x_A + x_B = 1 \\ [6] \quad y_A + y_B = 1 \end{cases}$$

dall'eguaglianza [4] si ottiene $y_B = \dfrac{y_A x_B}{x_A}$ y che va inserita nella [6]:

$$\begin{cases} y_A + \dfrac{y_A x_B}{x_A} = 1 \\ x_A + x_B = 1 \end{cases}$$

$$x_B = 1 - x_A$$

$$y_A + \frac{y_A (1 - x_A)}{x_A} = 1 \quad \text{ossia} \quad x_A y_A + y_A (1 - x_A) = x_A$$

$$x_A y_A + y_A - y_A x_A = x_A \quad \text{e quindi}$$

[7] $y_A = x_A$ **(funzione degli inputs che generano allocazioni efficienti con riferimento agli inputs del bene A)**

Scriviamo la funzione delle allocazioni efficienti di produzione con riferimento agli input del bene B. Dalla [6] ricaviamo:

$$y_A = 1 - y_B$$

e dalla [5]

$$x_A = 1 - x_B$$

Quindi la [7] sarà:

$$1 - y_B = 1 - x_B$$

[8] $x_B = y_B$ **(funzione degli inputs che generano allocazioni efficienti nella produzione del bene B)**

b) La frontiera delle possibilità produttive (F.P.P.) descrive la massima produzione di un bene che si può ottenere, ipotizzando costanti le risorse disponibili e la tecnologia a disposizione del produttore. La funzione di produzione del *bene A*, in corrispondenza delle allocazioni efficienti, si ottiene inserendo nella funzione di produzione [1] il valore della [7]. Dunque, avremo:

$$Y_A = \sqrt{x_A x_A} \quad \Rightarrow \quad Y_A = \sqrt{x_A^2} \quad \Rightarrow \quad Y_A = x_A \quad \Rightarrow \quad x_A = Y_A$$

La funzione di produzione del *bene B*, in corrispondenza delle allocazioni efficienti, si ottiene inserendo nella funzione di produzione [2] il valore di $x_B = y_B$ che si rileva dalla [8]:

$$Y_B = \sqrt[4]{x_B x_B} = \sqrt[4]{x_B^2} = \sqrt{x_B} \quad \Rightarrow \quad Y_B^2 = x_B$$

Da quest'ultima relazione ricaviamo il valore d'impiego del fattore x_B.

Essendo $x_A + x_B = 1$, inserendo i valori si avrà:

$$Y_A + Y_B^2 = 1$$

$Y_A = 1 - Y_B^2$ **(funzione della frontiera delle possibilità produttive)**

Il tasso marginale di trasformazione rappresenta il saggio al quale un sistema economico può sostituire la produzione di un bene con quella dell'altro bene, rispettando il criterio di efficienza nel senso di Pareto: tale saggio è pari alla pendenza, in valore assoluto, della frontiera delle possibilità produttive:

$$|MRST| = \frac{dY_A}{dY_B} = 2Y_B$$

Capitolo 9

IL MERCATO DI LIBERA CONCORRENZA

Sezione Prima
*Tipologie di costo, funzione di
offerta ed elasticità dell'offerta*

Esercizio n. 1.1

La funzione di costo totale di un'impresa è:

$$CT = Y^2 - 3Y + 10$$

Determinare i livelli di costo corrispondenti all'output Y = 5.

a) costo totale (CT);
b) costo medio (CMe);
c) costo marginale (CMa);
d) costo fisso medio (CFM);
e) costo variabile (CV);
f) costo variabile medio (CVM).

Risoluzione

a) Nel breve periodo l'imprenditore sostiene costi fissi e costi variabili. Pertanto, la funzione del costo totale è:

[1.1] $\quad CT = Y^2 - 3Y + 10$

poiché si produce un output pari a $Y = 5$, sostituendo tale valore nella [1.1] si ha:

$$CT = 25 - 15 + 10 = 20$$

b) Il costo medio è il rapporto tra costo totale e quantità prodotta:

[1.2] $\quad CMe = \dfrac{CT}{Y} = \dfrac{Y^2 - 3Y + 10}{Y}$

Sostituendo nella [1.2] il valore $Y = 5$, si avrà:

$$CMe = \frac{5^2 - 3(5) + 10}{5} = 4$$

c) Il costo marginale misura la variazione del costo totale a seguito di una variazione unitaria della quantità prodotta. Per variazioni infinitesime di Y, il costo
marginale si ottiene calcolando la derivata prima del CT:

$$CMa = \frac{dCT}{dY} = 2Y - 3 \Rightarrow 2(5) - 3 = 7$$

d) Il costo fisso, che nel breve periodo rimane costante, è rappresentato dal
termine noto della funzione di costo totale: $CF = 10$.

Il costo fisso medio è espresso dal rapporto:

$$CFM = \frac{F}{Y} = \frac{10}{5} = 2$$

e) Il costo variabile rappresenta una spesa il cui valore assoluto varia proporzionalmente alla quantità di output

$$CV = Y^2 - 3Y = 5^2 - 3(5) = 10$$

f) $CVM = \dfrac{CV}{Y} = \dfrac{Y^2 - 3Y}{Y} = \dfrac{25 - 15}{5} = 2$ **(costo variabile medio)**

Esercizio n. 1.2

La funzione di costo totale di un'impresa è:

$$CT = Y^2 - 3Y + 9$$

Determinare:

a) il livello di output per il quale il costo medio (CMe) ed il prezzo di offerta
sono minimi;
b) la funzione di offerta;
c) l'elasticità dell'offerta in corrispondenza del prezzo minimo.

Risoluzione

Impostiamo il modello econometrico:

a) $\begin{cases} [2.1]\ CMe = \dfrac{Y^2 - 3Y + 9}{Y} \\[2mm] [2.2]\ CMa = 2Y - 3 \\[1mm] CMe = CMa = p \\[1mm] Y > 0 \end{cases}$

Imponiamo l'eguaglianza *CMe = CMa*

$$\frac{Y^2 - 3Y + 9}{Y} = 2Y - 3$$

$$Y^2 - 3Y + 9 = 2Y^2 - 3Y$$

$$Y^2 - 2Y^2 - 3Y + 9 + 3Y = 0$$

$$-Y^2 + 9 = 0$$

$$Y^2 = 9$$

$$Y = \pm\sqrt{9}$$

$$Y = \pm 3$$

La soluzione negativa è scartata, quindi sarà $Y_0 = 3$.

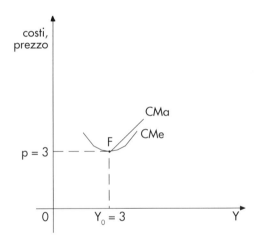

Figura 1

Allo stesso risultato poteva giungersi, secondo il seguente procedimento:

$$CT = Y^2 - 3Y + 9$$

Calcoliamo la funzione di costo medio:

$$CMe = \frac{CT}{Y} = \frac{Y^2 - 3Y + 9}{Y} = \frac{Y^2}{Y} - \frac{3Y}{Y} + \frac{9}{Y} = Y - 3 + \frac{9}{Y}$$

Il costo medio minimo si ottiene calcolando la derivata del costo medio:

$$\frac{dCMe}{dY} = 1 + \left(-\frac{9}{Y^2}\right)$$

[2.3] $\dfrac{dCMe}{dY} = 1 - \dfrac{9}{Y^2}$

Poniamo la condizione del primo ordine uguagliando a zero la derivata ed otteniamo il valore di output al quale corrisponde il minimo costo medio:

$1 - \dfrac{9}{Y^2} = 0 \Rightarrow Y^2 - 9 = 0$

$Y^2 = 9 \quad \Rightarrow \quad Y = \pm\sqrt{9} \quad \Rightarrow \quad Y = \pm 3$

quindi $Y_0 = 3$

Poiché la derivata seconda della [2.3] ha segno positivo, il punto $Y_0 = 3$ è un punto di minimo relativo.

Ritornando al primo procedimento, il prezzo di offerta minimo si ottiene sostituendo il valore $Y_0 = 3$ in qualunque equazione del sistema; sostituendolo nella [2.2] si ottiene:

$p_0 = 2 \cdot 3 - 3 = 3$

b) Essendo $p = CMa$, la relazione [2.2] può essere scritta nella forma

$p = 2Y - 3$

da cui:

$3 + p = 2Y \Rightarrow Y = \dfrac{3+p}{2} \Rightarrow Y = \dfrac{3}{2} + \dfrac{1}{2}p$

$Y = 1,5 + 0,50p$ **(funzione di offerta dell'impresa)**

Graficamente (cfr. *Figura 1*) si può osservare che l'offerta dell'impresa è indicata dal tratto crescente della curva del *CMa* a partire dal punto F(3,3) **(punto di Fuga)**.

c) Il coefficiente di elasticità dell'offerta, che indichiamo con ε_s, è sempre positivo perché prezzo e quantità offerta variano nella stessa direzione (sono concordi):

$\varepsilon_s = \dfrac{p}{Y} \cdot \dfrac{dY}{dp}$

$\varepsilon_s = \dfrac{3}{1,5 + 0,50 \cdot 3} \cdot 0,5 = 0,5$

essendo $\varepsilon_s < 1$ l'offerta è anelastica.

Esercizio n. 1.3

Data la funzione di costo totale $CT = 400 + Y^2$ ed il prezzo di vendita $p_v = 100$:

a) determinare il massimo profitto dell'impresa;
b) determinare il prezzo minimo affinché vi sia offerta;
c) scrivere la funzione di offerta.

Risoluzione

a) In libera concorrenza il profitto è massimo se $p = CMa = RMa$ ossia se

[3.1] $p = CMa$ (**condizione di equilibrio di breve periodo**).

Calcoliamo il CMa come derivata prima del CT:

[3.2] $CMa = \dfrac{dCT}{dY} = 2Y$

valore che inserito nella [3.1] rende:

$100 = 2Y \Rightarrow Y = 50$.

La funzione del profitto è:

[3.3] $\pi = RT - CT$

$RT = p \cdot Y = 100 \cdot 50 = 5000$

$CT = 400 + 50^2 = 2900$.

Inserendo questi valori nella [3.3] si avrà:

$\pi = 5000 - 2900 = 2100$

b) Il livello minimo di prezzo per cui vi è offerta è posto dalla condizione di equilibrio di lungo periodo:

$p = minCMe$

Calcoliamo:

$CMe = \dfrac{CT}{Y} = \dfrac{400 + Y^2}{Y} = \dfrac{400}{Y} + Y$

$\dfrac{dCMe}{dY} = \dfrac{0 \cdot Y - 400(1)}{Y^2} + 1$

[3.4] $\dfrac{dCMe}{dY} = -\dfrac{400}{Y^2} + 1$

Per determinare il punto stazionario si pone la condizione del primo ordine:

$\dfrac{dCMe}{dY} = 0 \Rightarrow -\dfrac{400}{Y^2} + 1 = 0 \Rightarrow -400 + Y^2 = 0$

$Y^2 = 400$

$Y = 20$

Poiché la derivata seconda della [3.4] ha segno positivo, $Y = 20$ è un minimo relativo.

Quindi deve essere

$p \geq 20$

c) La funzione di offerta si ottiene dalla condizione

$p = CMa \Rightarrow p = 2Y \Rightarrow Y = \dfrac{p}{2}$

Sezione Seconda
Massimizzazione del profitto e funzione del profitto

Esercizio n. 2.1

Il prezzo di vendita di un prodotto è *p = 36* ed il costo totale di produzione di breve periodo è pari a:

[1.1] $CT = 100 + 6Y^2$

a) *calcolare la quantità di output che massimizza il profitto dell'impresa;*
b) *calcolare il profitto (o la perdita).*

Risoluzione

a) Poniamo la relazione di uguaglianza

p = CMa ossia

$$36 = 12Y \Rightarrow Y = \frac{36}{12} = 3$$

b) $\pi = RT - CT = p \cdot Y - CT$

Inseriamo i valori numerici:

$$\pi = 36(3) - (100 + 6 \cdot 3^2)$$

$$\pi = 108 - 154$$

$$\pi = -46 \text{ (perdita)}$$

Poiché si è realizzato un profitto negativo probabilmente l'impresa è indotta ad abbandonare il mercato.
Per decidere il comportamento da seguire, è opportuno, però, confrontare il prezzo di mercato con il costo medio variabile *CVM*.

Avremo, pertanto:

$$CVM = \frac{CV}{Y} = \frac{6Y^2}{Y} = 6Y = 6 \cdot 3 = 18$$

Poiché il prezzo di vendita (*p = 36*) è maggiore del costo medio variabile, all'impresa converrebbe rimanere ancora sul mercato, anche perché la valutazione è effettuata tenendo conto che essa opera nel breve periodo.

Esercizio n. 2.2

La curva di costo medio di un'impresa è:

$$CMe = Y - 2 + \frac{3}{Y}$$

a) *Scrivere la generica funzione del profitto;*
b) *scrivere la funzione del profitto in corrispondenza del prezzo del bene pari a p = 8.*

Risoluzione

a) La funzione del profitto dell'impresa è:

[2.1] $\pi = RT - CT$

Moltiplicando il valore di *CMe* per la quantità *Y* otteniamo il valore del *costo totale*.

$CT = CMe \cdot Y$

$$CT = \left(Y - 2 + \frac{3}{Y}\right)Y = Y^2 - 2Y + 3$$

Quindi la [2.1] sarà:

$$\pi = p \cdot Y - (Y^2 - 2Y + 3)$$

$$\pi = p \cdot Y - Y^2 + 2Y - 3$$

[2.2] $\pi = -Y^2 + Y(p + 2) - 3$

b) Inseriamo il valore *p* = 8 nella [2.2] per cui si avrà:

$$\pi = -Y^2 + 10Y - 3$$

Esercizio n. 2.3

Un'impresa produce due beni affrontando il seguente *costo totale congiunto* di produzione

$$CT = q_1^2 + q_1 q_2 + 2q_2^2$$

I prezzi di vendita sono rispettivamente p_1 = 1300 e p_2 = 1700; le quantità prodotte sono indicate con i simboli q_1 e q_2.

Determinare la combinazione produttiva che massimizza il profitto.

Risoluzione

Il profitto rappresenta la differenza (positiva) fra ricavo totale e costo totale, quindi:

$$\pi = RT - CT$$

$$\pi = (p_1 q_1 + p_2 q_2) - CT$$

$$\pi = 1.300 q_1 + 1.700 q_2 - (q_1^2 + q_1 q_2 + 2q_2^2)$$

[3.1] $\pi = 1.300 q_1 + 1.700 q_2 - q_1^2 - q_1 q_2 - 2q_2^2$

I valori di q_1 e q_2 che massimizzano il profitto sono ottenuti calcolando le derivate parziali della funzione del profitto:

$$\frac{d\pi}{dq_1} = 1.300 - 2q_1 - q_2$$

$$\frac{d\pi}{dq_2} = 1.700 - q_1 - 4q_2$$

poniamo la condizione del primo ordine e risolviamo il sistema:

$$\begin{cases} 1.300 - 2q_1 - q_2 = 0 \\ 1.700 - q_1 - 4q_2 = 0 \end{cases} \Rightarrow \begin{cases} -2q_1 - q_2 = -1.300 \\ -q_1 - 4q_2 = -1.700 \end{cases} \Rightarrow \begin{cases} 2q_1 + q_2 = 1.300 \\ q_1 + 4q_2 = 1.700 \end{cases}$$

Per la risoluzione del sistema si può applicare qualsiasi metodo risolutivo (sostituzione, confronto, riduzione, Kramer). Nel caso specifico, per semplificare i calcoli applichiamo il metodo di riduzione, moltiplicando per −2 la seconda equazione del sistema, si avrà:

$$\begin{cases} [\mathbf{3.2}]\, 2q_1 + q_2 = 1.300 \\ -2 \begin{cases} q_1 + 4q_2 = 1.700 \end{cases} \end{cases} \Rightarrow \quad \frac{\begin{cases} 2q_1 + q_2 = 1.300 \\ -2q_1 - 8q_2 = -3.400 \end{cases}}{/\!/ \ -7q_2 = -2.100}$$

e dunque $q_2 = \dfrac{2.100}{7} = 300$

Per sostituzione nella [3.2] avremo:

$$2q_1 + 300 = 1.300$$

$$2q_1 = 1.000$$

$$q_1 = 500$$

Possiamo adesso determinare il profitto inserendo i valori $q_1 = 500$ e $q_2 = 300$ nella [3.1]:

$$\pi = 1.300(500) + 1.700(300) - 500^2 - [(500 \cdot 300)] - 2(300)^2$$

$$\pi = 650.000 + 510.000 - 250.000 - 150.000 - 180.000 = 580.000$$

Sezione Terza
Funzioni di costo e tipologie di ricavi

Esercizio n. 3.1

La tecnologia di un'impresa è espressa della funzione di produzione: $Y = K^{\frac{1}{2}}L^{\frac{1}{2}}$ che utilizza gli input capitale *(K)* e lavoro *(L)* i cui prezzi sono: $p_K = 4$ e $p_L = 8$.

a) *Determinare la funzione di costo di lungo periodo;*
b) *determinare la funzione di costo di breve periodo se l'impresa utilizza un capitale fisso K = 49 unità.*

Risoluzione

a) Calcoliamo il MRST della funzione di produzione (Cobb-Douglas)

$$|MRST| = \frac{L}{K}$$

poniamo il vincolo di tangenza fra isoquanto ed isocosto:

$$\frac{L}{K} = \frac{p_K}{p_L} \Rightarrow \frac{L}{K} = \frac{4}{8} \Rightarrow 8L = 4K$$

[1.1] $K = 2L$

Pertanto la funzione di produzione sarà

$$Y = (2L)^{\frac{1}{2}}L^{\frac{1}{2}} \Rightarrow Y = \sqrt{2L} \cdot \sqrt{L} \Rightarrow Y = \sqrt{2L^2}$$

$$Y = L\sqrt{2}$$

$$L = \frac{Y}{\sqrt{2}} = \frac{Y\sqrt{2}}{\sqrt{2} \cdot \sqrt{2}} = \frac{Y\sqrt{2}}{2}$$

che inserito nella [1.1] rende

$$K = 2 \cdot \frac{Y\sqrt{2}}{2} = Y\sqrt{2}$$

Scriviamo il vincolo di costo (**budget**)

$p_L L + p_K K = CT$ ossia

$$8 \cdot \frac{Y\sqrt{2}}{2} + 4 \cdot Y\sqrt{2} = CT \Rightarrow 4\sqrt{2}Y + 4\sqrt{2}Y = CT$$

$CT = 8\sqrt{2}Y$ (**funzione di costo totale di lungo periodo**)

Nel lungo periodo la funzione di costo totale esprime sostanzialmente il costo variabile perché il costo fisso tende a zero, in termini economici ciò significa che i costi fissi incidono in misura minore sui costi totali.

b) Essendo $K = 49$, la funzione di produzione è:

$$Y = 49^{\frac{1}{2}}L^{\frac{1}{2}}$$

ossia

$$Y = \sqrt{49} \cdot \sqrt{L} \Rightarrow Y = 7\sqrt{L}$$

da cui

$$\sqrt{L} = \frac{Y}{7}$$

$$(\sqrt{L})^2 = \left(\frac{Y}{7}\right)^2$$

$$L = \frac{Y^2}{49}$$

Pertanto, la funzione di costo totale di breve periodo sarà:

$$CT = p_K \cdot K + p_L \cdot L \quad \text{ossia}$$

$$CT = 4(49) + 8\frac{Y^2}{49}$$

$$CT = 196 + \frac{8}{49}Y^2 \quad \textbf{(funzione di costo totale di breve periodo)}$$

Esercizio n. 3.2

La funzione di produzione di un'impresa *price taker* è $Y = x_1 x_2$.
L'input $x_1 = 400$ unità è fisso; l'output è $Y = 10.000$.
Il prezzo unitario di vendita $p_V = 850$; il prezzo di acquisto dell'input x_1 è $p_1 = 10.000$, quello dell'input x_2 è $p_2 = 100.000$.
Determinare:
a) *le tipologie di ricavo;*
b) *il profitto.*

Risoluzione

a) Il ricavo totale *(RT)* è pari al prodotto fra prezzo unitario e la quantità venduta *(Y)*:

$$RT = p \cdot Y = 850 \cdot 10.000 = 8.500.000$$

Il ricavo medio *(RMe)* è dato dal quoziente fra ricavo totale e quantità venduta *(Y)*.

$$RMe = \frac{RT}{Y} = \frac{pY}{Y} = p \; ; \text{ pertanto il RMe coincide con il prezzo di vendita}$$

$$RMe = \frac{8.500.000}{10.000} = 850$$

Il ricavo marginale *(RMa)* rappresenta la variazione marginale del ricavo totale corrispondente ad una variazione marginale della quantità venduta *(Y)*:

$$RMa = \frac{dRT}{dY} = p$$

Nell'impresa *price taker*, che non può influire sul prezzo, si verifica la relazione di uguaglianza:

$$RMa = RMe$$

b) Nella funzione di produzione $Y = x_1 x_2$ poniamo $x_1 = 400$ ed $Y = 10.000$

$$10.000 = 400 x_2$$

$$x_2 = \frac{10.000}{400} = 25 \;\; \textbf{(input variabile)}$$

Possiamo calcolare il costo totale **(budget)**

$$CT = p_1 x_1 + p_2 x_2 = 400 \cdot 10.000 + 25 \cdot 100.000 = 6.500.000$$

Il profitto (π) rappresenta il valore della differenza fra ricavo e costo:

$$\pi = p_V Y - CT = 850(10.000) - 6.500.000 = 2.000.000$$

Sezione Quarta
Domanda e offerta aggregata, equilibrio nel breve e nel lungo periodo

Esercizio n. 4.1

La domanda di carburante

del Sig. A è $p = 10 - 5q_A$;
del Sig. B è $p = 10 - 3q_B$;
del Sig. C è $p = 9 - 6q_C$.

Determinare la funzione di domanda complessiva (domanda aggregata o domanda di mercato).

Risoluzione

È opportuno trasformare ciascuna funzione di domanda da inversa a diretta, esplicitando ciascuna funzione per q.

Si avrà, quindi:

$5q_A = 10 - p \implies q_A = 2 - 0,20p$

$3q_B = 10 - p \implies q_B = 3,3 - 0,33p$

$6q_C = 9 - p \implies q_C = 1,5 - 0,16p$

Sommando membro a membro si ottiene:

$(q_A + q_B + q_C) = 6,8 - 0,69p$

$Q^d = 6,8 - 0,69p$

Esercizio n. 4.2

Q = 48 − 6p rappresenta la funzione di domanda di mercato.
Determinare il prezzo che consente di ottenere il massimo ricavo totale.

Risoluzione

Scriviamo la relazione del ricavo totale:

$RT = p \cdot Q$

$RT = p(48 - 6p) = 48p - 6p^2$

Calcolando la derivata prima del *RT* si ottiene il ricavo marginale RMa:

$$RMa = \frac{dRT}{dp} = 48 - 12p$$

Poniamo la condizione del primo ordine per ottenere il valore del punto critico:

$$48 - 12p = 0 \quad \Rightarrow \quad 48 = 12p$$

$$p = \frac{48}{12} = 4$$

Verifichiamo la condizione del secondo ordine:

$$\frac{d^2 RMa}{dp^2} = d(48 - 12p) = -12 < 0$$

poiché il segno della derivata seconda è negativo a *p = 4* corrisponderà il massimo ricavo totale.

Esercizio n. 4.3

Siano *p = 60 – Q^D* e *p = –20 + 4Q^S* rispettivamente le funzioni di domanda e di offerta di domanda e di offerta in un certo mercato.

Calcolare:

a) *la configurazione d'equilibrio del mercato;*
b) *l'elasticità di domanda e di offerta nel punto di equilibrio.*

Risoluzione

a) Per semplificare i calcoli conviene trasformare le funzioni di domanda e di offerta da inverse a dirette:

[3.1] $Q^D = 60 - p$

[3.2] $Q^S = \frac{1}{4}p + 5$

Poniamo la condizione di equilibrio:

$$Q^D = Q^S$$

per cui sarà:

$$60 - p = \frac{1}{4}p + 5 \quad \Rightarrow \quad 240 - 4p = p + 20$$

$$220 = 5 \quad \Rightarrow \quad p = \frac{220}{5} = 44$$

che inserito nella [3.2] rende

$Q^D = Q^S = 16$

Il punto di equilibrio E avrà, pertanto, le coordinate:

$$E\begin{pmatrix} Q=16 \\ p=44 \end{pmatrix}$$

b) Calcoliamo l'elasticità di domanda nel punto $E(16; 44)$:

$$\varepsilon_D = \frac{p}{q} \cdot \frac{dQ^D}{dp}$$

$$\varepsilon_D = \frac{44}{16} \cdot (-1) = -2,75$$

Essendo $|\varepsilon_D| > 1$ nel punto E la domanda è elastica rispetto al prezzo.

Calcoliamo l'elasticità di offerta nel punto $E(16, 44)$:

$$\varepsilon_S = \frac{p}{q} \cdot \frac{dQ^S}{dp} = \frac{44}{16} \cdot \frac{1}{4} = 0,68$$

Essendo $\varepsilon_S < 1$, nel punto E l'offerta è anelastica rispetto al prezzo.

Esercizio n. 4.4

La funzione di produzione di 50 imprese identiche, operanti in un mercato perfettamente concorrenziale è la seguente

[4.1] $Y_i = K^{0,5} L^{0,5}$

$K = 4$ ed il prezzo dei fattori K ed L (capitale e lavoro) rispettivamente $p_K = 1$ e $p_L = w$ (salario) $= 4$.

La domanda di mercato è espressa dalla funzione:

[4.2] $Q^D = 300 - 5p$

Determinare:

a) l'offerta di breve periodo di ciascuna impresa e dell'industria;
b) il prezzo e la quantità di equilibrio del mercato nonché il livello di produzione ed il profitto realizzato da una singola impresa nel breve periodo;
c) il prezzo, la quantità di equilibrio ed il numero delle imprese operanti nel mercato nel lungo periodo.

Risoluzione

a) Determiniamo innanzi tutto la funzione di costo di breve periodo inserendo $K = 4$ nella funzione di produzione la [4.1]:

$$Y_i = 4^{0,5} L^{0,5}$$

$$Y_i = 2L^{0,5} \qquad \text{(funzione di costo di breve periodo per ciascuna impresa)}$$

Pertanto, la funzione di domanda dell'input lavoro sarà:

$$L^{0,5} = L^{\frac{1}{2}} = \frac{Y_i}{2}$$

Conviene adesso trasformare la potenza in radicale, scrivendo $\sqrt{L} = \dfrac{Y_i}{2}$ ed elevando al quadrato entrambi i membri (allo scopo di rendere razionale la funzione) si avrà:

$$\left(\sqrt{L}\right)^2 = \left(\frac{Y_i}{2}\right)^2 \quad \text{ossia}$$

$$L = \frac{Y_i^2}{4} \qquad \text{(funzione di domanda dell'input lavoro in funzione dell'output produttivo)}$$

Determiniamo, adesso, la funzione di costo totale di breve periodo:

$$[4.3] \quad CT_B = w \cdot L = 4 \cdot \frac{Y_i^2}{4} = Y_i^2$$

Quest'ultima funzione evidentemente non include il costo per il capitale poiché nel breve periodo tale costo (essendo fisso) rientra nei costi contabili piuttosto che nei *costi economici*.

Calcoliamo, il costo marginale della funzione [4.3] $CT_B = Y_i^2$

$$CMa_i = \frac{dCT_B}{dY_i} = 2Y_i \qquad \text{(costo marginale di breve periodo)}$$

La condizione di equilibrio di breve periodo è espressa dalla relazione:

$$p = CMa_i \qquad \text{ossia}$$

$$[4.4] \quad p = 2Y_i$$

pertanto, la funzione di offerta (che coincide con il tratto crescente della curva del costo marginale) può essere scritta nella forma:

$$Y_i = \frac{p}{2} \quad \text{ossia} \quad Y_i = \frac{1}{2}p$$

Essendovi, nel mercato, nel breve periodo, 50 imprese, l'offerta aggregata (**offerta dell'industria**) sarà:

$$Q^S = 50Y_i$$

$$Q^S = 50 \cdot \frac{1}{2}p$$

$$Q^S = 25p$$

b) L'equilibrio di mercato si ottiene risolvendo l'uguaglianza fra domanda ed offerta di breve periodo:

$$Q^D = Q^S$$

$$300 - 5p = 25p$$

$$300 = 30p$$

$$p_e = 10 \ (\text{prezzo di equilibrio})$$

Pertanto $Q^S = Q^D = q_e = 25(10) = 250$.

La quantità prodotta (ed offerta) da ciascuna impresa sarà $q_i = \dfrac{250}{50} = 5$.

Il profitto di ciascuna impresa sarà:

$$\pi_i = RT_i - CT_i$$

ossia

$$\pi_i = p_e q_i - CT_i$$

CT_i nel lungo periodo sarà, considerando la [4.3]:

$$CT_L = w \cdot L + p_K \cdot K = Y_i^2 + p_K K = Y_i^2 + 1(4) \quad \text{ossia}$$

$$CT_L = 5^2 + 4 = 25 + 4 = 29$$

Pertanto si avrà:

$$\pi_i = 10 \cdot 5 - 29 = 21 > 0$$

c) Poiché nel breve periodo il profitto è positivo, nel lungo periodo altre imprese, non essendovi barriere all'entrata, saranno indotte ad entrare nel mercato fino a quando i profitti si annulleranno ovvero fino a che si realizza la condizione di lungo periodo p = CMa = CMe poiché il costo marginale (CMa) interseca la curva del costo medio (CMe) nel suo punto di minimo.

Ipotizzando che la funzione di costo di lungo periodo sia uguale a quella di breve periodo ossia $CT_L = Y_i^2 + 4$ determiniamo la funzione di costo medio (CMe); essa è data dal rapporto fra funzione di costo totale di lungo periodo CT_L e la quantità prodotta, ossia:

$$CMe_L = \frac{CT_L}{Y_i} \quad \text{cioè}$$

$$CMe_L = \frac{Y_i^2 + 4}{Y_i} \quad \text{ossia, spezzando la frazione}$$

$$CMe_L = \frac{Y_i^2}{Y_i} + \frac{4}{Y_i} \quad \text{e semplificando si avrà:}$$

$$CMe_L = Y_i + \frac{4}{Y_i} \quad \textbf{(funzione di costo medio)}$$

Per determinare la quantità di produzione che rende minimo il costo medio, imponiamo che la derivata prima della funzione sia uguale a zero, ossia:

$$\frac{dCMe_L}{dY_i} = 1 + \frac{0 \cdot Y_i - 4 \cdot 1}{Y_i^2} = 1 - \frac{4}{Y_i^2}$$

$$1 - \frac{4}{Y_i^2} = 0$$

$$Y_i^2 - 4 = 0$$

$$Y_i^2 = 4 \Rightarrow \sqrt{Y_2^i} = \sqrt{4} \quad \text{da cui}$$

$Y_i^* = 2$ **(quantità ottima di produzione)**

Dalla [4.4] otteniamo

$p^* = 2Y_i^* = 2 \cdot 2 = 4$

Per determinare il numero di imprese presenti nel mercato nel lungo periodo, troviamo la quantità domandata

$Q^D = 300 - 5(4) = 280$

Poniamo quindi l'uguaglianza fra quantità domandata e quantità offerta, cioè:

$280 = n \cdot Y_i^*$ ossia

$280 = n \cdot 2 \Rightarrow n = 140$

Esercizio n. 4.5

Un'impresa ha la seguente funzione di costo totale di breve periodo:

[5.1] $CT = 0,5q^2 - q + 5$

Determinare:

a) *la funzione di offerta dell'impresa* (q^s);
b) *la funzione di offerta dell'industria* (Q^S), *nell'ipotesi che sul mercato operino 4 imprese aventi la medesima funzione di costo totale; la configurazione di equilibrio del mercato di concorrenza perfetta in corrispondenza della domanda di mercato* $Q^D = 148 - 8p$ *nel breve periodo;*
c) *l'ammontare del profitto (o della perdita) di ciascuna impresa;*
d) *il comportamento atteso delle imprese nel lungo periodo.*

Risoluzione

a) In un mercato di libera concorrenza, l'offerta di breve periodo è espressa dalla relazione prezzo uguale costo marginale:

$p = CMa$

Il costo marginale si ottiene calcolando la derivata prima del *CT*, quindi

$p = \dfrac{dCT}{dq} = q - 1$

$p = q - 1$

$q^s = 1 + p$ **(funzione di offerta di breve periodo dell'impresa)**

b) Indichiamo con Q^S la funzione di offerta dell'industria (formata da quattro imprese).

[5.2] $Q^S = 4(1 + p)$

$Q^S = 4 + 4p$ **(funzione di offerta dell'industria)**

L'equilibrio di mercato nel breve periodo si ricava dalla relazione di uguaglianza:

Quantità Domanda = Quantità Offerta

$$Q^D = Q^S \quad \Rightarrow \quad 148 - 8p = 4 + 4p$$

$$144 = 12p \quad \Rightarrow \quad p = \frac{144}{12} = 12$$

La quantità di equilibrio si ottiene sostituendo $p = 12$ nella funzione [5.2]:

$$Q^S = 4 \cdot 12 + 4 = 52$$

Nel breve periodo il punto $E (Q = 52; p = 12)$ rappresenta la configurazione di equilibrio del mercato.

Ogni impresa produce $q = \dfrac{52}{4} = 13$.

c) Calcoliamo il profitto (o la perdita) di ciascuna impresa:

$$\pi = p \cdot q - CT$$

$$\pi = 12 \cdot 13 - \left(0,5 \cdot 13^2 - 13 + 5\right)$$

$$\pi = 156 - (84,5 - 13 + 5) = 79,5 \textbf{ (profitto positivo)}$$

d) Poiché il mercato consente alle imprese di conseguire un profitto positivo si può ritenere che alcune imprese vi entreranno e la curva di offerta traslerà verso destra; di conseguenza il livello del prezzo diminuisce, il profitto tenderà, quindi, ad annullarsi scoraggiando altre imprese ad entrare nel mercato.

Esercizio n. 4.6

Un mercato esprime la funzione di domanda $Q^D = 80 - 10p$; ogni impresa realizza un output (q^s) sostenendo un costo totale di lungo periodo $CT = q^3 - 4q^2 + 8q$.

Ipotizzando che i prezzi dei fattori produttivi rimangano costanti, determinare:

a) l'equilibrio di lungo periodo se non vi sono barriere all'entrata ed all'uscita delle imprese dal mercato;
b) il numero delle imprese agenti sul mercato;
c) il livello di profitto delle imprese.

Risoluzione

a) Nel lungo periodo la quantità offerta verifica la relazione di uguaglianza $CMe = CMa$; pertanto calcoliamo il valore di CMe partendo dalla funzione $CT = q^3 - 4q^2 + 8q$.

[6.1] $CMe = \dfrac{CT}{q} = q^2 - 4q + 8$

Calcoliamo adesso il CMa come derivata prima del CT

$CMa = \dfrac{dCT}{dq} = 3q^2 - 8q + 8$

Dal confronto:

$CMe = CMa$ si avrà:

$q^2 - 4q + 8 = 3q^2 - 8q + 8$

$-3q^2 + q^2 - 4q + 8q = 0$

$-2q^2 + 4q = 0$

$2q^2 - 4q = 0$

$q - 2 = 0 \implies q^s = 2$ (**quantità offerta dall'impresa**)

Per determinare il prezzo di lungo periodo poniamo la relazione $p = CMe_{min}$; pertanto inserendo il valore $q^s = 2$ nella [6.1] avremo:

$CMe_{min} = 2^2 - 4 \cdot 2 + 8 = 4$

quindi $p = 4$

Calcoliamo adesso la quantità domandata dal mercato inserendo $p = 4$ nella funzione $Q^D = 80 - 10p$:

$Q^D = 80 - 10(4) = 80 - 40 = 40$ (**quantità domandata dal mercato**)

b) Essendo $Q^D = 40$ e $q^s = 2$ (la quantità offerta da un'impresa) la relazione

$n = \dfrac{Q^D}{q^S} = \dfrac{40}{2} = 20$ rende il numero delle imprese agenti sul mercato.

c) Il profitto (π) si ottiene dalla relazione:

$\pi = RT - CT = pq^s - (q^3 - 4q^2 + 8q)$

$\pi = 4 \cdot 2 - (8 - 16 + 16) = 8 - 8 = 0$

In corrispondenza dell'equilibrio $E(2; 4)$ il profitto è nullo.

Esercizio n. 4.7

Un mercato concorrenziale esprime la seguente funzione di domanda aggregata: $Q^D = 70 - p$. Nel lungo periodo sono rimaste solo due imprese; ogni impresa fronteggia la seguente equazione di costo totale di lungo periodo: $CT = 0,2q^2 - 2q$.

Si ipotizza che i prezzi dei fattori rimangono costanti.

Determinare:

a) *la funzione di offerta e l'offerta dell'industria;*
b) *il profitto conseguito da ciascuna impresa.*

Risoluzione

a) La condizione di equilibrio è $p = CMa$.

Determiniamo il *CMa* calcolando la derivata prima della funzione di *CT*:

$$p = CMa = \frac{dCT}{dq} = 0,4q - 2 \text{ per cui}$$

$$p = 0,4q - 2 \Rightarrow 0,4q = p + 2 \Rightarrow q = \frac{p+2}{0,4} \Rightarrow q = \frac{p}{0,4} + \frac{2}{0,4}$$

$$q^s = 2,5p + 5$$

[7.1] $Q^S = 2(2,5p + 5) = 5p + 10$ **(funzione di offerta dell'industria, formata da due imprese)**

L'equilibrio del mercato è ottenuto dall'intersezione fra le funzioni aggregate di domanda e di offerta

$$Q^D = Q^S$$

quindi

$$70 - p = 5p + 10$$

$$60 = 6p \Rightarrow p = 10$$

che inserito nella [7.1] rende

$Q^S = 5 \cdot 10 + 10 = 60$ **(offerta dell'industria in condizioni di equilibrio del mercato)**

Poiché l'industria è formata da due imprese, la quantità prodotta da ciascuna è:

$$q^s = \frac{Q^S}{2} = \frac{60}{2} = 30 \text{ e l'equilibrio} = E(q = 30; p = 10)$$

b) La funzione del profitto è:

$\pi = RT - CT = p \cdot q^s - CT$

inserendo i valori numerici si otterrà

$\pi = 10 \cdot 30 - (0,2 \cdot 30^2 - 2 \cdot 30)$

$\pi = 300 - (180 - 60) = 180$

Esercizio n. 4.8

In un mercato operano due imprese con funzione di costo totale:

$CT_1 = 0,2q^2$ e $CT_2 = 0,4q^2$

Determinare:
a) *le funzioni di offerta di ciascuna impresa;*
b) *la funzione di offerta dell'industria.*

Risoluzione

a) La condizione di equilibrio del mercato è soddisfatta dalla relazione di uguaglianza $p = CMa$; calcoliamo il CMa della prima impresa:

$$p = CMa = \frac{dCT_1}{dq} = 0,4q$$

$$p = 0,4q \Rightarrow q_1^s = \frac{1}{0,4}p \Rightarrow q_1^s = 2,50p$$

per la seconda impresa sarà:

$$p = CMa = \frac{dCT_2}{dq} = 0,8q$$

$$p = 0,4q \Rightarrow q_2^s = \frac{1}{0,8}p \Rightarrow q_2^s = 1,25p$$

b) La funzione di offerta dell'industria è la somma orizzontale delle funzioni di offerta delle imprese:

$$q_1^s = 2,50p$$
$$\underline{q_2^s = 1,25p}$$
$$q_1^s + q_2^s = 3,75p$$
$$Q^s = 3,75p$$

Esercizio n. 4.9

La funzione di costo totale dell'impresa A è $CT_A = x^2 + 2$; quella dell'impresa B è $CT_B = 2x^2 + x$. Si ipotizza che sul mercato vi siano soltanto due consumatori aventi le seguenti funzioni di utilità:

$$U_1 = xy; \quad U_2 = x(y-2)$$

Si suppone che il prezzo del *bene y* è $p_y = 2$ ed il reddito di ciascun consumatore è $m = 16$.

Determinare prezzo e quantità di equilibrio del bene x.

Risoluzione

La funzione di domanda del *bene x* si ottiene svolgendo l'usuale sistema fra vincolo di tangenza e vincolo di bilancio.

Dalla funzione di utilità del primo consumatore si ottiene:

$$\begin{cases} MRS = \dfrac{p_x}{p_y} \\ p_x x + p_y y = m \end{cases}$$

$$|MRS_1| = \dfrac{\dfrac{dU_1}{dx}}{\dfrac{dU_1}{dy}} = \dfrac{y}{x}$$

$$\begin{cases} \dfrac{y}{x} = \dfrac{p_x}{2} \\ p_x x + 2y = 16 \end{cases}$$

$$\begin{cases} [9.1] \quad 2y = p_x x \\ [9.2] \quad 2y = 16 - p_x x \end{cases}$$

$$p_x x = 16 - p_x x$$

$$p_x x + p_x x = 16 \quad \Rightarrow \quad 2p_x x = 16$$

$$x_1^d = \dfrac{8}{p_x} \quad \textbf{(funzione di domanda del primo consumatore)}$$

Determiniamo, con analogo procedimento, la funzione di domanda del *bene x* da parte del secondo consumatore:

$$|MRS_2| = \frac{\dfrac{dU_2}{dx}}{\dfrac{dU_2}{dy}} = \frac{y-2}{x}$$

$$\begin{cases} \dfrac{y-2}{x} = \dfrac{p_x}{2} \\ p_x x + 2y = 16 \end{cases} \qquad \begin{cases} [\mathbf{9.3}] \quad 2y - 4 = p_x x \\ [\mathbf{9.4}] \quad p_x x + 2y = 16 \end{cases}$$

$$2y - 4 + 2y = 16$$

$$4y = 20$$

$$y = 5$$

il valore trovato inserito nel vincolo di tangenza [9.3] rende

$$10 - 4 = p_x x$$

$$6 = p_x x$$

$$x_2^d = \frac{6}{p_x} \text{ (funzione di domanda del secondo consumatore)}$$

La funzione di domanda aggregata si ottiene sommando membro a membro le funzioni di domanda dei consumatori:

$$x_1^d = \frac{8}{p_x}$$

$$x_2^d = \frac{6}{p_x}$$

$$\overline{X^D = \frac{8}{p_x} + \frac{6}{p_x}}$$

$$Q^D = \frac{14}{p_x}$$

Determiniamo adesso la funzione di offerta di ciascuna impresa:

Impresa A

$$p_x = CMa$$

$$p_x = \frac{dCT_A}{dx} = 2x \quad \Rightarrow \quad x_A^s = \frac{p_x}{2} = 0,50p_x$$

Impresa B

$$p_x = CMa$$

$$p_x = \frac{dCT_B}{dx} = 4x + 1 \quad \Rightarrow \quad p_x = 4x + 1$$

$$p_x - 1 = 4x$$

$$x_B^s = \frac{p_x - 1}{4}$$

$$x_B^s = 0,25p_x - 0,25$$

La funzione aggregata di offerta si ottiene sommando membro a membro le funzioni di offerta di ciascuna impresa

$$x_A^s = 0,50p_x$$
$$\underline{x_B^s = 0,25p_x - 0,25}$$
$$x_A^S + x_B^S = 0,75p_x - 0,25$$

$$Q^S = 0,75p_x - 0,25$$

La configurazione di equilibrio del mercato si avrà ponendo $Q^D = Q^S$ ossia:

$$\frac{14}{p_x} = 0,75p_x - 0,25$$

$$14 = 0,75p_x^2 - 0,25p_x$$

$$-0,75p_x^2 + 0,25p_x + 14 = 0$$

$$0,75p_x^2 - 0,25p_x - 14 = 0$$

$$\Delta = b^2 - 4ac = 42,06$$

$$p_x = \frac{-b \pm \sqrt{\Delta}}{2a} = \frac{0,25 \pm \sqrt{42,06}}{1,5} \diagdown^{p_x = 4,49}_{\diagdown\, p_x' = -4,15}$$

Scartiamo la radice negativa perché priva di significato economico. Il prezzo di equilibrio $p_x = 4,49$ inserito nella funzione di domanda aggregata rende il valore della quantità di equilibrio Q^E.

$$Q^D = Q^S = Q^E = \frac{14}{4,49} = 3,11$$

L'equilibrio di mercato corrisponde al punto $E(q = 3,11; p = 4,49)$.

Capitolo 10

NOZIONI DI TEORIA DEI GIOCHI

Sezione Unica
*Situazioni strategiche, calcolo del payoff del gioco,
equilibrio di Nash*

Esercizio n. 1

La seguente matrice rappresenta il gioco del dilemma del prigioniero
nel quale ogni giocatore ha una strategia dominante; indichiamo con A e
B i due giocatori. Il dilemma è tra confessare (C) e non confessare (NC): il
payoff esprime un "non profitto" ossia una disutilità in termini di anni di
reclusione.

		B	
		C	NC
A	C	7; 7	1; 8
	NC	8; 1	2; 2

Quando le scelte razionali fra due soggetti sono intercorrelate, le possibili
alternative di scelta di ognuno costituiscono la *situazione strategica*, generalmente indicata col simbolo S che rappresenta il prodotto cartesiano degli insie-
mi delle possibili strategie di ciascun giocatore, ossia $S = s_1 \times s_2 \times \ldots \times s_n$.

Se ad ogni situazione strategica si associa il valore di un premio o dell'utilità (payoff) viene a determinarsi una *funzione di utilità del tipo von Neumann-Morgenstern* rappresentativa dell'ordinamento delle preferenze del giocatore i-esimo sull'insieme delle situazioni strategiche.

Le possibili strategie possono essere schematizzate nella tabella (matrice
dei payoff) che rappresenta un gioco statico ove giocatori muovono una sola
volta, simultaneamente.

Nella matrice quadrata le due possibili strategie, C e NC, che due giocatori A e B possono adottare sono espresse da valori numerici interni alle celle.

Le cifre a sinistra del punto e virgola si riferiscono ai risultati conseguiti da A, quelle a destra ai risultati di B.

Nota integrativa

Nel caso in esame, andiamo ad individuare un eventuale equilibrio in strategie dominanti. Una strategia è dominante per un giocatore se il payoff ottenuto giocandola è il più alto che questi possa ottenere per qualunque strategia dell'altro.

Se una strategia è dominante, questa è la risposta ottima, indipendentemente dalla strategia dell'altro e, quindi, è costante lungo le righe (per il giocatore A) o attraverso le colonne (per il giocatore B).

Nel caso di specie, sottolineiamo il valore più conveniente per ciascun giocatore, sulla riga, per il giocatore A e sulla colonna, per il giocatore B.

Dall'intersezione (ideale), riga-colonna dei valori sottolineati risulta individuata la cella che rappresenta l'equilibrio del gioco, in questo caso (C,C).

Quando un gioco ha una soluzione in strategie dominanti si verifica il cosiddetto "equilibrio di Nash". In generale, non vale l'inverso.

Nalla fattispecie, si può osservare come l'equilibrio di Nash che si è concretizzato nella scelta effettuata da entrambi gli imputati di confessare è Pareto-inefficiente perché se ciascuno di esssi non avesse temuto la delazione dell'altro, avrebbero potuto segretamente accordarsi nel mantenere una linea difensiva comune di diniego del reato, scontando soltanto 2 anni di pena.

Esercizio n. 2

I valori delle celle indicano livelli di prezzo (A = alto; B = basso) fra i giocatori X ed Y.

Individuare la combinazione di strategia di prezzo che dà luogo ad un equilibrio di Nash in strategie dominanti.

		Y	
		A	B
X	A	250; 250	50; 350
	B	350; 50	150; 150

Risoluzione

In base alle considerazioni svolte nel precedente esercizio, si potrà notare che l'equilibrio è individuato nella cella (B,B).

Esercizio n. 3

Si individui se e quanti equilibri di Nash in strategie pure esistono fra il giocatore 1 e il giocatore 2.

Giocatore ②

		A	B
Giocatore ①	A	0; 0	3; 2
	B	2; 3	1; 1

Risoluzione

Guardiamo i payoff (profitti) all'interno della matrice: partendo dai profitti, individuiamo le scelte strategiche e l'eventuale equilibrio di Nash:

$$\rightarrow \begin{bmatrix} 2; & 3 \\ B; & A \end{bmatrix}; \begin{bmatrix} 3; & 2 \\ A; & B \end{bmatrix}$$

$$\rightarrow \begin{bmatrix} 3; & 2 \\ A; & B \end{bmatrix}; \begin{bmatrix} 2; & 3 \\ B; & A \end{bmatrix}$$

Riportiamo su due vettori le scelte strategiche riferibili a ciascun giocatore:

Vettore   (B; A),   (A; B)

Vettore   (A; B),   (B; A)

L'intersezione fra i due insiemi (o vettori) è (A; B) ed anche (B; A).

Pertanto, l'intersezione fra le scelte strategiche ottimali dei due giocatori ha dato origine a due equilibri di Nash. In mancanza di una dominanza strategica il problema non presenta soluzione.

Esercizio n. 4

Individuare eventuali equilibri di Nash nelle strategie dei giocatori Pasquale e Germano i cui payoff sono schematizzati nella matrice:

$$
\begin{array}{c}
 & \textcircled{P} \\
 & \begin{array}{cc} 1 & 2 \end{array} \\
\textcircled{G}\ \begin{array}{c} 1 \\ 2 \end{array} &
\begin{array}{|c|c|}
\hline
4;\ 4 & 4;\ 4 \\
\hline
0;\ 1 & 6;\ 3 \\
\hline
\end{array}
\end{array}
$$

Risoluzione

Strategia di Germano:

$$G \rightarrow \begin{bmatrix} 4; & 4 \\ 1; & 1 \end{bmatrix};\ \begin{bmatrix} 6; & 4 \\ 2; & 2 \end{bmatrix}$$

Strategia di Pasquale:

$$P \rightarrow \begin{bmatrix} 4; & 4 \\ 1; & 1 \end{bmatrix};\ \begin{bmatrix} 4; & 6 \\ 2; & 2 \end{bmatrix}$$

Vettore $G \rightarrow (1; 1),\ (2; 2)$

Vettore $P \rightarrow (1; 1),\ (2; 2)$

L'intersezione degli insiemi individua due equilibri di Nash

$G \cap P = (1; 1)$ e $(2; 2)$ i cui valori sono, rispettivamente, $(4; 4)$ e $(6; 3)$.

Pertanto, non si riesce ad individuare alcuna coppia di scelte che possa essere definita quale soluzione del problema poiché manca una dominanza strategica.

Esercizio n. 5

Sia data la seguente matrice delle vincite di un gioco con due giocatori, *A* e *B* che possono scegliere fra due strategie (pure), con *A* che sceglie fra «alto» e «basso» e *B* che sceglie fra «sinistra» e «destra».

Verificare se esistono equilibri di Nash.

	Ⓑ s	d
a	1; 2	10; 1
b	3; 3	2; 4

(Ⓐ a sinistra indica il giocatore A)

Risoluzione

Strategia

$$A \rightarrow \begin{bmatrix} 3; & 3 \\ b; & s \end{bmatrix}; \quad \begin{bmatrix} 10; & 4 \\ a; & d \end{bmatrix}$$

Strategia

$$B \rightarrow \begin{bmatrix} 3; & 3 \\ s; & b \end{bmatrix}; \quad \begin{bmatrix} 4; & 10 \\ d; & a \end{bmatrix}$$

Vettore $A \rightarrow (b; s), \quad (a; d)$

Vettore $B \rightarrow (s; b), \quad (d; a)$

Non esiste alcun equilibrio di Nash.

Esercizio n. 6

Data la seguente matrice:

②

		A	B
①	A	5; 5	5; 4
	B	6; 5	4; 8

a) *verificare se esiste equilibrio di Nash;*
b) *individuare il vettore di probabilità nell'equilibrio di Nash tra strategie miste e determinare l'utilità attesa in corrispondenza dell'equilibrio di Nash tra strategie miste.*

Risoluzione

a) Strategie:

$$1 \rightarrow \begin{bmatrix} 6; & 5 \\ B; & A \end{bmatrix}; \quad \begin{bmatrix} 5; & 8 \\ A; & B \end{bmatrix}$$

$$2 \rightarrow \begin{bmatrix} 5; & 6 \\ A; & B \end{bmatrix}; \quad \begin{bmatrix} 8; & 5 \\ B; & A \end{bmatrix}$$

Vettore 1 (B; A),   (A; B)

Vettore 2 (A; B),   (B; A)

L'intersezione fra i vettori evidenzia **due equilibri di Nash** in strategie pure, quindi non essendovi una strategia dominante il problema non presenta soluzioni in strategie pure.
La *strategia mista* rappresenta una distribuzione di probabilità (variabile casuale) sull'insieme delle strategie pure di un qualsiasi giocatore; indichiamo con p la probabilità associata alla scelta s_1, e con $(1 - p)$ la probabilità connessa alla scelta alternativa s_2 effettuata dal giocatore. Poiché abbiamo riscontrato che i due equilibri di Nash non comportano soluzione del problema con strategie pure, si passa alle strategie miste. Riportiamo

nuovamente la matrice dei payoff, posizionando i simboli p ed $(1-p)$ da associare alle scelte:

	q ② $(1-q)$	
	A	B
p A	5; 5	5; 4
$(1-p)$ B	6; 5	4; 8

① (row label, player 1)

b) La **funzione di utilità attesa del giocatore** 1 risulta:

$$E(U_1) = 5p_1q_1 + 6p_2q_1 + 5p_1q_2 + 4p_2q_2$$

La **funzione di utilità attesa del giocatore** 2 risulta:

$$E(U_2) = 5p_1q_1 + 5p_2q_1 + 4p_1q_2 + 8p_2q_2$$

Ponendo

[1] $p_2 = 1-p_1$

     $q_2 = 1-q_1$

in entrambe le funzioni si avrà:

$$E(U_1) = 5p_1q_1 + 6(1-p_1)q_1 + 5p_1(1-q_1) + 4(1-p_1)(1-q_1)$$

$$= 5p_1q_1 + 6q_1 - 6p_1q_1 + 5p_1 - 5p_1q_1 + 4(1-q_1-p_1+p_1q_1)$$

$$= 5p_1q_1 + 6q_1 - 6p_1q_1 + 5p_1 - 5p_1q_1 + 4 - 4q_1 - 4p_1 + 4p_1q_1$$

[2] $E(U_1) = -2p_1q_1 + 2q_1 + p_1 + 4$

$$E(U_2) = 5p_1q_1 + 5(1-p_1)q_1 + 4p_1(1-q_1) + 8(1-p_1)(1-q_1)$$

$$= 5p_1q_1 + 5q_1 - 5p_1q_1 + 4p_1 - 4p_1q_1 + 8(1-q_1-p_1+p_1q_1)$$

$$= 5p_1q_1 + 5q_1 - 5p_1q_1 + 4p_1 - 4p_1q_1 + 8 - 8q_1 - 8p_1 + 8p_1q_1$$

[3] $E(U_2) = 4p_1q_1 - 3q_1 - 4p_1 + 8$

Calcolando la derivata prima parziale della funzione $E(U_1)$ e ponendo la condizione del primo ordine si ottiene:

$$\frac{dE(U_1)}{dp_1} = -2q_1 + 1$$

$$-2q_1 + 1 = 0 \quad \Rightarrow \quad q_1 = \frac{1}{2}$$

In modo analogo si massimizza la funzione di utilità del secondo giocatore, assumendo p_1 come dato:

$$\frac{dE(U_2)}{dq_1} = 4p_1 - 3$$

$$4p_1 - 3 = 0 \quad \Rightarrow \quad p_1 = \frac{3}{4}$$

Possiamo determinare i valori della [1] per sostituzione, ossia:

$$p_2 = 1 - p_1 \Rightarrow 1 - \frac{3}{4} = \frac{1}{4}$$

$$q_2 = 1 - q_1 \Rightarrow 1 - \frac{1}{2} = \frac{1}{2}$$

Calcoliamo il valore dell'utilità attesa della [2]:

$$E(U_1) = -2\left(\frac{3}{4}\right)\frac{1}{2} + 2 \cdot \frac{1}{2} + \frac{3}{4} + 4 = 5$$

Calcoliamo il valore dell'utilità attesa della [3]:

$$E(U_2) = 4\left(\frac{3}{4}\right)\frac{1}{2} - 3 \cdot \frac{1}{2} - 4 \cdot \frac{3}{4} + 8 = 5$$

Esercizio n. 7

Nel seguente gioco "a somma nulla" *si individui se e quanti equilibri di Nash in strategie pure esistono.*

① \ ②	A	B
A	2; −2	−2; 2
B	−2; 2	2; −2

Risoluzione

Strategie:

$$1 \rightarrow \begin{bmatrix} 2; & 2 \\ A; & A \end{bmatrix}; \begin{bmatrix} 2; & 2 \\ B; & B \end{bmatrix}$$

$$2 \rightarrow \begin{bmatrix} 2; & 2 \\ A; & A \end{bmatrix}; \begin{bmatrix} 2; & 2 \\ B; & B \end{bmatrix}$$

Vettore 1 (A; A), (B; B)

Vettore 2 (A; A), (B; B)

L'intersezione fra i vettori determina due equilibri di Nash (A; A) a cui corrispondono i valori (2; −2) e (B; B) cui corrispondono i valori (2; −2) quindi si potrà far ricorso a strategie miste.

Esercizio n. 8

Nella seguente matrice *si individui se e quanti equilibri di Nash in strategie pure esistono.*

		(2) A	B	C
	A	2; 4	1; 11	0; 16
(1)	B	3; 3	2; 10	1; 15
	C	7; 2	6; 9	5; 14

Risoluzione

Strategie:

$$1 \rightarrow \begin{bmatrix} 7; & 4 \\ C; & A \end{bmatrix}; \quad \begin{bmatrix} 6; & 11 \\ C; & B \end{bmatrix}; \quad \begin{bmatrix} 5; & 16 \\ C; & C \end{bmatrix}$$

$$2 \rightarrow \begin{bmatrix} 4; & 7 \\ A; & C \end{bmatrix}; \quad \begin{bmatrix} 11; & 6 \\ B; & C \end{bmatrix}; \quad \begin{bmatrix} 16; & 5 \\ C; & C \end{bmatrix}$$

Vettore 1 $(C; A)$, $(C; B)$, $(C; C)$

Vettore 2 $(A; C)$, $(B; C)$, $(C; C)$

L'equilibrio di Nash è determinato dall'intersezione fra i vettori, cioè:

$$N = (\text{vettore } 1) \cap (\text{vettore } 2) = (C; C)$$

quindi i payoffs 5; 14

Esercizio n. 9

Due giocatori, A e B, presentano le seguenti situazioni strategiche:

[1] $S_A = \{2; 4\}$

[2] $S_B = \{3; 5\}$

L'ordinamento delle preferenze di ogni giocatore rispetto all'insieme delle situazioni strategiche viene descritto dalle funzioni di utilità von Neumann-Morgenstern:

[3] $U_A = 2S_A + S_B$

[4] $U_B = S_A - 2S_B$

Determinare:

a) *l'insieme delle situazioni strategiche;*
b) *le vincite* (payoff) *in corrispondenza delle diverse situazioni strategiche di ciascun giocatore.*

Risoluzione

a) L'insieme delle situazioni strategiche si ottiene dal prodotto cartesiano.

$S = S_A \times S_B$

$S = \{2; 4\} \times \{3; 5\} = \{(2; 3); (2; 5); (4; 3); (4; 5)\}$

b) I payoffs del giocatore A, in corrispondenza di ogni situazione strategica tenuto conto della funzione di utilità [3] sono:

$2(2) + 3 = 7$

$2(2) + 5 = 9$

$2(4) + 3 = 11$

$2(4) + 5 = 13$

I payoff del giocatore B sono, tenuto conto della funzione di utilità [4]:

$2 - (2) \cdot 3 = -4$

$2 - (2) \cdot 5 = -8$

$4 - (2) \cdot 3 = -2$

$4 - (2) \cdot 5 = -6$

I risultati ottenuti possono essere sistemati nella seguente matrice:

	B 1	2
A 1	7; −4	11; −2
A 2	9; −8	13; −6

Individuiamo le **scelte strategiche per il giocatore A**:

$$A \rightarrow \begin{bmatrix} 9; & -4 \\ 2; & 1 \end{bmatrix}; \quad \begin{bmatrix} 13; & -2 \\ 2; & 2 \end{bmatrix}$$

Per il **giocatore B** si avrà:

$$B \rightarrow \begin{bmatrix} -4; & 9 \\ 1; & 1 \end{bmatrix}; \quad \begin{bmatrix} -2; & 13 \\ 2; & 2 \end{bmatrix}$$

Riportiamo su due vettori le scelte strategiche riferibili a ciascun giocatore:

Vettore A $(2; 1)$, $(2; 2)$

Vettore B $(1; 2)$, $(2; 2)$

L'equilibrio di Nash risulta dalla intersezione fra il vettore A ed il vettore B cioè:

$$N = (\text{vettore } A) \cap (\text{vettore } B) = (2; 2)$$

Esercizio n. 10

Due imprese debbono decidere se competere alla Cournot oppure collude-re per produrre una quantità inferiore.

La matrice del payoff è la seguente:

Impresa ②

	Collude	Cournot
Collude	225; 225	188; 250
Cournot	250; 188	200; 200

Impresa ①

Determinare se esiste l'equilibrio di Nash di questo gioco. In caso afferma-tivo verificare se esso è Pareto-efficiente.

Risoluzione

Esponiamo le strategie di ciascuna impresa:

$$
\text{Impresa} \rightarrow \begin{bmatrix} 250; & 225 \\ \text{Cournot}; & \text{Collude} \end{bmatrix}; \begin{bmatrix} 200; & 250 \\ \text{Cournot}; & \text{Cournot} \end{bmatrix}
$$

$$
\text{Impresa} \rightarrow \begin{bmatrix} 225; & 250 \\ \text{Collude}; & \text{Cournot} \end{bmatrix}; \begin{bmatrix} 250; & 200 \\ \text{Cournot}; & \text{Cournot} \end{bmatrix}
$$

Vettore Impresa ① (Cournot; Collude), (Cournot; Cournot)
Vettore Impresa ② (Collude; Cournot), (Cournot; Cournot)

L'intersezione fra i due vettori è rappresentata dall'unico equilibrio di Nash (Cournot, Cournot).

Infatti, tale coppia costituisce per ciascuno dei due giocatori la risposta ottimale data la strategia scelta dagli altri giocatori. In particolare, giocare Cournot è la strategia dominante per entrambi i giocatori perché per qualsiasi scelta del rivale ciascuna delle due imprese preferirà giocare Cournot.

Tuttavia tale esito è Pareto-inefficiente; infatti l'esito (*Collude, Collude*) sa-rebbe Pareto-superiore in quanto entrambi i giocatori otterrebbero un profitto superiore.

Capitolo 11

IL MERCATO DI MONOPOLIO, CONCORRENZA MONOPOLISTICA E MONOPSONIO

Sezione Prima
*Configurazione di equilibrio
del mercato di monopolio, profitto e mark-up*

Esercizio n. 1.1

La funzione

[1.1] $q = 40 - p$ esprime la domanda di mercato.

La funzione di costo del monopolista è:

[1.2] $CT = 4q$

Determinare:
a) *la quantità offerta;*
b) *il prezzo di mercato;*
c) *il profitto del monopolista.*

Risoluzione

a) Conviene trasformare la funzione di domanda diretta, la [1.1], nella funzione di domanda inversa, per cui, si avrà:

[1.3] $p = 40 - q$

La condizione di equilibrio in un mercato monopolistico è espressa dall'uguaglianza fra costo marginale e ricavo marginale:

[1.4] $CMa = RMa$

Il costo marginale non è altro che la derivata prima della funzione di costo totale, la [1.2], quindi

$$CMa = \frac{dCT}{dq} = 4$$

Il ricavo marginale è la derivata prima della funzione del ricavo totale:

$RT = p \cdot q$

che in base alla [1.3] può essere scritta nella forma

$RT = (40 - q)q = 40q - q^2$

la cui derivata è

$\dfrac{dRT}{dq} = 40 - 2q$; quindi

$RMa = 40 - 2q$

Rispetto alla funzione di domanda, la [1.3], quella del ricavo marginale ha **pendenza doppia**. La condizione di equilibrio del mercato, la [1.4], sarà:

$4 = 40 - 2q \Rightarrow 2q = 36 \Rightarrow q^* = 18$

b) Il prezzo di mercato si otterrà sostituendo $q = 18$ nella [1.3]:

$p^* = 40 - 18 = 22$

c) Il profitto (π) è espresso dalla relazione

$\pi = \text{Ricavo} - \text{Costo}$

$\pi = p \cdot q - CT(q)$

$\pi = 22 \cdot 18 - 4 \cdot 18 = 396 - 72 = 324$

Svolgimento alternativo

L'esercizio può essere svolto alternativamente previa massimizzazione della funzione del profitto.

Si scrive la funzione del profitto:

$\pi = p \cdot q - CT(q)$ ed inserendovi i valori di p e di CT

$\pi = (40 - q)q - 4q$

$\pi = 40q - q^2 - 4q$

[1.5] $\pi = 36q - q^2$

Calcoliamo il punto di massimo relativo della [1.5]:

$\dfrac{d\pi}{dq} = 36 - 2q$

Poniamo la condizione del primo ordine

$36 - 2q = 0 \;\Rightarrow\; 36 = 2q \;\Rightarrow\; q = 18$

Verifichiamo che $q = 18$ è un punto di massimo relativo:

$$\frac{d^2\pi}{dq^2} = -2 < 0$$

Il segno negativo della derivata seconda verifica che $q = 18$ è un punto di massimo relativo.

Il profitto si avrà sostituendo $q = 18$ nella [1.5]:

$\pi = 36 \cdot 18 - 18^2 = 648 - 324 = 324$

Nota integrativa
Se la funzione di domanda inversa è lineare, del tipo $p(q) = a - bq$ ed il costo marginale è costante, potremmo adoperare (anche come verifica dei calcoli) le seguenti relazioni:

q_m = quantità offerta dal monopolista = $\dfrac{a - CMa}{2b}$

p_m = prezzo di rendimento = $\dfrac{a + CMa}{2}$

π_m = profitto del monopolista = $\dfrac{(a - CMa)^2}{4b}$

Esercizio n. 1.2

La funzione di domanda di mercato è espressa dalla relazione:

[2.1] $q = 16 - p$

La funzione di costo del monopolista è:

[2.2] $CT = 2q^3 - 7q^2 + 16q$

Determinare:
a) *la quantità offerta; il prezzo di mercato ed il profitto del monopolista;*
b) *il mark-up (ricarico) sul costo marginale.*

Risoluzione

a) Trasformiamo la funzione di domanda, la [2.1], da diretta ad inversa:

[2.3] $p = 16 - q$

Scriviamo la funzione del profitto:

$\pi = p \cdot q - CT(q)$ ed inserendovi i valori di p e di CT si avrà:

$$\pi = (16 - q)q - (2q^3 - 7q^2 + 16q)$$

$$\pi = 16q - q^2 - 2q^3 + 7q^2 - 16q$$

[2.4] $\pi = -2q^3 + 6q^2$

Calcoliamo il punto di massimo relativo della [2.4]

[2.5] $\dfrac{d\pi}{dq} = -6q^2 + 12q$

Poniamo la condizione del primo ordine:

$$6q^2 - 12q = 0$$

$$6q(q - 2) = 0$$

$6q = 0 \;\Rightarrow\; q = 0$ (si scarta)

$q - 2 = 0 \;\Rightarrow\; q = 2$ (**quantità offerta dal monopolista**)

Verifichiamo che $q = 2$ è un punto di massimo relativo; calcoliamo la derivata seconda della [2.5].

$$\dfrac{d^2\pi}{dq^2} = -12q + 12 < 0$$

Il segno negativo della derivata seconda verifica che $q = 2$ è un punto di massimo relativo.

Pertanto, sostituendo $q = 2$ nella [2.4] si avrà il profitto:

$$\pi = -2(2)^3 + 6(2)^2 = -16 + 24 = 8$$

Il prezzo si otterrà per sostituzione di $q = 2$ nella [2.3]:

$$p = 16 - 2 = 14$$

b) Il mark-up (che indichiamo con α) rappresenta un ricarico sul costo marginale del monopolista nel punto di ottimo.
In equilibrio sussiste la relazione

$\alpha \cdot CMa = p$ quindi

$$\alpha = \dfrac{p}{CMa}$$

Calcoliamo, pertanto il costo marginale:

$$CMa = \frac{dCT}{dq} = 6q^2 - 14q + 16$$

per $q = 2$ si avrà

$$CMa = 24 - 28 + 16 = 12$$

Essendo $p = 14$ si avà

$$\alpha = \frac{14}{12} = 1,16$$

Si noti che, se è data l'elasticità di domanda $|\varepsilon_d|$, il valore di α può essere

determinato dalla relazione: $\alpha = \dfrac{1}{1 - \dfrac{1}{|\varepsilon_d|}}$

Sezione Seconda
Relazione fra ricavo ed elasticità della domanda

Esercizio n. 2.1

Un monopolista discrimina il prezzo di vendita su due gruppi di consumatori applicando, al primo gruppo il prezzo $p_1 = 8$ ed al secondo il prezzo $p_2 = 5$.
Se la funzione di costo è $CT = 4q$ quale sarà l'elasticità di domanda di ciascun gruppo di consumatori?

Risoluzione

Per ciascun gruppo deve sussistere la condizione di equilibrio di mercato
[1.1] $CMa = RMa$

Per il primo gruppo sarà:

$$CMa = \frac{dC}{dq} = 4$$

essendo $CMa = RMa$ sarà $RMa = 4$.

Il ricavo marginale, espresso in funzione dell'elasticità della domanda, è:

$$RMa = p_1\left(1 - \frac{1}{|\varepsilon_{d_1}|}\right) \Rightarrow 4 = 8\left(1 - \frac{1}{|\varepsilon_{d_1}|}\right) \Rightarrow 4 = 8\left(\frac{|\varepsilon_{d_1}| - 1}{|\varepsilon_{d_1}|}\right) \Rightarrow 4|\varepsilon_{d_1}| = 8|\varepsilon_{d_1}| - 8$$

$$8 = 8|\varepsilon_{d_1}| - 4|\varepsilon_{d_1}|$$

$$8 = 4|\varepsilon_{d_1}| \Rightarrow |\varepsilon_{d_1}| = 2$$

In modo analogo si opererà per il secondo gruppo:

$$RMa = p_2\left(1 - \frac{1}{|\varepsilon_{d_2}|}\right) \Rightarrow 4 = 5\left(1 - \frac{1}{|\varepsilon_{d_2}|}\right) \Rightarrow 4 = 5\left(\frac{|\varepsilon_{d_1}| - 1}{|\varepsilon_{d_2}|}\right) \Rightarrow |\varepsilon_{d_2}| = 5$$

$$\Rightarrow 4|\varepsilon_{d_2}| = 5|\varepsilon_{d_2}| - 5 \Rightarrow |\varepsilon_{d_2}| = 5$$

Esercizio n. 2.2

Determinare il prezzo che massimizza il profitto di un monopolista, sapendo che l'output prodotto è $q = 20$, l'elasticità della domanda è $|\varepsilon_d| = -3$ e la curva del costo totale è $CT = 9q^2 + 6$.

Risoluzione

Poiché è nota l'elasticità della domanda conviene utilizzare la relazione del mark-up

[2.1] $\alpha \cdot CMa = p$

Scriviamo il valore del *mark-up* in funzione dell'elasticità $|\varepsilon_d| = -3$

$$\alpha = \cfrac{1}{1-\cfrac{1}{|\varepsilon_d|}} = \cfrac{1}{1-\cfrac{1}{3}} = 1,5$$

$$CMa = \frac{dCT}{dq} = 18q$$

ed essendo q = 20 sarà CMa = 18(20) = 360.

La [2.1] si potrà scrivere:

$$1,5(360) = p$$

$$p^* = 540$$

Esercizio n. 2.3

Il ricavo totale di un'impresa monopolistica è espresso dalla relazione:

[3.1] $RT = 12q - 2q^2$

Calcolare l'elasticità della domanda $|\varepsilon_d|$ *rispetto al prezzo in corrispondenza del ricavo marginale RMa = 4:*

Risoluzione

Possiamo scrivere la relazione

$$RT = p \cdot q \Rightarrow p = \frac{RT}{q} = \frac{12q - 2q^2}{q} \Rightarrow p = \frac{2q(6-q)}{q}$$

[3.2] $p = 12 - 2q$

Poiché

$$RMa = \frac{dRT}{dq} = 12 - 4q$$

ed essendo $RMa = 4$, si potrà scrivere

$$4 = 12 - 4q \Rightarrow 4q = 8 \Rightarrow q = 2$$

che sostituito nella [3.2] rende $p = 12 - 4 = 8$.

Per calcolare il valore di $|\varepsilon_d|$ in corrispondenza del ricavo marginale $RMa = 4$ utilizziamo la relazione:

$$RMa = p\left(1 - \frac{1}{|\varepsilon_d|}\right)$$

ed inserendo i valori numerici si avrà:

$$4 = 8\left(1 - \frac{1}{|\varepsilon_d|}\right) \Rightarrow 4 = 8\left(\frac{|\varepsilon_d| - 1}{|\varepsilon_d|}\right)$$

$$4|\varepsilon_d| = 8|\varepsilon_d| - 8 \Rightarrow 8 = 4|\varepsilon_d|$$

$$|\varepsilon_d| = \frac{8}{4} = 2$$

Esercizio n. 2.4

Un'impresa che opera in condizioni di monopolio sul mercato nazionale adotta la tecnologia descritta dalla seguente funzione di produzione $Q = \min(K, L)$, dove K rappresenta il capitale, L il lavoro.

Supponendo che i prezzi dei fattori della produzione siano entrambi pari a 2 e che la funzione inversa di domanda sia data da $p = 16 - Q$, *si determini la quantità prodotta, il prezzo ed il profitto dell'impresa.*

Risoluzione

Poniamo a sistema la condizione di ottimo ed il vincolo di bilancio, o funzione di costo totale (budget):

$$\begin{cases} K = L \\ p_K K + p_L L = CT(Q) \end{cases} \Rightarrow \begin{cases} K = L \\ 2K + 2L = CT(Q) \end{cases}$$

$$2L + 2L = CT(Q) \Rightarrow 4L = CT(Q)$$

[4.1] $CT(Q) = 4L$

ovvero:

$$2K + 2K = CT(Q)$$

$$4K = CT(Q)$$

ovvero:

[4.2] $CT(Q) = 4K$

Pertanto il costo marginale (dalla relazione [4.1] o dalla [4.2]) risulta:

$$CMa = \frac{dCT(Q)}{dL} = 4$$

ovvero:

$$CMa = \frac{dCT(Q)}{dK} = 4$$

Si determini, adesso il ricavo totale:

$$RT = p \cdot q = (16 - Q)Q = 16Q - Q^2$$

ed il ricavo marginale

$$RMa = \frac{dRT}{dQ} = 16 - 2Q$$

Poniamo adesso la condizione di equilibrio nel monopolio:

CMa = RMa

cioè

$$4 = 16 - 2Q$$

$$2Q = 12 \Rightarrow Q = 6 \text{ (quantità prodotta)}$$

Determiniamo il costo totale di produzione:

$$CT = (p_K + p_L)Q = (2 + 2)6 = 24$$

Il prezzo sarà:

$$p = 16 - Q \text{ e cioè } p = 16 - 6 = 10$$

Il profitto sarà:

$$\pi = RT - CT = 16(6) - 6^2 - (24) = 36$$

Sezione Terza
Punto di ottimo del monopolista, prezzo di riserva, surplus del consumatore e del produttore, perdita di monopolio, discriminazione del prezzo

Esercizio n. 3.1

In un mercato di monopolio la funzione di domanda inversa è:

[1.1] $p = 20 - q$

la funzione di costo totale è:

[1.2] $CT = 2q$

Determinare:
a) *il punto di ottimo del monopolista;*
b) *il prezzo di riserva; il surplus del consumatore e del produttore, il surplus sociale;*
c) *il valore dell'elasticità di domanda in corrispondenza del punto di ottimo;*
d) *il surplus del consumatore nel caso venisse introdotto un prezzo efficiente (p_e) e la perdita secca di monopolio.*

Risoluzione

a) Dalla funzione del profitto si ha:

$\pi = p \cdot q - CT(q)$

inserendovi i valori della [1.1] e della [1.2] si avrà:

$\pi = (20 - q)q - 2q = 20q - q^2 - 2q$

[1.3] $\pi = 18q - q^2$

Calcoliamo il massimo relativo della [1.3]:

[1.4] $\dfrac{d\pi}{dq} = 18 - 2q$

Poniamo la condizione del primo ordine

$18 - 2q = 0$

$q = 9$ **(offerta ottima del monopolista)**

Verifichiamo che $q = 9$ è un punto di massimo relativo; calcoliamo la derivata seconda della [1.4]:

$$\frac{d^2\pi}{dq^2} = -2 < 0$$

Il segno negativo della derivata seconda verifica che $q = 9$ è un punto di massimo relativo.

Sostituendo $q = 9$ nella [1.1] si avrà:

$$p = 20 - 9$$

$$p = 11 \text{ (\textbf{prezzo di monopolio})}$$

b) Rappresentiamo graficamente la funzione di domanda $p = 20 - q$. È conveniente determinare le intercette della funzione con gli assi cartesiani:

$$\begin{cases} p = 20 - q \\ q = 0 \end{cases} \Rightarrow p_r = 20 \text{ (\textbf{prezzo di riserva})}$$

$$\begin{cases} p = 20 - q \\ q = 0 \end{cases} \Rightarrow q = 20$$

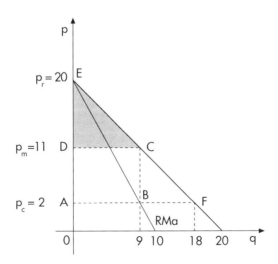

Figura 1

Si osservi, in *Figura 1*, che il surplus del consumatore (s.c., triangolo colorato) è rappresentato dall'area sottesa tra la curva di domanda ed il prezzo che garantisce l'equilibrio di mercato.

Il livello di prezzo $p_r = 20$, indica il prezzo di riserva del consumatore, cioè il prezzo che egli riterrebbe "conveniente" per effettuare l'acquisto.

In realtà egli paga il prezzo $p_m = 11$. Acquistando ad un prezzo più basso, il consumatore consegue un surplus pari all'area del triangolo ECD:

$$S.C. = \frac{9 \cdot (20 - 11)}{2} = \frac{81}{2} = 40,5$$

Il surplus del monopolista coincide con il profitto, ovvero l'area del rettangolo ABCD; quindi, sostituendo $q = 9$ nella [1.3] si avrà:

$$\pi = 18 \cdot 9 - 92 = 81$$

Il surplus sociale (S.S.) è la sommatoria del surplus del monopolista e del consumatore, ovvero l'area del trapezio ABCE:

$$S.S. = 81 + 40,5 = 121,5$$

c) Il valore dell'elasticità della domanda ε_d può essere determinato considerando le seguenti relazioni:

$$\begin{cases} CMa = RMa & \text{(condizione di equilibrio)} \\ RMa = p\left(1 - \dfrac{1}{|\varepsilon_d|}\right) & \text{(ricavo marginale in funzione di } \varepsilon_d) \end{cases}$$

per cui si potrà porre:

$$CMa = p\left(1 - \frac{1}{|\varepsilon_d|}\right)$$

Osserviamo che $CMa = \dfrac{dCT}{dq} = 2$ e che $p = 11$; si avrà:

$$2 = 11\left(1 - \frac{1}{|\varepsilon_d|}\right) \Rightarrow 2 = 11\left(\frac{|\varepsilon_d| - 1}{|\varepsilon_d|}\right)$$

$$2|\varepsilon_d| = 11|\varepsilon_d| - 11 \Rightarrow 11 = 9|\varepsilon_d|$$

$$\varepsilon_d = \frac{11}{9} = 1,22 > 1$$

Si osservi che nel punto di ottimo del monopolista la curva di domanda è elastica; infatti ε_d è maggiore di 1.

d) Occorre preliminarmente determinare il livello del prezzo efficiente, ossia il prezzo vigente nel mercato di concorrezza perfetta; pertanto dovrà essere $p_c = CMa \Rightarrow p_c = 2$.

In corrispondenza di questo prezzo, la quantità prodotta è:

$2 = 20 - q$

$q = 18$

Pertanto, il surplus del consumatore (area del triangolo EAF), nel caso di prezzo efficiente $p_c = 2$ sarà:

$$S.C. = \frac{18(20-2)}{2} = 162$$

La perdita secca di monopolio o *dead weight loss* (D.L.), pari all'area del triangolo *CBF*, si ottiene come differenza fra il surplus del consumatore (nel caso di prezzo efficiente) ed il surplus del sociale:

D.L. = 162 − 121,5 = 40,5

Esercizio n. 3.2

Un monopolista opera su due mercati; il primo mercato presenta la curva di domanda $q_1 = 80 - p_1$; il secondo mercato esprime la curva di domanda $q_2 = 100 - p_2$; il costo marginale è *CMa = 10*.

Determinare il livello di prezzo nel caso di:

a) *non discriminazione del prezzo;*
b) *discriminazione del prezzo (III tipo).*

Risoluzione

a) Calcoliamo la domanda complessiva che rappresenta la somma, membro a membro, delle funzioni di domanda dei due mercati:

$$\begin{array}{r} q_1 = 80 - p \\ q_2 = 100 - p \\ \hline (q_1 + q_2) = 180 - 2p \\ Q = 180 - 2p \end{array}$$

Passiamo alla funzione di domanda inversa:

$2p = 180 - Q$

[2.1] $p = 90 - 0,5Q$

Calcoliamo il ricavo totale e il ricavo marginale:

$$RT = p \times Q = (90 - 0,5Q)Q = 90Q - 0,5Q^2$$

$$RMa = \frac{dRT}{dQ} = 90 - Q$$

Ponendo la condizione di equilibrio si avrà:

$$CMa = RMa$$

$$10 = 90 - Q$$

$$Q = 80$$

Il prezzo di mercato si ottiene inserendo $Q = 80$ nella [2.1]; si avrà:

$$p = 90 - 0,5(80) = 90 - 40 = 50 \quad \textbf{(prezzo di mercato senza discriminazione)}$$

b) Relativamente al primo mercato, trasformiamo la funzione di domanda da diretta ad inversa

[2.2] $q_1 = 80 - p_1 \Rightarrow p_1 = 80 - q_1$

Determiniamo il ricavo totale:

$$RT = p \cdot q \Rightarrow (80 - q_1)q_1 \Rightarrow 80q_1 - q_1^2$$

Calcoliamo, quindi, il ricavo marginale

$$RMa = \frac{dRT}{dq_1} = 80 - 2q_1$$

Poniamo la condizione di equilibrio del mercato monopolistico:

$$CMa = RMa$$

$$10 = 80 - 2q_1$$

$$2q_1 = 70$$

$$q_1 = 35$$

che inserito nella [2.2] rende

$$p_1 = 80 - 35 = 45 \quad \textbf{(prezzo sul primo mercato)}$$

Relativamente al **secondo mercato**, si avrà:

$$q_2 = 100 - p_2$$

[2.3] $p_2 = 100 - q_2$

Determiniamo il ricavo totale:

$$RT = \left(100 - q_2\right)q_2 = 100q_2 - q_2^2$$

e quindi il ricavo marginale

$$RMa = \frac{dRT}{dq_2} = 100 - 2q_2$$

Per la condizione di equilibrio *CMa = RMa* possiamo scrivere:

$$10 = 100 - 2q_2 \Rightarrow 2q_2 = 90 \Rightarrow q_2 = 45$$

che inserito nella [2.3] rende:

$$p_2 = 100 - 45 = 55 \quad \textbf{(prezzo sul secondo mercato)}$$

Sezione Quarta
Determinazione del profitto ed imposizione fiscale

Esercizio Unico

La funzione di domanda di mercato è $p = 40 - q$.

Il profitto del monopolista è espresso dalla relazione: $\pi = 36q - q^2$; la funzione di costo totale è $CT = 10q$.

Determinare:

a) *quantità, prezzo e profitto nel caso in cui quest'ultimo venga assoggettato ad imposizione fiscale con aliquota t pari al 45%;*
b) *quantità, prezzo e profitto nel caso in cui venga introdotta un'imposta sul valore del bene prodotto ipotizzando la stessa aliquota di cui al punto a);*
c) *l'ottimo del monopolista nel caso venga introdotta un'imposta in somma fissa t = 10.*

Risoluzione

a) Essendo il profitto lordo unitario pari ad *1*, il profitto netto unitario è: *1 − t;* quindi, il profitto netto complessivo sarà:

$$\pi_n = (1 - 0,45)(36q - q^2)$$

[1] $\pi_n = 0,55(36q - q^2) \Rightarrow 19,8q - 0,55q^2$

Massimizziamo la funzione del profitto netto:

$$\frac{d\pi_n}{dq} = 19,8 - 1,1q$$

Poniamo la condizione del primo ordine:

$19,8 - 1,1q = 0$

Risolvendo l'equazione si ottiene $q = 18$.

Inserendo $q = 18$ nella funzione di domanda si avrà:

$18 = 40 - p$

$p = 22$

Inserendo $q = 18$ nella relazione [1] si avrà il profitto netto

$$\pi_n = 19,8q - 0,55q^2$$

$$\pi_n = 19,8(18) - 0,55(18)^2$$

$$\pi_n = 178,20 \text{ (\textbf{profitto netto})}$$

b) A seguito d'imposizione fiscale sul valore del bene prodotto, il costo totale aumenta:

$$CT = (1+t)10q \Rightarrow (1+0,45)10q \Rightarrow 14,5q$$

Il ricavo totale è:

$$RT = p \cdot q \Rightarrow (40-q)q \Rightarrow 40q - q^2$$

La relazione del profitto da massimizzare è:

$$\pi = RT - C$$

$$\pi = 40q - q^2 - 14,5q$$

[2] $\pi = 25,5q - q^2$

$$\frac{d\pi}{dq} = 25,5 - 2q$$

$25,5 - 2q = 0$ (**condizione del primo ordine**)

$25,5 = 2q$

$q = 12,75$

Il prezzo si otterrà sostituendo $q = 12,75$ nella funzione di domanda
$p = 40 - 12,75 = 27,25$

Il profitto netto si otterrà dalla [2] sostituendo $q = 12,75$

$$\pi_n = 25,5(12,75) - (12,752)^2 = 162,56$$

In modo alternativo, il profitto netto si potrà calcolare dalla relazione

$$\pi_n = RT - CT \Rightarrow 27,25(12,75) - 14,5(12,75) = 162,56$$

c) Calcoliamo l'ottimo del monopolista in assenza d'imposta:
RT = CT

$$(40-q)q = 10q \Rightarrow 40q - q^2 = 10q$$

$$RMa = CMa \Rightarrow 40 - 2q = 10 \Rightarrow 30 = 2q \Rightarrow q^* = 15$$

$$p = 40 - 15 = 25$$

$$\pi = 25(15) - 10(15) = 225$$

Calcoliamo, ora, l'ottimo del monopolista con applicazione dell'imposta:

$$\pi = 375 - 150 - 10 = 215$$

Sezione Quinta
Ripartizione ottima della produzione fra due impianti

Esercizio Unico

La funzione di domanda inversa in un mercato di monopolio è $p = 800 - 3q$. Il monopolista, per ottenere il prodotto, utilizza due impianti: A e B. La funzione di costo totale dell'impianto A è la seguente:

[1] $CT(A) = 2q_A^2$

La funzione di costo totale dell'impianto B è:

[2] $CT(B) = 4q_B + q_B^2$

Determinare la ripartizione ottima della produzione fra i due impianti.

Risoluzione

Determiniamo il ricavo totale:

$$RT = (800 - 3q)q = 800q - 3q^2$$

Determiniamo il ricavo marginale:

$$RMa = \frac{dRT}{dq} = 800 - 6q$$

Calcoliamo il costo marginale per l'impianto A e per l'impianto B, cioè $CMa_A = 4q_A$ e $CMa_B = 4 + 2q_B$ e poniamo il sistema per poter ottenere i valori q_A e q_B

$$\begin{cases} 4q_A = 800 - 6(q_A + q_B) \\ 4 + 2q_B = 800 - 6(q_A + q_B) \end{cases}$$

$$\begin{cases} 4q_A = 800 - 6q_A - 6q_B \\ 4 + 2q_B = 800 - 6q_A - 6q_B \end{cases}$$

$$\begin{cases} 10q_A = 800 - 6q_B \\ 6q_A = 800 - 8q_B - 4 \end{cases}$$

Dividendo per 2 ogni termine e semplificando si avrà:

$$\begin{cases} 5q_A = 400 - 3q_B \\ 3q_A = 398 - 4q_B \end{cases}$$

$$\begin{cases} [3] \quad q_A = \dfrac{400 - 3q_B}{5} \\ \quad\quad q_A = \dfrac{398 - 4q_B}{3} \end{cases}$$

Operando il confronto, possiamo scrivere:

$$\frac{400 - 3q_B}{5} = \frac{398 - 4q_B}{3}$$

$$1200 - 9q_B = 1990 - 20q_B$$

$$11q_B = 790$$

$$q_B = \frac{790}{11} = 71,81 \quad \textbf{(quantità prodotta utilizzando l'impianto B)}$$

Sostituendo $q_B = 71,81$ nella [3] avremo:

$$q_A = \frac{400 - 3(71,81)}{5}$$

$$q_A = \frac{400 - 215,45}{5}$$

$q_A = 36,92$ **(quantità prodotta utilizzando l'impianto A)**

La quantità totale prodotta dal monopolista è:

$$Q = q_A + q_B = 36,92 + 71,91 = 108,83$$

il prezzo, invece, è:

$$p = 800 - 3(108,83) = 473,51$$

Sezione Sesta
Monopolio naturale

Esercizio Unico

Data la funzione di costo totale *CT = 21 + 8q verificare la condizione per l'esistenza di una situazione di monopolio naturale.*

Risoluzione

Il monopolio naturale è caratterizzato da una funzione di costo totale subadditiva. Una funzione di costo è subadditiva se risulta verificata la disuguaglianza:

$$CT(q) < CT(q_1) + CT(q_2)$$

ossia se costa meno produrre la quantità *q* di un bene con un'unica impresa piuttosto che con due (o più).

In base ai dati dell'esercizio, la disuguaglianza che esprime la condizione di esistenza di un monopolio naturale risulta verificata; infatti:

$$21 + 8q < 21 + 8q_1 + 21 + 8q_2$$

$$21 + 8q < 42 + 8(q_1 + q_2)$$

Essendo $q_1 + q_2 = q$ si potrà scrivere:

$$21 + 8q < 42 + 8q$$

Si consideri, inoltre, che nel monopolio naturale il costo fisso medio (*CFM*) è indefinitivamente decrescente. Determiniamo, infatti, il costo medio CMe:

$$CMe = \frac{21 + 8q}{q} \Rightarrow \frac{21}{q} + 8$$

la frazione $\frac{21}{q}$ esprime il costo fisso medio (CFM).

Sarà quindi:

$$\lim_{q \to +\infty} \left(\frac{21}{q} + 8 \right) = 0 + 8 = 8$$

questo valore, che rappresenta il limite della funzione di costo medio, coincide con il costo marginale:

$$CMa = \frac{dCT}{dq} = 8$$

Sezione Settima
La concorrenza monopolistica

Esercizio Unico

La funzione di costo totale per un'impresa operante in un mercato di concorrenza monopolistica è:

[1] $CT = 2q + 33$

la curva di domanda inversa è:

[2] $p = 24 - q$

Determinare:

a) *prezzo, quantità prodotta e profitto nel breve periodo;*
b) *prezzo e quantità prodotta nel lungo periodo ipotizzando l'entrata sul mercato di altre due imprese;*
c) *il numero di imprese attive nel lungo periodo.*

Risoluzione

a) La condizione di equilibrio nel breve periodo viene espressa dall'uguaglianza fra costo marginale e ricavo marginale:

   [3] $CMa = RMa$

   Calcoliamo il ricavo totale (RT)

   $RT = p \cdot q = (24 - q)q = 24q - q^2$

   Calcoliamo il ricavo marginale (RMa)

   $$RMa = \frac{dRT}{dq} = 24 - 2q$$

   Calcoliamo il costo marginale (CMa)

   $$CMa = \frac{dCT}{dq} = 2$$

   La relazione [3] sarà quindi:

   $2 = 24 - 2q$

   $2q = 22 \Rightarrow q = 11$ (**quantità prodotta**)

   questo valore, inserito nella [2] rende il livello del prezzo

   $p = 24 - q \Rightarrow p = 24 - 11 = 13$

Calcoliamo il **profitto di breve periodo**:

$\pi =$ Ricavo Totale $-$ Costo Totale

$\pi = p \cdot q - CT(q) = 13 \cdot 11 - (2 \cdot 11 + 33) = 143 - 55 = 88$

b) Nel lungo periodo, l'esistenza del profitto spinge altre imprese (nell'esercizio ne abbiano ipotizzato due) ad entrare nel mercato; ciò comporta una riduzione della quota di domanda complessiva servita da ciascuna impresa. Individuiamo la domanda di mercato passando dalla funzione di domanda indiretta a quella diretta, cioè:

$p = 24 - q$

$q = 24 - p$ **(funzione di domanda fronteggiata da ciascuna impresa)**

La domanda di mercato fronteggiata dalle tre imprese sarà complessivamente:

$Q = 3(24 - p) \Rightarrow 72 - 3p$

Nel lungo periodo si può ipotizzare l'ingresso nel mercato di altre (N) imprese per cui la funzione di domanda diretta di ogni impresa è espressa dalla relazione:

$q = \dfrac{72 - 3p}{N}$

oppure, sotto forma di domanda inversa:

[4] $qN = 72 - 3p$

$\qquad p = \dfrac{72 - qN}{3}$

$\qquad p = \dfrac{72}{3} - \dfrac{1}{3}qN$

$\qquad p = 24 - \dfrac{1}{3}qN$

Nel lungo periodo sono soddisfatte contemporaneamente le seguenti condizioni:

[5] $\begin{cases} p = CMe \\ RMa = CMa \end{cases}$

Se $p > CMe$ si realizzerà un extraprofitto.

Determiniamo $CMe = \dfrac{2q+33}{q}$.

Determiniamo il ricavo totale ed il ricavo marginale:

$$RT = p \cdot q \Rightarrow \left(24 - \frac{1}{3}qN\right)q \Rightarrow 24q - \frac{1}{3}q^2N$$

$$RMa = \frac{dRT}{dq} = 24 - \frac{2}{3}qN$$

Determiniamo il costo marginale:

$$CMa = \frac{dCT}{dq} = 2$$

Possiamo, adesso, inserire i valori nella [5]

$$\begin{cases} 24 - \dfrac{1}{3}qN = \dfrac{2q+33}{q} \\ 24 - \dfrac{2}{3}qN = 2 \end{cases} \qquad \begin{cases} 24 - \dfrac{1}{3}(72-3p) = \dfrac{2q+33}{q} \\ 72 - 2qN = 6 \end{cases}$$

$$\begin{cases} 24 - \dfrac{72}{3} + \dfrac{3p}{3} = \dfrac{2q+33}{q} \\ 72 - 2qN = 6 \end{cases} \qquad \begin{cases} 24 - 24 + p = \dfrac{2q+33}{q} \\ 72 - 2qN = 6 \end{cases}$$

In base alla [4] $qN = 72 - 3p$, quindi

$$\begin{cases} pq = 2q + 33 \\ 72 - 2(72 - 3p) = 6 \end{cases} \qquad \begin{cases} pq = 2q + 33 \\ 72 - 144 + 6p = 6 \end{cases}$$

$$\begin{cases} pq = 2q + 33 \\ 6p = 78 \end{cases} \Rightarrow \quad p = 13 \text{ quindi}$$

$$13q = 2q + 33 \Rightarrow 11q = 33 \Rightarrow q = 3$$

c) Possiamo determinare il numero delle imprese agenti sul mercato utilizzando la relazione [4] dalla quale si ottiene:

$$N = \frac{72 - 3p}{q}$$

$$N = \frac{72 - 3(13)}{3} \Rightarrow \frac{72 - 39}{3} = 11$$

Nel lungo periodo l'entrata di nuove imprese sul mercato finirà con l'arrestarsi perché il profitto si annulla, infatti:

$$\pi = \text{Ricavo Totale} - \text{Costo Totale}$$

$$\pi = p \cdot q - CT(q)$$

$$\pi = 13(3) - [2(3) + 33]$$

$$\pi = 39 - 39 = 0$$

Sezione Ottava
Il monopsonio

Esercizio n. 8.1

Un mercato di monopsonio presenta le funzioni inverse di offerta e di domanda:

[1.1] $p^s = 48 + q$

[1.2] $p^d = 498 - q$

Determinare la configurazione di equilibrio.

Risoluzione

Per l'acquisto della quantità (*q*) di un determinato bene, il monopsonista sosterrà la spesa totale (TE = Total Expenditure):

$$TE = (48 + q)q = 48q + q^2$$

La spesa marginale (ME = Marginal Expenditure) sarà:

$$ME = \frac{dTE}{dq} = 48 + 2q$$

L'equilibrio nel mercato di monopsonio è caratterizzato dall'uguaglianza:

$$p^d = ME$$

$$498 - q = 48 + 2q$$

$$3q = 450 \Rightarrow q^* = 150$$

che inserito nella [1.1] rende $p^* = 198$.

Esercizio n. 8.2

La tecnologia di un'impresa è descritta dalla funzione di produzione:

[2.1] $q = K + L$

L'impresa opera nel mercato del prodotto in condizioni di monopolio ed è monopsonista sul mercato dei fattori.

La funzione inversa di domanda del prodotto è:

[2.2] $p = 12 - q$

La spesa totale per l'acquisto del fattore L è espressa dalla relazione $TE_L = L^2$; la spesa totale per l'acquisto del fattore K è espressa dalla relazione $TE_K = K^2$.

Determinare:

a) *la quantità di fattore produttivo L impiegata nel breve periodo, ipotizzando un impiego costante del fattore produttivo K = 4;*
b) *il livello di produzione q;*
c) *le quantità di capitale e lavoro impiegate nel lungo periodo ed il livello di produzione (q).*

Risoluzione

a) La condizione di equilibrio è descritta dalla relazione di uguaglianza fra Spesa Marginale (ME_L) per l'acquisto del fattore produttivo L e il ricavo marginale derivante dalla vendita del prodotto realizzato utilizzando quella quantità di fattore produttivo cioè:

[2.3] $ME_L = MR$

Calcoliamo ME_L **(spesa Marginale per l'acquisto del fattore L)**

$$ME_L = \frac{dTE_L}{dL} = 2L$$

Calcoliamo il ricavo totale

$$RT = p \cdot q \Rightarrow (12 - q)q = 12q - q^2$$

Calcoliamo il ricavo marginale

$$RMa = \frac{dRT}{dq} = 12 - 2q$$

Riscriviamo la condizione [2.3] inserendo i valori calcolati:

[2.4] $2L = 12 - 2q$

Tenuto conto che K = 4, la funzione di produzione può essere scritta nella forma q = 4 + L, quindi la relazione [2.4] sarà:

$2L = 12 - 2(4 + L)$

$2L = 12 - 8 - 2L$

$4L = 4$

L = 1 **(input di breve periodo)**

b) Il livello di produzione è determinato inserendo K = 4 ed L = 1 nella funzione di produzione q = K + L quindi si avrà: q = 4 + 1 = 5.

c) Scriviamo la condizione di equilibrio fra spesa marginale di ciascun fattore produttivo e ricavo marginale ottenuto dalla vendita dell'output:

$$\begin{cases} ME_L = RMa \\ ME_K = RMa \end{cases}$$

cioè

$$\begin{cases} 2L = 12 - 2q \\ 2K = 12 - 2q \end{cases}$$

poiché $q = K + L$ il sistema sarà:

$$\begin{cases} 2L = 12 - 2(K+L) \\ 2K = 12 - 2(K+L) \end{cases} \quad \text{oppure} \quad \begin{cases} L = 6 - K - L \\ K = 6 - K - L \end{cases}$$

$$\begin{cases} 2L = 6 - K \\ 2K = 6 - L \end{cases} \Rightarrow \begin{cases} L = \dfrac{6-K}{2} \\ L = 6 - 2K \end{cases}$$

$$\frac{6-K}{2} = 6 - 2K$$

$$6 - K = 12 - 4K$$

$$3K = 6$$

$K = 2$ **(input di lungo periodo)**

Sostituendo $K = 2$ nell'equazione del sistema si avrà

$L = 6 - 2(2) = 2$ **(input di lungo periodo)**

Nel lungo periodo il livello di produzione sarà:

$q = K + L \Rightarrow 2 + 2 = 4$

Capitolo 12

IL MERCATO OLIGOPOLISTICO

Sezione Prima
Equilibrio di Cournot, Bertrand e Stackelberg

Esercizio n. 1.1

Indichiamo con A e B due imprese i cui costi totali sono:

[1.1] $CT_A = 10q_A$ (**costo totale dell'impresa A**)

[1.2] $CT_B = 10q_B$ (**costo totale dell'impresa B**)

La funzione di domanda inversa di mercato è:

[1.3] $p = 80 - Q$

Determinare:
a) l'equilibrio di mercato se le imprese si fanno concorrenza alla Cournot e se ne calcolino i profitti;
b) l'equilibrio alla Stackelberg, nell'ipotesi che l'impresa A sia leader. Si calcolino i profitti delle due imprese;
c) l'equilibrio di Bertrand e verificare che i profitti delle due imprese sono nulli in equilibrio.

Risoluzione

a) Indicando con q_A la quantità di merci prodotte dall'impresa A e con q_B la quantità prodotta dall'impresa B, la quantità di merci complessivamente prodotta per il mercato sarà: $Q = q_A + q_B$, quindi, la funzione di domanda si potrà scrivere come:

[1.4] $p = 80 - (q_A + q_B)$

Pertanto, il ricavo totale dell'impresa A sarà:

$$RT_A = p \cdot q_A = [80 - (q_A + q_B)]q_A = (80 - q_A - q_B)q_A = 80q_A - q_A^2 - q_A q_B$$

Da questa relazione si può rilevare che il ricavo totale dell'impresa A dipende sia dalla sua produzione (q_A) che da quella della concorrente (q_B).

Calcoliamo, adesso, il ricavo marginale della impresa A ottenuto calcolando la derivata parziale del ricavo totale, rispetto a q_A:

$$RMa_A = \frac{dRT_A}{dq_A} = 80 - 2q_A - q_B$$

La condizione di equilibrio per l'impresa che opera nel mercato di oligopolio è realizzata dall'uguaglianza fra costo e ricavo marginale e cioè

[1.5]   CMa = RMa

quindi, dalla funzione di costo totale, la [1.1], calcoliamo il costo marginale derivando la funzione:

$$CMa_A = \frac{dCT_A}{dq_A} = 10$$

ponendo l'ugualianza [1.5] si avrà:

$$10 = 80 - 2q_A - q_B$$

da cui

$$2q_A = 80 - q_B - 10$$

$$2q_A = 70 - q_B$$

[1.6] $q_A^* = 35 - 0,5q_B$

questa equazione, detta anche **funzione di reazione dell'impresa** A, rappresenta la quantità che massimizza il profitto dell'impresa A in funzione della quantità prodotta dalla impresa B, (q_B).

Esaminiamo, adesso, il problema dal punto di vista dell'impresa B, il cui ricavo totale sarà:

$$RT_B = pq_B = \left[80 - \left(q_A + q_B\right)\right]q_B = \left[80 - q_A - q_B\right]q_B = 80q_B - q_Aq_B - q_B^2$$

Quindi, il ricavo marginale sarà:

$$RMa_B = \frac{dRT_B}{dq_B} = 80 - q_A - 2q_B$$

Poniamo la condizione di equilibrio, $CM_B = RM_B$:

$$10 = 80 - q_A - 2q_B$$

da cui

$$2q_B = 80 - q_A - 10$$

$$2q_B = 70 - q_A$$

[1.7] $q_B^* = 35 - 0,5q_A$ **(funzione di reazione dell'impresa B)**

Le quantità ottime che garantiscono l'equilibrio di Cournot si ottengono svolgendo il sistema formato dalle due funzioni di reazione:

$$\begin{cases} q_A = 35 - 0,5q_B \\ q_B = 35 - 0,5q_A \end{cases}$$

$$q_B = 35 - 0,5(35 - 0,5q_B)$$

$$q_B = 35 - 17,5 + 0,25q_B$$

$$q_B - 0,25q_B = 17,5$$

$$0,75q_B = 17,5 \Rightarrow q_B = 23,33$$

che inserito nalla [1.6] rende:

$$q_A = 35 - (0,5)23,33 = 23,33$$

Quindi le quantità da produrre in equilibrio di Cournot sono:

$$q_A^* = 23,33$$

$$q_B^* = 23,33$$

Il prezzo di mercato si ottiene dalla [1.4] per sostituzione. Quindi:

$$p = 80 - (23,33 + 23,33) = 33,34$$

Il profitto di ciascuna impresa, quindi, sarà:

$$\pi_A = RT_A - CT_A = p \cdot q_A - CT_A = (33,34)(23,33) - 10(23,33) = 544,49$$

$$\pi_B = RT_B - CT_B = p \cdot q_B - CT_B = (33,34)(23,33) - 10(23,33) = 544,49$$

Le funzioni di reazione si possono anche ottenere mediante la massimizzazione dei profitti di ciascuna impresa.

Infatti:

$$\pi_A = RT_A - CT_A = \left(80q_A - q_A^2 - q_A q_B\right) - 10q_A$$

$$\pi_A = 80q_A - q_A^2 - q_A q_B - 10q_A$$

$$\pi_A = 70q_A - q_A^2 - q_A q_B$$

Calcoliamo la derivata parziale per q_A

[1.8] $\dfrac{d\pi_A}{dq_A} = 70 - 2q_A - q_B$

Ponendo la condizione del primo ordine e svolgendo otteniamo:

$70 - 2q_A - q_B = 0$

$70 - q_B = 2q_A$

$q_A = 35 - 0,5q_B$ **(funzione di reazione dell'impresa A)**

Determiniamo adesso la derivata seconda parziale della [1.8]:

$\dfrac{d^2\pi_A}{dq_A^2} = -2 < 0$

Il segno negativo della derivata seconda verifica che l'estremante della funzione, q_A, rappresenta un punto di massimo della funzione del profitto.

Con analogo procedimento, partendo da π_B, si otterrà:

[1.9] $q_B = 35 - 0,5q_A$ **(funzione di reazione dell'impresa B)**

b) Nell'equilibrio alla Stackelberg l'impresa A (leader) sceglie la propria quantità ottima, ipotizzando che il follower (B) si comporti come un oligopolista alla Cournot.

Partendo dalla funzione di domanda inversa $p = 80 - (q_A + q_B)$, sostituiamo a q_B la funzione di reazione, la [1.9], ed otteniamo:

$p = 80 - \left[q_A + (35 - 0,5q_A) \right]$

$p = 80 - \left[q_A + 35 - 0,5q_A \right]$

$p = 80 - q_A - 35 + 0,5q_A$

$p = 45 - 0,5q_A$

Il ricavo totale è espresso dalla relazione:

$RT_A = p \cdot q_A = (45 - 0,5q_A)q_A = 45q_A - 0,5q_A^2$

Quindi il ricavo marginale sarà:

$RMa_A = \dfrac{dRT_A}{dq_A} = 45 - q_A$

L'equilibrio è:

$CMa_A = RMa_A$ quindi

$10 = 45 - q_A$

$q_A = 35$

Sostituendo il valore trovato nella [1.7] si avrà la quantità ottima del follower:

$q_B = 35 - 0,5(35) = 17,5$

Il prezzo di equilibrio sul mercato sarà:

$p = 80 - (q_A + q_B)$

ossia

$p = 80 - (35 + 17,5) = 27,5$

I profitti saranno, rispettivamente:

$\pi_A = RT_A - CT_A = p \cdot q_A - 10q_A = 27,5(35) - [10(35)] = 612,5$

$\pi_B = RT_B - CT_B = p \cdot q_B - 10q_B = 27,5(17,5) - [10(17,5)] = 306,25$

c) Nel modello di Bertrand le imprese si fanno concorrenza sui prezzi, deter-
minandoli simultaneamente.
In generale, quindi, se le imprese (come nel caso in esame) hanno identiche funzioni di costo, l'equilibrio si realizza come nel mercato di libera
concorrenza ponendo la condizione di uguaglianza:

p = CMa ossia = 10

$80 - Q = 10 \Rightarrow Q = 70$ **(quantità prodotta complessivamente)**

Ciascuna impresa acquisirà la metà del mercato producendo le quantità:

$q_A = q_B = \dfrac{70}{2} = 35$

In equilibrio i profitti delle due imprese sono nulli:

$\pi_A = (10) \cdot (35) - (10) \cdot (35) = 0$

$\pi_B = (10) \cdot (35) - (10) \cdot (35) = 0$

Se le funzioni di costo delle due imprese non sono uguali l'impresa che
riesce a produrre a costi unitari inferiori (impresa più efficiente) riuscirà a
conquistare tutto il mercato praticando un prezzo lievemente inferiore del
costo marginale dell'impresa meno efficiente.

Esercizio n. 1.2

Si consideri un duopolio in cui l'impresa A e l'impresa B offrono un prodotto omogeneo e competono alla Cournot. La funzione di costo totale di ciascuna impresa è $CT_A = CT_B = 10q$ e la funzione di domanda di mercato è $p = 80 - Q$.

Ipotizzando che le imprese possano produrre soltanto le quantità $q = (4; 5; 7)$, determinare:

a) *le strategie di A e di B, nonché l'insieme delle situazioni strategiche;*
b) *i payoff (funzioni di profitto) abbinati ad ogni situazione strategica;*
c) *la soluzione del gioco nel senso di Nash-Cournot ammettendo che le imprese scelgano simultaneamente le quantità da produrre.*

Risoluzione

a) Indichiamo con S_A la strategia di A e con S_B la strategia di B; essendo $S_A = (4; 5; 7)$ ed $S_B = (4; 5; 7)$ l'insieme delle strategie è determinato dal prodotto cartesiano (ovvero delle disposizioni con ripetizione $D_{n,K} = n^K = 3^2 = 9$ gruppi di 2 elementi):

$$S = S_A \cdot S_B = (4; 5; 7) \cdot (4; 5; 7)$$

$$S = \{(4; 4); (4; 5); (4; 7); (5; 4); (5; 5); (5; 7); (7; 4); (7; 5); (7; 7)\}$$

b) I payoff abbinati ad ogni situazione strategica saranno espressi dai profitti delle due imprese. Partendo dalla funzione di domanda:

$$p = 80 - Q \Rightarrow p = 80 - (q_A + q_B)$$

si dovranno calcolare i vari prezzi in corrispondenza di ciascuna situazione strategica, ossia:

$$p(4; 4) = 80 - (4 + 4) = 72$$

$$p(4; 5) = 80 - (4 + 5) = 71$$

$$p(4; 7) = 80 - (4 + 7) = 69$$

$$p(5; 4) = 80 - (5 + 4) = 71$$

$$p(5; 5) = 80 - (5 + 5) = 70$$

$$p(5; 7) = 80 - (5 + 7) = 68$$

$$p(7; 4) = 80 - (7 + 4) = 69$$

$$p(7; 5) = 80 - (7 + 5) = 68$$

$$p(7; 7) = 80 - (7 + 7) = 66$$

Si potrà adesso calcolare il profitto corrispondente a ciascuna situazione strategica:

$$\pi_A = (4;4) = pq - CT = 72(4) - 10(4) = 248$$
$$\pi_B = (4;4) = pq - CT = 72(4) - 10(4) = 248$$

$$\pi_A = (4;5) = pq - CT = 71(4) - 10(4) = 244$$
$$\pi_B = (4;5) = pq - CT = 71(5) - 10(5) = 305$$

$$\pi_A = (4;7) = pq - CT = 69(4) - 10(4) = 236$$
$$\pi_B = (4;7) = pq - CT = 69(7) - 10(7) = 413$$

$$\pi_A = (5;4) = pq - CT = 71(5) - 10(5) = 305$$
$$\pi_B = (5;4) = pq - CT = 71(4) - 10(4) = 244$$

$$\pi_A = (5;5) = pq - CT = 70(5) - 10(5) = 300$$
$$\pi_B = (5;5) = pq - CT = 70(5) - 10(5) = 300$$

$$\pi_A = (5;7) = pq - CT = 68(5) - 10(5) = 290$$
$$\pi_B = (5;7) = pq - CT = 68(7) - 10(7) = 406$$

$$\pi_A = (7;4) = pq - CT = 69(7) - 10(7) = 413$$
$$\pi_B = (7;4) = pq - CT = 69(4) - 10(4) = 236$$

$$\pi_A = (7;5) = pq - CT = 68(7) - 10(7) = 406$$
$$\pi_B = (7;5) = pq - CT = 68(5) - 10(5) = 290$$

$$\pi_A = (7;7) = pq - CT = 66(7) - 10(7) = 392$$
$$\pi_B = (7;7) = pq - CT = 66(7) - 10(7) = 392$$

c) Questi risultati possono essere schematizzati nella seguente matrice dei profitti (payoff)

Impresa B

q_A \ q_B	$q_B = 4$	$q_B = 5$	$q_B = 7$
$q_A = 4$	248; 248	244; 305	236; 413
$q_A = 5$	305; 244	300; 300	290; 406
$q_A = 7$	413; 236	406; 290	392; 392
	C_1	C_2	C_3

Impresa A

Guardando all'interno di ogni colonna della matrice le modalità con cui i profitti sono disposti, possiamo rilevare le scelte strategiche (quantità prodotte) effettuate da ciascuna impresa; il primo valore (fra i due scritti nella cella) è riferito all'impresa A; il secondo, all'impresa B.

Individuiamo nella colonna (C_1) il profitto ottimo riferibile all'impresa A; esso è 413 a cui corrisponde $q_A = 7$. Nella stessa colonna, il profitto ottimo riferibile all'impresa B è 443 a cui corrisponde $q_B = 4$.

Nella seconda colonna (C_2) il profitto ottimo riferibile all'impresa A è 406, a cui corrisponde $q_A = 7$ mentre per l'impresa B è 426 a cui corrisponde $q_B = 5$. Nella terza colonna (C_3) il massimo profitto dell'impresa A è 392 al quale corrisponde $q_A = 7$ mentre per l'impresa B, al massimo profitto che è 413 corrisponde la quantità $q_B = 7$.

Possiamo sintetizzare come segue, **per l'impresa A**.

$$A \rightarrow \begin{bmatrix} 413; & 443 \\ 7; & 4 \end{bmatrix}; \begin{bmatrix} 406; & 426 \\ 7; & 5 \end{bmatrix}; \begin{bmatrix} 392; & 413 \\ 7; & 7 \end{bmatrix}$$

Analogamente si potrà procedere **per l'impresa B**.

$$B \rightarrow \begin{bmatrix} 443; & 413 \\ 4; & 7 \end{bmatrix}; \begin{bmatrix} 426; & 406 \\ 5; & 7 \end{bmatrix}; \begin{bmatrix} 413; & 392 \\ 7; & 7 \end{bmatrix}$$

Esponiamo le scelte strategiche di A e di B tramite i due vettori:

$$S_A = (7;4) \quad (7;5) \quad (7;7)$$

$$S_B = (4;7) \quad (5;7) \quad (7;7)$$

L'intersezione (7; 7) rappresenta le quantità di equilibrio di Nash-Cournot. La strategia che ha portato alla predetta quantità di equilibrio è detta «strategia dominante». Le altre strategie (eliminate) sono dette «strategie dominate».

Esercizio n. 1.3

Un duopolio alla Cournot esprime la seguente funzione inversa di domanda

[3.1] $p = 400 - 0,10Q$

[3.2] $CT_A = 10q_A$ rappresenta la funzione di costo totale dell'impresa A.

[3.3] $CT_B = 8q_B$ rappresenta la funzione di costo totale dell'impresa B.

Determinare:

a) *le funzioni di reazione dei duopolisti;*
b) *le quantità di equilibrio prodotte dalle due imprese, il prezzo di equilibrio ed il profitto di ciascun duopolista;*

c) *il profitto di ciascun duopolista nel caso di un'imposta pari a 5 per ogni unità di prodotto e nel caso che l'imposta sia fissa e pari a 2.*

Risoluzione

a) Essendo $Q = q_A + q_B$, calcoliamo il ricavo totale dell'impresa A:

$$RT_A = p \cdot q_A = \left[400 - 0,10(q_A + q_B)\right] q_A$$

$$RT_A = \left[400 - 0,10q_A - 0,10q_B\right] q_A$$

$$RT_A = 400q_A - 0,10q_A^2 - 0,10q_A q_B$$

Il ricavo marginale sarà:

[3.4] $\quad RMa_A = \dfrac{dRT_A}{dq_A} = 400 - 0,20q_A - 0,10q_B$

Il costo marginale dell'impresa A (CMa_A) si ottiene calcolando la derivata prima della funzione del costo totale, quindi:

$$CMa_A = \dfrac{dCT_A}{dq_A} = 10$$

Poniamo adesso la condizione di equilibrio:

$$CMa_A = RMa_A$$

$$10 = 400 - 0,20q_A - 0,10q_B$$

Ed esplicitando per q_A otteniamo la funzione di reazione dell'impresa A, cioè:

$0,20q_A = 390 - 0,10q_B \Rightarrow q_A = 1950 - 0,50q_B$ **(funzione di reazione dell'impresa A)**

Con analoga metodologia si otterrà, per l'impresa B:

$$RT_B = p \cdot q_B = \left[400 - 0,10(q_A + q_B)\right] q_B$$

$$RT_B = \left[400 - 0,10q_A - 0,10q_B\right] q_B$$

$$RT_B = 400q_B - 0,10q_A q_B - 0,10q_B^2$$

[3.5] $\quad RMa_B = \dfrac{dRT_B}{dq_B} = 400 - 0,10q_A - 0,20q_B$

$$CMa_B = \dfrac{dCT_B}{dq_B} = 8$$

Poniamo la condizione di equilibrio:

$CMa_B = RMa_B$

$8 = 400 - 0,10q_A - 0,20q_B$

$0,20q_B = 392 - 0,10q_A$

$q_B = 1960 - 0,50q_A$ **(funzione di reazione dell'impresa B)**

b) Risolvendo il sistema formato dalle due funzioni di reazione si ottengono i livelli di produzione di equilibrio delle due imprese:

$$\begin{cases} q_A = 1950 - 0,50q_B \\ q_B = 1960 - 0,50q_A \end{cases}$$

$q_A = 1950 - 0,50(1960 - 0,50q_A)$

$q_A = 1950 - 980 + 0,25q_A$

$0,75q_A = 970$

$q_A^* = 1293,33$

Inseriamo il valore di q_A nella seconda equazione del sistema:

$q_B = 1960 - 0,50(1293,33)$

$q_B = 1960 - 646,66$

$q_B^* = 1313,34$

Il prezzo di mercato si ottiene inserendo i livelli di produzione di equilibrio nella funzione di domanda inversa:

$p = 400 - 0,10(1293,33 + 1313,34)$

$p = 400 - 260,66 = 139,34$

In base ai dati disponibili, possiamo calcolare il profitto di ciascuna impresa

$\pi_A = RT_A - CT_A = pq_A - 10(q_A)$

$\pi_A = 139,34(1293,33) - 10(1293,33) = 167.279$

$\pi_B = RT_B - CT_B = pq_B - 8(q_B)$

$\pi_B = 139,34(1313,34) - 8(1313,34) = 172.493$

c) Se ciascuna impresa è gravata da una imposta di 5 per ogni unità di merce prodotta, il costo totale dell'impresa A diventa:

$$CT_A = 10q_A + 5q_A = 15q_A$$

il costo marginale sarà:

$$CMa_A = \frac{dCT_A}{dq_A} = 15$$

il ricavo marginale è espresso dalla [3.4] per cui la condizione d'equilibrio $CMa_A = RMa_A$ sarà:

$$15 = 400 - 0,20q_A - 0,10q_B$$

e la funzione di reazione dell'impresa A si otterrà esplicitando per q_A:

$$0,20q_A = 385 - 0,10q_B$$

$$q_A = 1925 - 0,5q_B$$

Con analogo procedimento, per l'impresa B si avrà:

$$CT_B = 8q_B + 5q_B = 13q_B$$

il costo marginale sarà:

$$CMa_B = \frac{dCT_B}{dq_B} = 13$$

La condizione di equilibrio sarà $CMa_B = RMa_B$

$$13 = 400 - 0,10q_A - 0,20q_B$$

che, esplicitata per q_B rende la funzione di reazione dell'impresa B; quindi:

$$0,20q_B = 387 - 0,10q_A$$

$$q_B = 1935 - 0,5q_A$$

Risolvendo il sistema formato dalle due funzioni di reazione si ottengono i livelli di produzione di equilibrio delle due imprese, cioè:

$$\begin{cases} q_A = 1925 - 0,5q_B \\ q_B = 1935 - 0,5q_A \end{cases}$$

$$q_B = 1935 - 0,5(1925 - 0,5q_B)$$

$q_B = 1935 - 962,5 + 0,25q_B$

$0,75q_B = 972,5; \quad q_B^* = 1296,66$ **(produzione di equilibrio di B)**

Il valore q_B^*, inserito nella prima equazione del sistema rende

$q_A = 1925 - 0,5(1296,66)$

$q_A^* = 1276,67$ **(produzione di equilibrio di A)**

Il prezzo di mercato si ottiene inserendo i livelli di produzione di equilibrio nella funzione di domanda inversa:

$p = 400 - 0,10(1276,67 + 1296,66) = 142,66$

Possiamo, adesso, determinare il profitto di ciascuna impresa:

$\pi_A = RT_A - CT_A = p \cdot q_A - 15(1276,67)$

$\pi_A = 142,66(1276,67) - 19150,05 = 162.979$

$\pi_B = RT_B - CT_B = p \cdot q_B - 13(1296,66)$

$\pi_B = 142,66(1296,66) - 16856,58 = 168.124$

Nel caso d'imposizione fiscale con imposta fissa pari a 2, il costo totale dell'impresa A sarà:

[3.6] $CT_A = 10q_A + 2$

dal quale deriva il costo marginale

$CMa_A = 10$

Per l'impresa B il costo totale sarà $CT_B = 8q_B + 2$ dal quale deriva che $CMa_B = 8$. Le funzioni di reazione dei duopolisti rimangono invariate perché i costi marginali di ciascuno di essi non sono cambiati.
Pertanto restano invariati il prezzo di mercato ed i livelli di produzione già determinati al punto a).

I profitti saranno, tenendo conto della [3.6]:

$\pi_A = RT_A - CT_A = pq_A - (10q_A + 2)$

$\pi_A = 139,34(1293,33) - [10(1293,33) + 2] = 167.277$

$\pi_B = RT_B - CT_B = p \cdot q_B - (8q_B + 2)$

$\pi_B = 139,34(1313,34) - [8(1313,34) + 2] = 172.491$

Sezione Seconda
Oligopolio collusivo

Esercizio n. 2.1

Si consideri un mercato duopolistico in cui le imprese producono due beni differenti, ma sostituti.

Si supponga che le imprese annuncino simultaneamente ed indipendentemente i prezzi dei beni e che le funzioni di domanda siano date da:

[1.1] $q_A = 90 - 6p_A + 4p_B$

[1.2] $q_B = 58 + 4p_A - 6p_B$

La funzione di costo per l'impresa A è $CT_A = 10q_A$ e per l'impresa B $CT_B = 7q_B$.

Determinare le funzioni di reazione delle due imprese, i livelli di prezzo e di produzione di equilibrio.

Risoluzione

La funzione del profitto per l'impresa A sarà:

$$\pi_A = p_A q_A - CT_A = p_A (90 - 6p_A + 4p_B) - 10(90 - 6p_A + 4p_B)$$

$$\pi_A = 90p_A - 6p_A^2 + 4p_A p_B - 900 + 60p_A - 40p_B$$

[1.3] $\pi_A = 150p_A - 6p_A^2 + 4p_A p_B - 900 - 40p_B$

La funzione del profitto dell'impresa B sarà:

$$\pi_B = p_B q_B - CT_B = p_B (58 + 4p_A - 6p_B) - 7(58 + 4p_A - 6p_B)$$

$$\pi_B = 58p_B + 4p_A p_B - 6p_B^2 - 406 - 28p_A + 42p_B$$

[1.4] $\pi_B = 100p_B + 4p_A p_B - 6p_B^2 - 406 - 28p_A$

Calcoliamo la derivata prima della [1.3] rispetto al prezzo p_A e poniamo la condizione del I° ordine.

[1.5] $\dfrac{d\pi_A}{dp_A} = 150 - 12p_A + 4p_B = 0$

Calcoliamo la derivata prima della [1.4] rispetto al prezzo p_B e poniamo la condizione del I° ordine.

[1.6] $\dfrac{d\pi_B}{dp_B} = 100 + 4p_A - 12p_B = 0$

La funzione di reazione dell'impresa A si ottiene esplicitando la [1.5] per p_A, quindi:

$150 + 4p_B = 12p_A$

$p_A = 12,5 + 0,33p_B$

La funzione di reazione dell'impresa B si ottiene esplicitando la [1.6] per p_B:

$100 + 4p_A = 12p_B$

$p_B = 8,33 + 0,33p_A$

Il livello dei prezzi di equilibrio si ottiene risolvendo il sistema

$$\begin{cases} p_A = 12,5 + 0,33p_B \\ p_B = 8,33 + 0,33p_A \end{cases}$$

$p_B = 8,33 + 0,33(12,5 + 0,33p_B)$

$p_B = 8,33 + 4,12 + 0,10p_B$

$0,90p_B = 12,45$

$p_B = 13,83$

$p_A = 12,5 + 0,33(13,83) = 17,06$

Le quantità di equilibrio si ottengono inserendo i valori di $p_B = 13,83$ e $p_A = 17,06$ nelle funzioni di domanda:

$q_A = 90 - 6(17,06) + 4(13,83) = 42,96$

$q_B = 58 + 4(17,06) - 6(13,83) = 43,26$

Esercizio n. 2.2

Un duopolio alla Cournot esprime la funzione inversa di domanda:

[2.1] $p = 400 - 0,10Q$

[2.2] $CT_A = 10q_A$ rappresenta la funzione di costo totale dell'impresa A

[2.3] $CT_B = 0,8q_B^2$ rappresenta la funzione di costo totale dell'impresa B.

Determinare il livello di produzione totale, il prezzo di mercato ed il livello di produzione di ciascuna impresa nel caso di collusione.

Risoluzione

Calcoliamo il ricavo totale:

$$RT = p \cdot Q \Rightarrow = (400 - 0,10Q)Q$$

$$RT = 400Q - 0,10Q^2$$

Calcoliamo il ricavo marginale:

$$RMa = \frac{dRT}{dQ} = 400 - 0,20Q$$

Calcoliamo il costo marginale per l'impresa A e per l'impresa B

$$CMa_A = \frac{dCT_A}{dq_A} = 10$$

$$CMa_B = \frac{dCT_B}{dq_B} = 1,6q_B$$

Poniamo a sistema le condizioni di equilibrio per ciascuna impresa

$$\begin{cases} CMa_A = RMa \\ CMa_B = RMa \end{cases}$$

ovvero

$$\begin{cases} 10 = 400 - 0,20(q_A + q_B) \\ 1,6q_B = 400 - 0,20(q_A + q_B) \end{cases}$$

In base alla regola del confronto fra due uguaglianze, essendo uguali fra di loro i secondi membri, lo saranno anche i primi membri; pertanto si avrà:

$$10 = 1,6q_B$$

$$q_B^* = 6,25$$

$$10 = 400 - 0,20(q_A + 6,25)$$

$$10 = 400 - 0,20q_A - 1,25$$

$$0,20q_A = 388,75$$

$$q_A^* = 1943,75$$

Il prezzo di equilibrio si otterrà inserendo i valori di q_A^* e q_B^* nella funzione di domanda inversa di mercato

$$p = 400 - 0,10(1943,75 + 6,25)$$

$$p = 400 - 195 = 205$$

Calcoliamo il profitto dell'impresa A

$$\pi_A = RT_A - CT_A = p \cdot q_A - 10q_A$$

$$\pi_A = 205(1943,75) - 10(1943,75) = 379.031$$

ed il profitto dell'impresa B

$$\pi_B = RT_B - CT_B = p \cdot q_B - 0,8q_B^2$$

$$\pi_B = 205(6,25) - 0,8(6,25)^2 = 1250$$

I profitti realizzati dall'industria sono:

$$\pi = \pi_A + \pi_B = 379.031 + 1250 = 380.281$$

Da un confronto fra l'equilibrio collusivo e l'equilibrio di Cournot emerge che il livello di produzione totale nell'equilibrio collusivo è minore di quello conseguibile nell'equilibrio di Cournot ed il livello del prezzo è maggiore di quello che si consegue nell'equilibrio di Cournot.

I profitti totali nell'equilibrio collusivo sono maggiori di quelli che si verificano nell'equilibrio di Cournot.

Le imprese oligopoliste, fissando quantità e prezzo, si comportano come un'unica impresa monopolista.

Tuttavia ogni impresa troverà conveniente deviare dall'accordo, aumentando la propria quota di mercato e danneggiando i concorrenti.

Capitolo 13

ESTERNALITÀ

Sezione Unica
Imposta specifica o imposta pigouviana
Costi sociali e costi privati
Produzione socialmente efficiente
Benessere collettivo
Indennizzo, Teorema di Coase

Esercizio n. 1

Una fabbrica di conserve alimentari scarica in un fiume i propri rifiuti. Indicando con X la quantità di rifiuti, la funzione del profitto, in termini di quantità di rifiuti scaricati, è espressa dalla funzione:

[1] $\pi = -500X^2 + 10.000X$

Indichiamo adesso con Y_i il numero di ore consentite ai pescatori per svolgere attività di pesca nello stesso fiume; pertanto ciascun pescatore (nel caso le funzioni di utilità dei pescatori fossero tutte uguali) presenta la funzione di utilità

[2] $U = -Y_i^2 + XY_i + 4$

Determinare:

a) *la quantità di rifiuti che massimizza il profitto della fabbrica conserviera;*
b) *l'utilità dei pescatori in termini di ore di pesca;*
c) *se la quantità di rifiuti venisse ridotta del 50%, di quanto diminuirebbero i profitti dell'impresa?*

Risoluzione

a) Calcoliamo la derivata della funzione del profitto la [1]:

$$\frac{d\pi}{dX} = -1.000X + 10.000$$

poniamo la condizione del primo ordine

$-1000X + 10.000 = 0$

$-1000X = -10.000$

$X = 10$ (max quantità di rifiuti)

Il segno negativo della derivata seconda indica che ad $X = 10$ corrisponde il massimo della funzione di profitto, infatti:

$$\frac{d^2\pi}{dX^2} = -1.000 < 0$$

Il profitto sarà:

$$\pi = -500(10)^2 + 10.000(10) = 50.000$$

b) L'utilità dei pescatori si otterrà sostituendo X = 10 nella funzione di utilità e massimizzandola, cioè:

$$U = -Y_i^2 + XY_i + 4$$

$$U = -Y_i^2 + 10Y_i + 4$$

$$\frac{dU}{dY_i} = -2Y_i + 10$$

poniamo la condizione del I ordine

$-2Y_i + 10 = 0$

$-2Y_i = -10$

$Y_i = 5$ **(massimo numero di ore in cui è possibile pescare)**

c) Abbiamo visto che per X = 10 (max quantità di rifiuti riversata nel fiume) il profitto è pari a:

$$\pi = -500(10)^2 + 10.000(10) = 50.000$$

Versando, invece, il 50% dei rifiuti si avrà:

$$\pi = -500(5)^2 + 10.000(5) = 37.500$$

Così la diminuzione del profitto sarà pari alla differenza:

$$50.000 - 37.500 = 12.500 \quad \text{unità monetarie.}$$

Esercizio n. 2

L'azienda A, che inquina, presenta la funzione di costo totale:

[1] $\quad CT_A = q_A^2 - 3i + i^2 \qquad$ (indichiamo con i la quantità di inquinamento connessa all'attività produttiva)

L'azienda B, ubicata al confine di A, ne subisce gli effetti inquinanti in termini di costo totale:

[2] $\quad CT_B = q_B^2 + i$

Determinare i profitti delle aziende, il livello ottimo di inquinamento ed il livello di inquinamento socialmente efficiente posto che il prezzo di mercato della produzione dell'azienda A e $p_A = 2$ e dell'azienda B è $p_B = 1$.

Risoluzione

Calcoliamo il profitto dell'azienda A:

$$\pi_A = RT_A - CT_A$$

$$\pi_A = p_A \cdot q_A - \left(q_A^2 - 3i + i^2\right)$$

poiché $p_A = 2$ possiamo scrivere

[3] $\qquad \pi_A = 2q_A - q_A^2 + 3i - i^2$

Calcoliamo la quantità di produzione che massimizza il profitto:

$$\frac{d\pi_A}{dq_A} = 2 - 2q_A$$

poniamo la condizione del I ordine $2 - 2q_A = 0 \Rightarrow q_A = 1$

Calcoliamo la derivata seconda:

$$\frac{d^2 q_A}{dq_A^2} = -2 < 0$$

quindi, in corrispondenza di $q_A = 1$ la funzione del profitto è massimizzata.

Determiniamo adesso il livello d'inquinamento:

$$\frac{d\pi_A}{di} = 3 - 2i$$

ponendo

$$3 - 2_i = 0 \Rightarrow i = 1,5$$

Calcoliamo il profitto per l'impresa B:

[4] $\pi_B = RT_B - CT_B$

$\pi_B = P_B \cdot q_B - \left(q_B^2 + i\right)$

$\pi_B = 1 \cdot q_B - q_B^2 - i$

$\dfrac{d\pi_B}{dq_B} = 1 - 2q_B$

$1 - 2q_B = 0$

$1 = 2q_B$

$q_B = 0,5$

Ora determiniamo il livello d'inquinamento socialmente efficiente (i^*):

$\pi = \pi_A + \pi_B = 2q_A - q_A^2 + 3i - i^2 + q_B - q_B^2 - i = 2q_A - q_A^2 + 2i - i^2 + q_B - q_B^2$

$\dfrac{d\pi}{di} = 2 - 2i$

$2 - 2i = 0$

$2 = 2i$

$i^* = 1$

Si noti che $i^* < i$.

Esercizio n. 3

Una discoteca rimane aperta fino alle due di notte. Un condomino dell'appartamento sovrastante la discoteca ritiene che se la discoteca anticipasse di un'ora la chiusura egli ne trarrebbe un giovamento in termini di utilità $U_r = 20$ a cui corrisponderebbe un livello di profitto della discoteca $\pi_r = 90$.

Se, invece, la discoteca restasse aperta secondo l'orario originario il profitto dei gestori si accrescerebbe a $\pi_a = 100$ e l'utilità del condomino si ridurrebbe al livello $U_a = 5$.

Determinare:

a) *il livello di efficienza, tenuto conto del benessere collettivo;*
b) *una soluzione corrispondente al teorema di Coase nell'ipotesi che i costi di transazione siano nulli, oppure, nel caso che ammontino a 18 unità monetarie.*

Risoluzione

a) Nel caso che la discoteca riducesse l'orario si avrebbe:

[1]   Benessere collettivo $= BC_r = \pi_r + U_r = 90 + 20 = 110$

Nel caso che non riducesse l'orario si avrebbe:

[2]   Benessere collettivo $= BC_a = \pi_a + U_a = 100 + 5 = 105$

Poiché $BC_r > BC_a$ è preferibile la prima soluzione.

b) Qualora i regolamenti comunali e di P.S. consentissero alla discoteca di effettuare l'orario originario, il condomino potrebbe proporre alla discoteca una riduzione dell'orario di apertura (anticipando la chiusura ad es. all'una di notte) in cambio di un equo indennizzo come risarcimento del mancato guadagno che la discoteca sopporterebbe.

L'indennizzo dovrebbe essere:

[3] $I = \pi_a - \pi_r = 100 - 90 = 10$

ma non maggiore dell'utilità ritraibile, ossia

$U_r - U_a = 20 - 5 = 15$

Quindi l'indennizzo sarà entro l'intervallo:

$10 \leq I \leq 15$

In assenza di costi di transazione la contrattazione tra i soggetti economici produrrà soluzioni efficienti dal punto di vista sociale, conformemente al teorema di Coase.

Nel caso di costi di transazione pari a 18 non vi è convenienza a stipulare un accordo, perché 18 eccede il valore massimo dell'indennizzo (15).

Esercizio n. 4

Il processo produttivo di un'impresa comporta inquinamento ambientale con *costo marginale esterno CMe = 9*.

La funzione domanda è:

$p = 40 - 0,33q$ ed il costo marginale per l'impresa è

$CMa = 6q$

Determinare:

a) *il livello di produzione, q;*
b) *il livello di produzione socialmente efficiente, q_e;*

c) *com'è possibile rimediare all'inefficienza del mercato con un'imposta pigouviana?*

Risoluzione

a) Imponiamo la condizione di equilibrio

$p = CMa$

ossia

$40 - 0,33q = 6q$

$40 = 6,33q \Rightarrow q = 6,31$

b) Il livello di produzione socialmente efficiente q_e si ottiene dalla uguaglianza

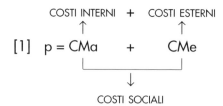

Determiniamo il livello del prezzo inserendo nella funzione di domanda il livello di produzione $q = 6,31$. Si avrà, pertanto:

$p = 40 - 0,33(6,31) = 37,91$

Possiamo adesso inserire nella [1] i corrispondenti valori numerici ottenendo:

$37,91 = 6q + 9$

$28,91 = 6q$

$q_e = 4,81$ **livello di produzione (socialmente) efficiente.**

c) L'imposta pigouviana è un meccanismo di correzione dell'esternalità e consiste nell'introduzione di un'imposta per unità di prodotto che colpisce l'impresa inquinante. Il valore dell'aliquota ottimale è dato dal danno (marginale) arrecato alla società in corrispondenza del livello efficiente di produzione inquinante. Nel caso in esame, il danno marginale, che coincide con il CMe è costante e pari a 9 per cui il valore ottimale dell'aliquota è $t^* = 9$.

Esercizio n. 5

Il costo marginale di un'impresa è:

$CMa = 10 + 6q$

La funzione di domanda è:

$p = 40 - q$

a) *calcolare l'imposta specifica (imposta di Pigou) necessaria per correggere l'esternalità descritta dalla funzione CMe = 0,25q che rappresenta il costo marginale dell'esternalità;*
b) *indicare la limitazione quantitativa che il governo potrebbe imporre al posto della tassa pigouviana.*

Risoluzione

a) Calcoliamo innanzitutto la curva dei costi sociali e privati sommando le funzioni di costo

$CMa = 10 + 6q$

$CMe = 0,25q$ (rappresenta un costo esterno)

$CMa + CMe = 10 + 6,25q$ (curva o funzione del costo privato e sociale)

Determiniamo, adesso, la produzione socialmente efficiente, q_e, ponendo l'uguaglianza

$p = CMa + CMe$

$p = 10 + 6,25q$

$40 - q = 10 + 6,25q$

$30 = 7,25q$

$q_e = \dfrac{30}{7,25} = 4,13$ produzione (socialmente) efficiente

L'ammontare dell'imposta specifica si otterrà inserendo il valore $q_e = 4,13$ nella funzione $CMe = 0,25q$.

Pertanto si avrà:

$CMe = 0,25(4,13) = 1,03$

Quindi, al livello di produzione $q_e = 4,13$ corrisponde un CMe pari ad 1,03, cioè l'imposta specifica da applicare ad ogni unità prodotta.

b) Il governo potrebbe imporre un livello di inquinamento che non superi la quantità socialmente efficiente, cioè $q_e \leq 4,13.$.

Capitolo 14

BENI PUBBLICI

Sezione Unica
Quantità ottima del bene pubblico
Allocazioni Pareto-efficienti
Regola di Samuelson

Esercizio n. 1

Un mercato concorrenziale è formato soltanto da due consumatori; il consumatore A presenta la seguente funzione di domanda:

[1] $q(A) = 36 - 2p$

Il consumatore B presenta la seguente funzione di domanda:

[2] $q(B) = 50 - 4p$

Determinare:

a) *la domanda di mercato nel caso di beni privati;*
b) *la domanda di mercato nel caso di bene pubblico;*
c) *l'ammontare complessivo del contributo che i due consumatori sono disposti a versare per utilizzare la quantità di bene pubblico G = 10;*

Risoluzione

a) Nel caso di beni privati, la domanda di mercato (domanda aggregata) si ottiene sommando membro a membro le domande individuali dei consumatori, quindi:

$$q(A) \qquad = 36 - 2p$$
$$\underline{q(B) \qquad = 50 - 4p}$$
$$q(A) + q(B) = 86 - 6p$$

posto $q(A) + q(B) = Q^D$ (**quantità complessivamente domandata**)

si potrà scrivere:

$$Q^D = 86 - 6p$$

b) Nel caso di bene pubblico è opportuno esplicitare le funzioni di domanda rispetto al prezzo, ossia si trasforma la domanda diretta in domanda inversa, quindi, per la [1] sarà:

$G = 36 - 2p$

$2p = 36 - G$

[3] $p = 18 - 0,5G$

Per la [2] sarà:

$G = 50 - 4p$

$4p = 50 - G$

[4] $p = 12,5 - 0,25G$

La domanda aggregata di mercato si ottiene sommando verticalmente le funzioni di domanda dei due contribuenti, la [3] e la [4]:

$p = (18 - 0,5G) + (12,5 - 0,25G)$

$p = 18 - 0,5G + 12,5 - 0,25G$

$p = 30,5 - 0,75G$

c) Il contributo del consumatore A si ottiene inserendo $G = 10$ nella [3]

$C_A = 18 - 0,5 \cdot 10 = 13$ (contributo di A).

Il contributo del consumatore B si ottiene inserendo $G = 10$ nella [4]

$C_B = 12,5 - 0,25 \cdot 10 = 10$

Pertanto, la collettività (in questo caso formata dagli unici due consumatori) per utilizzare il bene (o il servizio) pubblico è disposta a versare il contributo

$C_A + C_B = 13 + 10 = 23$

Esercizio n. 2

Ipotizziamo una popolazione composta soltanto da due individui che denominiamo A e B.

Di ciascuno di essi conosciamo le rispettive funzioni di utilità:

[1] $U_A = 2\sqrt{G} + w_A$

[2] $U_B = 2\sqrt{G} + w_B$

Determinare la quantità ottima del bene pubblico G, secondo il Pareto.

Risoluzione

Il simbolo G rappresenta il bene pubblico mentre con w_A e w_B indichiamo le disponibilità di bene privato di ciascun individuo. Quando il bene pubblico può essere fornito in quantità variabili, la condizione di ottimo paretiano è espressa dalla relazione:

[3] $|MRS_A| + |MRS_B| = CMa(G)$

Calcoliamo il valore del $|MRS|$ ossia dal rapporto fra le utilità marginali del bene pubblico e del bene privato ossia:

$$\frac{dU_A}{dG} = 2\frac{1}{2\sqrt{G}} = \frac{1}{\sqrt{G}} = \frac{\sqrt{G}}{G}\ (*)$$

$$\frac{dU_A}{dw_A} = 1$$

Pertanto si avrà:

$$|MRS_A| = \frac{\dfrac{\sqrt{G}}{G}}{1} = \frac{\sqrt{G}}{G}$$

In modo analogo calcoleremo $|MRS_B|$ ossia:

$$\frac{dU_B}{dG} = 2\frac{1}{2\sqrt{G}} = \frac{1}{\sqrt{G}} = \frac{\sqrt{G}}{G}$$

$$\frac{dU_B}{dw_B} = 1$$

$$|MRS_B| = \frac{\dfrac{\sqrt{G}}{G}}{1} = \frac{\sqrt{G}}{G}$$

Poiché il costo marginale di un'unità del bene pubblico è pari all'unità monetaria (infatti CT = G) ponendo CMa(G) = 1 possiamo scrivere la [3] come segue:

$$\frac{\sqrt{G}}{G} + \frac{\sqrt{G}}{G} = 1 \quad \text{ossia}$$

(*) Tale espressione è stata ottenuta in virtù della regola sulla razionalizzazione del denominatore di una frazione.

$$\frac{2\sqrt{G}}{G} = 1$$

$$2\sqrt{G} = G \Rightarrow \left(2\sqrt{G}\right)^2 = (G)^2 \Rightarrow 4G = G^2$$

e dividendo ambo i membri per G si avrà:

$$4 = G$$

$$G = 4$$

che rappresenta la quantità efficiente di bene pubblico. Si osservi che nel caso di funzioni quasi lineari, l'utilità marginale del bene privato è pari ad 1; pertanto il |MRS| dipende esclusivamente dal bene pubblico G.

È noto che le curve d'indifferenza di funzioni quasi lineari comportano traslazioni verticali, quindi si potranno ottenere allocazioni Pareto-efficienti, fermo restando la quantità del bene pubblico e variando esclusivamente la dotazione del bene privato.

Esercizio n. 3

Indichiamo con C = 40 la dotazione complessiva di un bene-risorsa che può essere in parte consumato ed in parte utilizzato come input per la produzione di un bene pubblico Y.

Il costo dell'input C(Y) è espresso dalla relazione:

$$C(Y) = 4Y$$

Ipotizzando che in un sistema economico esistono soltanto due agenti, individuare:

a) il vincolo delle risorse e la funzione di trasformazione;
b) l'insieme delle allocazioni ammissibili.

Risoluzione

a) Il vincolo di disponibilità delle risorse è espresso dalla relazione

[1] $C = C_c + C(Y)$

C_c = quantità di risorsa destinata al consumo

$C(Y)$ = quantità di risorsa destinata alla produzione del bene pubblico (ossia costo di produzione del bene pubblico).

Pertanto, la relazione [1] sarà

$$40 = C_c + 4Y$$

La funzione di trasformazione fra bene pubblico ed input produttivo sarà:

$C_C = 40 - 4Y$

b) Le allocazioni ammissibili debbono soddisfare il vincolo [1] tenendo conto che C_{C_1} e C_{C_2} indicano i consumi degli agenti:

$C = \left(C_{C_1} + C_{C_2}\right) + C(Y)$

cioè:

[2] $40 = \left(C_{C_1} + C_{C_2}\right) + 4Y$

Il bene Y rappresenta il bene pubblico ed i due agenti ne consumano quantità uguali $(Y_1 = Y_2)$ tali che $Y = Y_1 + Y_2$.

Quindi le allocazioni ammissibili, per i due agenti formano i seguenti panieri:

$\left(Y, C_{C_1}\right); \left(Y, C_{C_2}\right)$ ovvero, isolando C_{C_1} e C_{C_2} nella [2]

$\left(Y; 40 - C_{C_2} - 4Y\right); \left(Y; 40 - C_{C_1} - 4Y\right)$

Esercizio n. 4

La funzione di utilità dell'individuo A è:

$U_A = G^2 + w_A$

La funzione di utilità dell'individuo B è:

$U_B = G^2 + w_B$

Indichiamo con i simboli w_A e w_B il reddito di ciascun soggetto e con G il bene (o servizio) pubblico.

Determinare la quantità ottima di G, data la funzione di costo totale

$CT(G) = G$.

Risoluzione

L'ottima quantità di G realizza la condizione di efficienza di Pareto. Secondo Samuelson la somma dei saggi marginali di sostituzione (individuali) tra bene pubblico e reddito monetario dev'essere uguale al costo marginale del bene pubblico allorché il bene pubblico può essere fornito in quantità variabili.

La derivata prima della funzione di utilità U_A rispetto al bene G rappresenta l'utilità marginale del consumatore rispetto al bene pubblico.

La derivata prima della funzione di utilità U_A rispetto al reddito w_A ne rappresenta l'utilità marginale.

Si avrà, quindi:

$$U_A = G^2 + w_A$$

$$\frac{dU_A}{dG} = 2G$$

$$\frac{dU_A}{dw_A} = 1$$

Pertanto, il saggio marginale di sostituzione sarà:

$$\left| MRS_A \right| = \frac{2G}{1} = 2G$$

Analogamente si procederà a calcolare il saggio marginale di sostituzione fra bene pubblico e reddito monetario per il consumatore B.

$$\frac{dU_B}{dG} = 2G$$

$$\frac{dU_B}{dw_B} = 1$$

quindi si avrà: $\left| MRS_B \right| = 2G$

Calcoliamo, adesso il costo marginale (CMa) del bene pubblico.

Poiché:

$$CT(G) = G$$

il costo marginale ne rappresenta la derivata prima

$$CMa = \frac{dCT}{dG} = 1$$

Possiamo, quindi applicare la regola di Samuelson:

$$\left| MRS_A \right| + \left| MRS_B \right| = CMa(G)$$

Ed inserendo i rispettivi valori si avrà:

$$2G + 2G = 1$$

$$4G = 1 \Rightarrow G = \frac{1}{4}$$

Esercizio n. 5

Dieci cittadini sono disposti a pagare un contributo pro-capite di 50 €, pur-
ché vengano installati nei pressi del loro condominio dei contenitori portarifiuti
(che indichiamo con G), il cui costo totale è rappresentato dalla funzione:

$$CT = 21G^2 - 4G + 10$$

*Determinare la quantità di bene pubblico per la quale l'allocazione è effi-
ciente nel senso di Pareto.*

Risoluzione

La condizione di equilibrio è verificata dalla relazione:

[1] $p = \Sigma$ contributi $= CMa$

È noto che

$$CMa = \frac{dCT}{dG} = 42G - 4$$

Il prezzo del bene pubblico, ossia l'ammontare del contributo sarà:

Σ contributi $= p = 50(10) = 500$ €.

Quindi potremo scrivere la [1] nella forma:

$500 = 42G - 4$

$504 = 42G$

$G = \dfrac{504}{42} = 12$

Saranno installati 12 portarifiuti.

Esercizio n. 6

Le funzioni di utilità di due individui, A e B sono, rispettivamente:

$$U_A = Gw_A \,; U_B = Gw_B$$

Supponendo che il reddito complessivo disponibile sia: $\bar{w} = 12$ e che il costo
di produzione del bene pubblico sia $C^* = 4\sqrt{G}$, determinare l'ammontare del
bene pubblico, che può essere fornito in quantità variabili.

Risoluzione

L'allocazione Pareto-efficiente è espressa dalla regola di Samuelson in base alla quale la condizione di ottimo, nel caso di specie, è che la somma dei valori assoluti dei saggi marginali di sostituzione fra il bene privato e quello pubblico per i due consumatori sia uguale al costo marginale del bene pubblico; quindi si potrà scrivere:

$$\left|\frac{w_A}{G}\right| + \left|\frac{w_B}{G}\right| = CMa(G)$$

Determiniamo il valore di CMa(G) calcolando la derivata del costo di produzione del bene pubblico $C = 4\sqrt{G}$

$$\frac{dC}{dG} = 4 \cdot \frac{1}{2\sqrt{G}} = \frac{2}{\sqrt{G}}$$

Tenendo presente il vincolo delle risorse, cioè $w_A + w_B = \bar{w} - C$ possiamo impostare il sistema:

$$\begin{cases} \dfrac{w_A}{G} + \dfrac{w_B}{G} = \dfrac{2}{\sqrt{G}} \\ w_A + w_B = \bar{w} - C \end{cases}$$

Introducendo i valori numerici si avrà:

$$\begin{cases} [1] \dfrac{w_A + w_B}{G} = \dfrac{2}{\sqrt{G}} \\ [2] w_A + w_B = 12 - 4\sqrt{G} \end{cases}$$

Sostituendo la [2] nella [1] avremo:

$$\frac{12 - 4\sqrt{G}}{G} = \frac{2}{\sqrt{G}}$$

$$\sqrt{G}(12 - 4\sqrt{G}) = 2G$$

$$12\sqrt{G} - 4G = 2G$$

$$12\sqrt{G} = 6G$$

elevando al quadrato i membri dell'equazione si avrà:

$$\left(12\sqrt{G}\right)^2 = (6G)^2$$

$$144G = 36G^2$$

e dividendo entrambi i membri dell'equazione per G, si potrà scrivere

$$\frac{144G}{G} = \frac{36G^2}{G}$$

ossia

$144 = 36G \Rightarrow G = 4$ **(quantità di bene pubblico)**

Indice Analitico

Indice Generale

Printed in Germany
by Amazon Distribution
GmbH, Leipzig